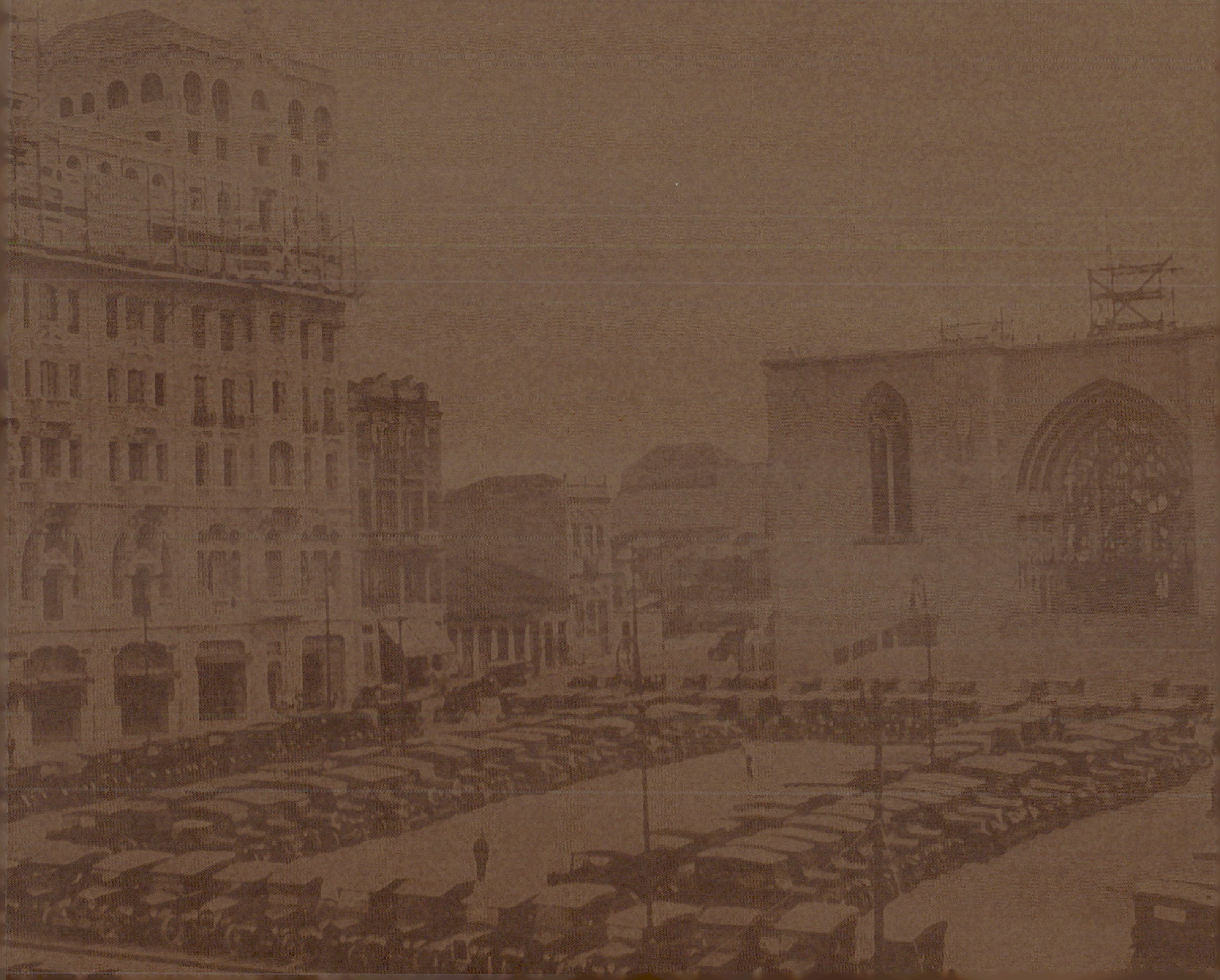

Palacete Santa Helena

Um pioneiro da modernidade em São Paulo

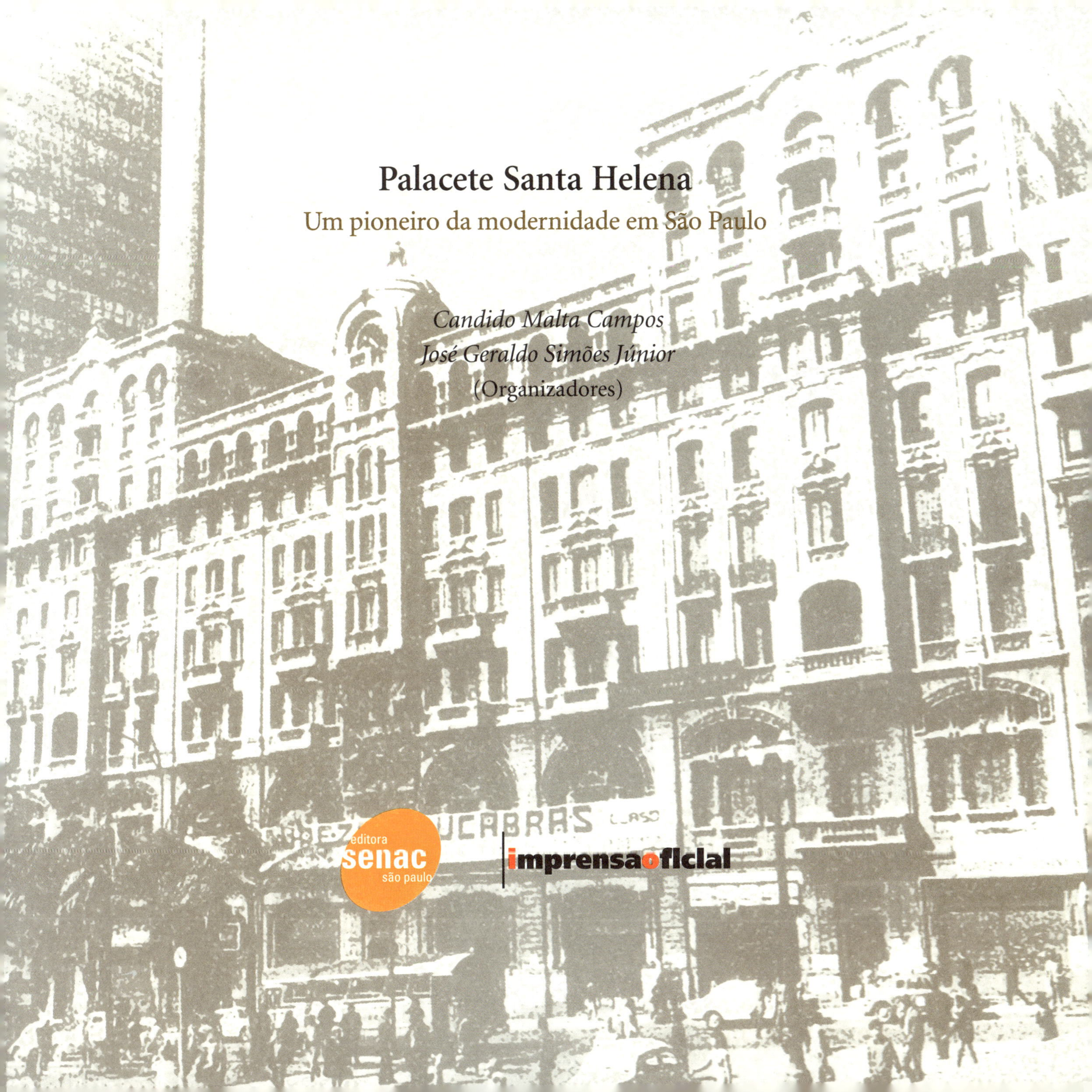

Palacete Santa Helena

Um pioneiro da modernidade em São Paulo

Candido Malta Campos
José Geraldo Simões Júnior
(Organizadores)

editora senac são paulo

imprensa oficial

Coordenação de Prospecção Editorial: Isabel M. M. Alexandre (ialexand@sp.senac.br)
Coordenação de Produção Editorial: Antonio Roberto Bertelli (abertell@sp.senac.br)
Supervisão de Produção Editorial: Izilda de Oliveira Pereira (ipereira@sp.senac.br)

Edição de Texto: José Teixeira Neto, Silvana Vieira
Preparação de Texto: Eloiza Helena Rodrigues
Revisão de Texto: Fátima Couto, Jussara Rodrigues Gomes,
Léia Maria Fontes Guimarães, Luiza Elena Luchini
Pesquisa Iconográfica: Silvia Sansoni
Projeto Gráfico, Editoração Eletrônica e Capa: Antonio Carlos De Angelis
CTP, Impressão e Acabamento: imprensaoficial

Gerência Comercial: Marcus Vinicius Barili Alves (vinicius@sp.senac.br)
Supervisão de Vendas: Rubens Gonçalves Folha (rfolha@sp.senac.br)
Coordenação Administrativa: Carlos Alberto Alves (calves@sp.senac.br)

Editora Senac São Paulo
Rua Rui Barbosa, 377 – 1º andar – Bela Vista – CEP 01326-010
Caixa Postal 3595 – CEP 01060-970 – São Paulo – SP
Tel. (11) 2187-4450 – Fax (11) 2187-4486
E-mail: editora@sp.senac.br
Home page: http://www.editorasenacsp.com.br

Imprensa Oficial do Estado de São Paulo
Rua da Mooca, 1.921 – Mooca – CEP 03103-902
São Paulo – SP
Tel. (11) 6099-9800 – Fax (11) 6099-9674
SAC 0800-123 401
E-mail: livros@imprensaoficial.com.br
Home page: http://www.imprensaoficial.com.br

Dados Internacionais de Catalogação na Publicação (CIP)
(Câmara Brasileira do Livro, SP, Brasil)

Palacete Santa Helena : um pioneiro da modernidade em São Paulo / Candido Malta Campos, José Geraldo Simões Júnior (organizadores). – São Paulo : Editora Senac São Paulo : Imprensa Oficial do Estado de São Paulo, 2006.

Bibliografia.
ISBN 85-7359-472-1 (Editora Senac São Paulo)
ISBN 85-7060-427-0 (Imprensa Oficial do Estado de São Paulo)

1. Arquitetura moderna – Século 20 – Brasil – São Paulo (SP) 2. Centro urbano (São Paulo, SP) 3. Cultura – São Paulo (SP) 4. Grupo Santa Helena (São Paulo, SP) 5. Palacete Santa Helena (São Paulo, SP) – História 6. Praça da Sé (São Paulo, SP) – História I. Campos, Candido Malta. II. Simões Júnior, José Geraldo.

05-9442 CDD-728.820981611

Índice para catálogo sistemático:

1. Palacete Santa Helena : Arquitetura : São Paulo : Cidade : História 728.820981611

Sumário

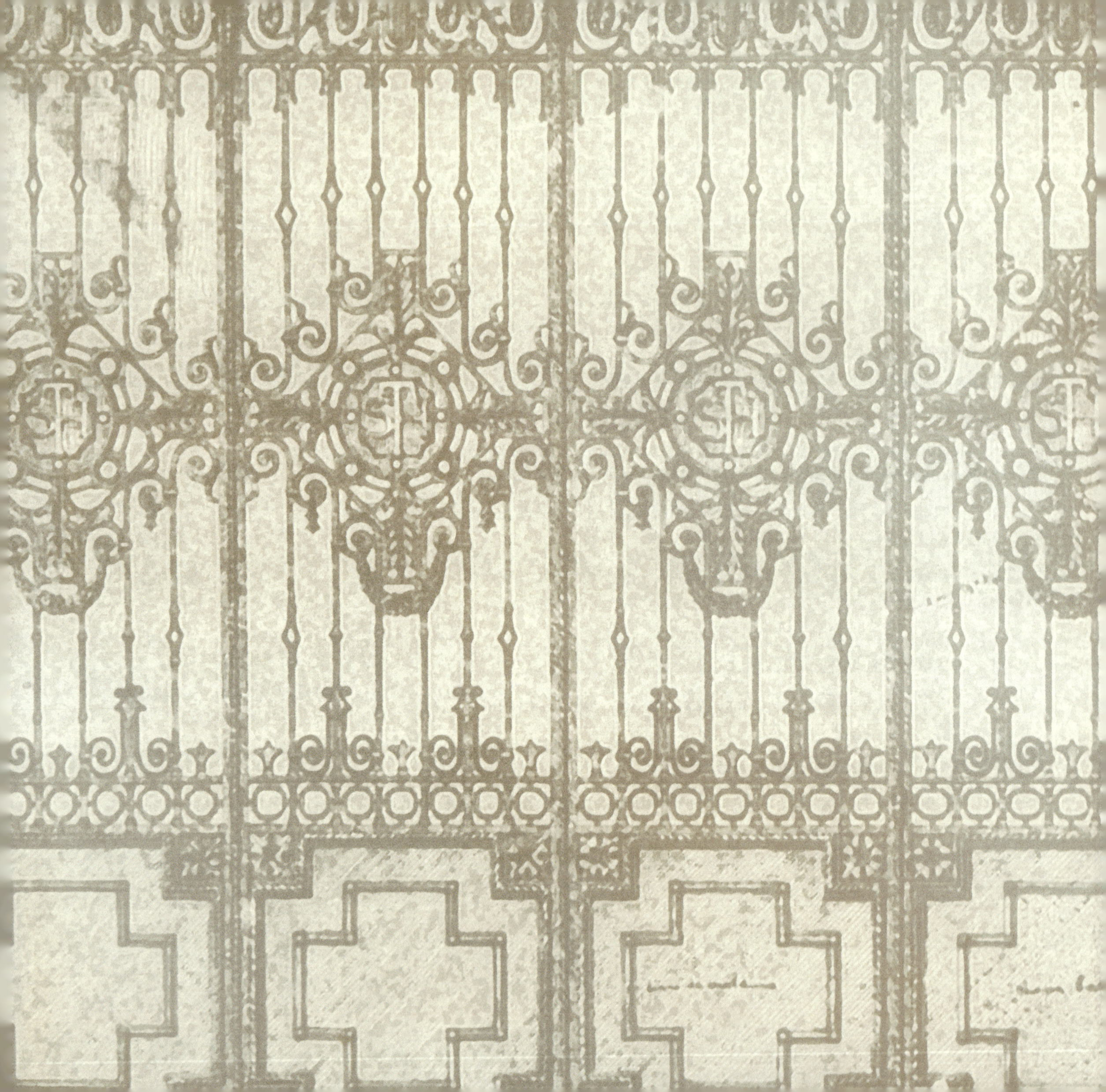

Nota dos editores

Inaugurado em 1925, o Palacete Santa Helena era considerado um dos maiores edifícios de São Paulo. Destinado inicialmente a atividades comerciais e de serviços, acabou incorporando, no decorrer de sua execução, um cine-teatro – resposta à crescente agitação cultural da cidade naquele início de século.

A partir dos anos 1930, o edifício abrigaria um grupo de pintores que ganhou relevo na arte brasileira – conhecido como grupo Santa Helena –, entre os quais se destacavam Volpi, Rebolo e Pancetti.

A edificação do palacete correspondeu ao início de uma tentativa de revitalizar o coração da capital, a praça da Sé. Sua demolição, meio século depois, para a construção da principal estação de metrô da cidade, marcou também a derradeira intervenção feita na praça desde então.

Nas páginas deste livro, o Senac São Paulo, em parceria com a Imprensa Oficial do Estado de São Paulo, recupera parte importante da memória da capital paulista, buscando dessa maneira aprofundar a reflexão sobre as questões de patrimônio histórico e sua preservação.

Introdução

Candido Malta Campos

José Geraldo Simões Júnior

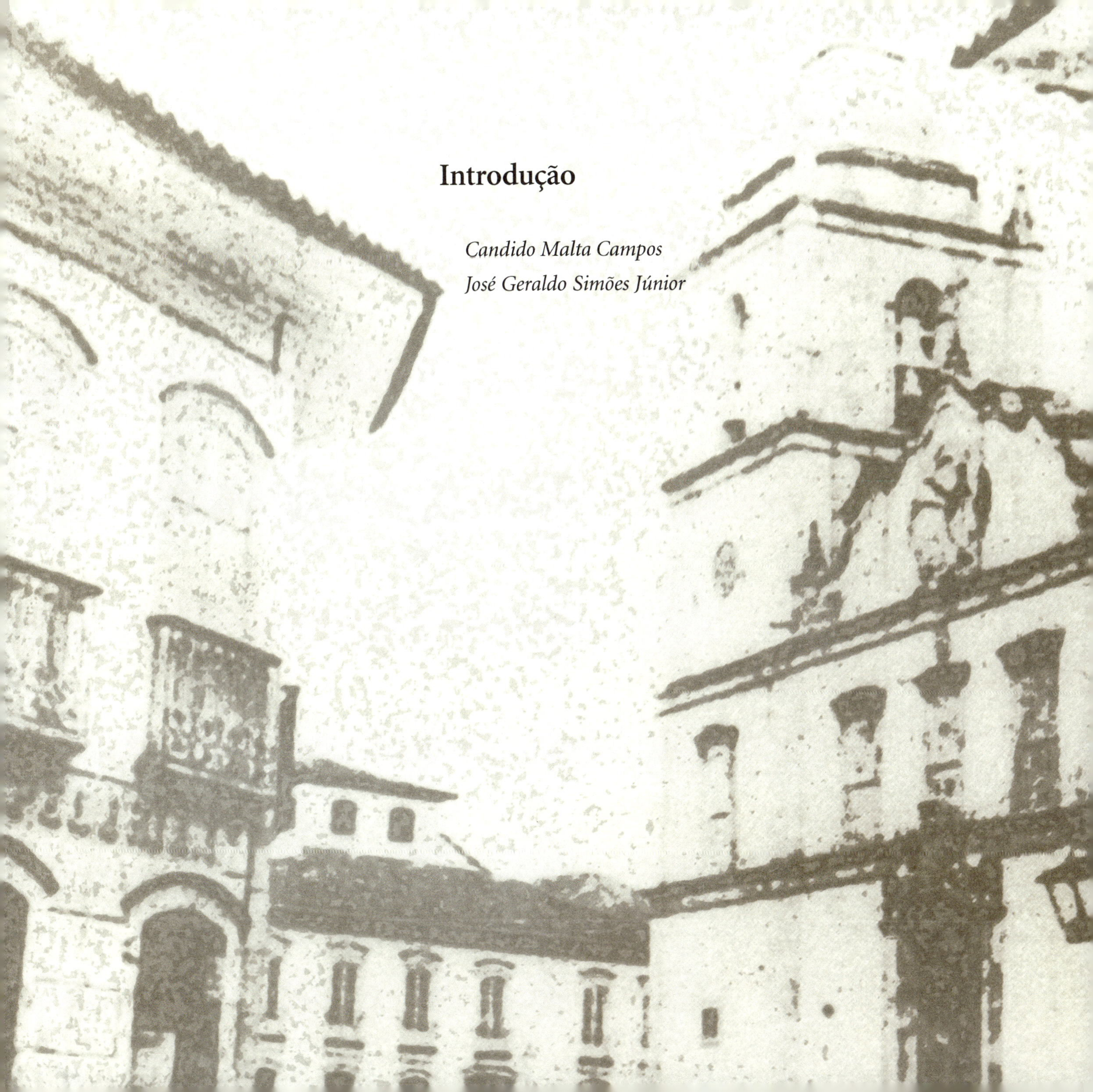

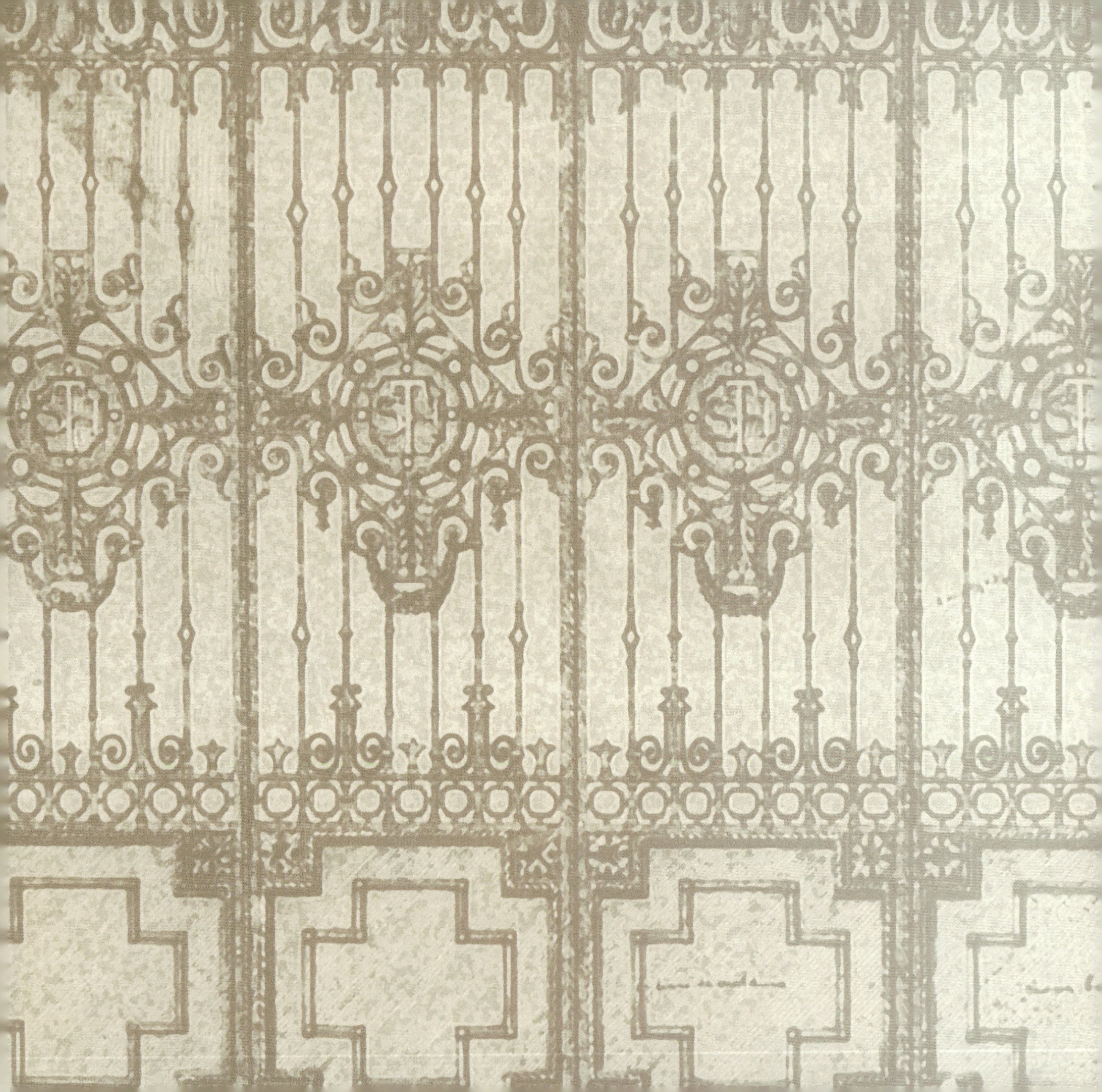

Edifício de arquitetura eclética contendo escritórios, lojas e um luxuoso cine-teatro, o Palacete Santa Helena foi construído na década de 1920 e demolido no início dos anos 1970. Teve importância ímpar na vida cultural de São Paulo. Situava-se na praça da Sé, no coração da cidade, de cuja paisagem era um dos elementos definidores.

Mais que um caso isolado, o Santa Helena pode ser considerado um dos exemplares mais relevantes da produção imobiliária e arquitetônica que acompanhou a remodelação da área central da cidade de São Paulo nas primeiras décadas do século XX. Sua concepção, evolução, trajetória e posterior destruição são reveladoras das transformações ocorridas na região da Sé, no Centro Velho e no centro da cidade como um todo. Seu nome seria associado à movimentação cultural e artística que sacudiu a cidade após 1930; e seus elaborados elementos arquitetônicos exprimem um momento importante de nossa construção civil, com a colaboração de competentes profissionais, engenheiros, arquitetos, artesãos e artistas, muitos deles italianos, em um processo de trabalho ao mesmo tempo moderno e artesanal.

Foi inovador em muitos aspectos. Na época de sua inauguração, em 1925, foi considerado um dos maiores edifícios da cidade, tanto em altura como em área construída. Utilizou pioneiramente um novo material, na época ainda importado e muito caro – o concreto armado. Seu programa arquitetônico mesclava diversos usos – comercial, de escritórios e de lazer, com cinema e teatro. Ao mesmo tempo, consagrava, na composição da fachada e de seus elementos decorativos e na elaborada decoração do cine-teatro, os programas simbólicos manejados pelo ecletismo acadêmico – como indicadores da cultura européia que balizava a imagem da "Capital do Café" –, além do cuidadoso trabalho de fatura artesanal necessário a tal legitimação.

Representou também um marco na reconstrução da área do entorno da Sé, que no início dos anos 1910 havia sido totalmente arrasada para a construção da nova catedral, e que até então ficara paralisada devido a desentendimentos entre a Cúria e a Prefeitura e a mudanças no projeto original de um centro cívico para o local. Uma vez definida a praça, sua fachada marcante, ricamente adornada, compôs durante décadas a paisagem do principal logradouro do Centro Velho. Finalmente, teve o nome imortalizado por abrigar, entre os anos 1930 e 1940, um célebre grupo de pintores de origem operária: o grupo Santa Helena.

O edifício perdurou por quase cinqüenta anos, sendo demolido em 1971, por ocasião de um novo plano de remodelação da área da Sé, tendo em vista a chegada do metrô. Situado na quadra entre as praças da Sé e Clóvis Bevilacqua, foi sacrificado, juntamente com seus vizinhos, para possibilitar a união dos dois logradouros, formando a grande praça atual construída sobre a estação, que reúne as linhas Norte–Sul e Leste–Oeste.

Nosso trabalho procurou mapear alguns fatos marcantes da história desse importante marco cultural da vida paulistana, abordando aspectos como o contexto urbanístico da cidade na época de sua construção, sua concepção arquitetônica e construtiva inovadora e sua inserção na vida da cidade, discutindo finalmente alguns aspectos relacionados à sua demolição, associados a uma visão conjuntural de preservação e defesa do patrimônio.

Este projeto de pesquisa, apoiado pelo Fundo Mackpesquisa e desenvolvido no âmbito do Programa de Pós-graduação em Arquitetura e Urbanismo da Universidade Presbiteriana Mackenzie, foi inspirado pelo estudo de uma valiosa coleção de fotografias que documenta todo o processo construtivo do Palacete Santa Helena. Esse acervo pertence ao professor Cláudio Lembo, cujo pai, Leonino Secondo Lembo, trabalhou na empresa Irmãos Asson, empreiteira responsável pela obra. Até aqui o edifício nunca havia sido objeto de investigação mais apurada, uma vez que suas plantas originais não haviam sido localizadas. O fato de ter sido demolido há mais de trinta anos também dificultava qualquer estudo mais detalhado.

O Palacete Santa Helena sempre foi muito citado, em virtude de ter abrigado o grupo dos pintores santa-helenistas, sobre os quais há vários bons estudos publicados, como *O grupo Santa Helena*, de Walter Zanini, *Operários da modernidade*, de Maria Cecília França Lourenço, e o catálogo de uma recente exposição exibida no Sesi de São Paulo, intitulada *Operários na Paulista*.[1] No entanto, apesar de seu nome ser conhecido, o prédio em si jamais havia sido estudado.

A partir da coleção de fotos e desenhos inéditos obtida, a pesquisa procurou identificar outras informações sobre a construção do edifício. O primeiro conjunto de plantas que se conseguiu consta do processo de avaliação do prédio pela Companhia do Metropolitano, por ocasião da demolição do edifício em 1971, e contém um inventário e um levantamento do imóvel encomendado pelo proprietário anterior, o antigo Instituto de Aposentadoria e Pensões dos Industriários (IAPI), em 1959. A partir desses dados e de pesquisas em jornais da época, foi possível identificar seus proprietários originais – a família Sousa Queirós-Albuquerque Lins – e completar a busca em diversos cartórios de registro de imóveis.

Quanto ao projeto arquitetônico, a pesquisa foi longa, pois o material estava perdido no imenso arquivo de processos da Prefeitura paulistana, localizado no bairro do Piqueri, sendo necessárias diversas buscas até se localizarem alguns processos relacionados ao edifício: modificativos apresentados em 1921 e 1922 solicitando autorização para inclusão de um sexto pavimento (quarto andar) e do cine-teatro. O processo original de aprovação do prédio, antes dos modificativos, não foi localizado, nem o modificativo final com a adição de mais três pavimentos; mas as cópias de plantas usadas nos processos existentes permitem conhecer suas características iniciais, enquanto as fotos e os desenhos do acervo dos construtores documentam sua configuração final.

---

1 Ver, respectivamente, Walter Zanini, *A arte no Brasil nas décadas de 1930 e 40: o grupo Santa Helena* (São Paulo: Nobel/Edusp, 1991); Maria Cecília França Lourenço, *Operários da modernidade* (São Paulo: Hucitec/Edusp, 1995); e Galeria de Arte do Sesi, catálogo da exposição Operários na Paulista, São Paulo, de 17-9-2002 a 19-1-2003.

Com esse material básico levantado, procedeu-se a complementações, estudando-se os códigos de obras da época, as técnicas construtivas e o processo de verticalização, a estilística do ecletismo, a mão-de-obra dos mestres fachadistas e dos capomastri, os fatos urbanos associados ao período de remodelação da praça da Sé nos momentos da construção e da demolição do palacete e os aspectos da vida cultural da cidade, além de uma breve discussão sobre patrimônio histórico, em que se confrontam a visão da época da demolição e a atual.

Os resultados apresentados são fruto de quase um ano de levantamento e busca por informações. Embora os dados disponíveis sejam limitados, principalmente pelo fato de o edifício não mais existir e, portanto, não ser possível estudá-lo *in loco*, esta pesquisa pode ser considerada uma primeira consolidação de informações em condições de auxiliar outros pesquisadores a seguir adiante – quer entrevistando remanescentes dos ocupantes e familiares dos operários que participaram das obras, quer investigando acervos de imagens e documentos dessas famílias, etc. –, possibilitando assim outras abordagens e desdobramentos no estudo do tema.

Após mais de um ano de trabalhos, o projeto de pesquisa resultou na elaboração deste livro sobre o Palacete Santa Helena, do qual os artigos elaborados pelos professores participantes constituem os capítulos. Pretendemos, em última instância, contribuir para a composição de um registro historiográfico sobre a cidade em torno desse edifício, que não apenas faz parte da memória de São Paulo e de sua área central, mas também pode ser encarado como ponto referencial na reconstituição de um complexo de relações urbanas, reunindo elementos urbanísticos, arquitetônicos, culturais e sociais.

Gostaríamos de expressar nossos agradecimentos à Universidade Presbiteriana Mackenzie, em especial à Reitoria, à Coordenadoria de Pós-graduação e à equipe do Fundo Mackpesquisa. Também agradecemos ao professor Cláudio Lembo, pela grande colaboração e pelo incentivo, ao Departamento do Patrimônio Histórico (DPH-PMSP), à diretora do Arquivo Histórico Municipal, Liliane Lehmann, à Companhia do Metropolitano de São Paulo, a Armando Rebolo, à família Asson, à Imprensa Oficial do Estado de São Paulo e especialmente à Editora Senac São Paulo, pela dedicação de sua equipe.

Transformações no centro histórico e renovação da praça da Sé no início do século XX

Gilda Collet Bruna

José Geraldo Simões Júnior

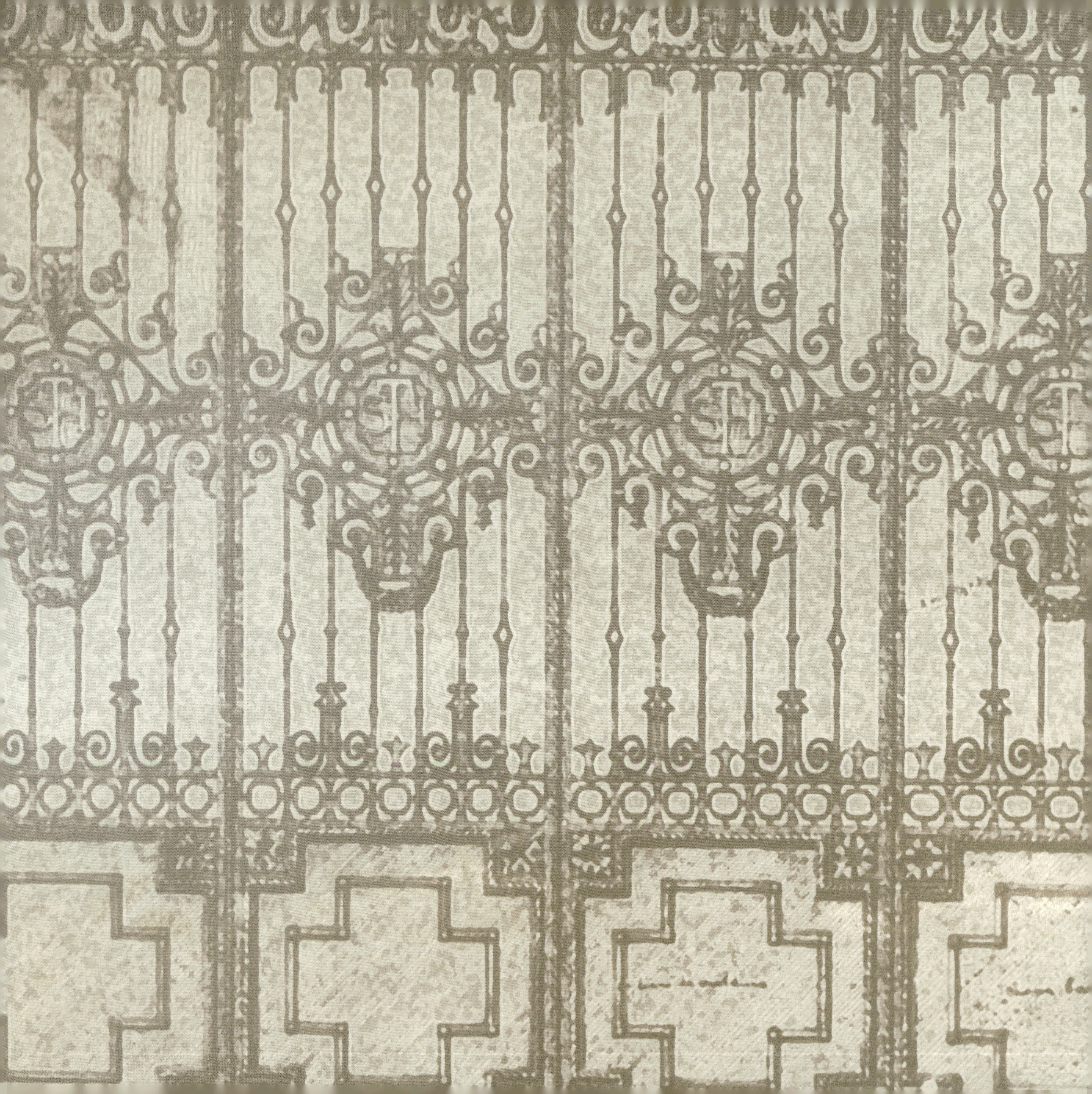

Os primórdios da área central

A cidade de São Paulo surgiu no processo de expansão do povoamento de uma capitania, a de São Vicente, de expressão econômica secundária, erigindo-se representante do governo português nessa parte da América, e cumprindo, no dizer de Ernani Silva Bruno, pobremente sua missão de núcleo urbano e de centro regional (ver figuras 1 e 2).[1]

Em meados do século XIX, com a mudança da polarização econômica – que já ocorrera desde as primeiras décadas do século XVIII, graças à mineração – das regiões agrícolas do norte para as do centro-sul do país e com a decadência da cultura da cana-de-açúcar e a presença do café e do chá é que esse núcleo começou paulatinamente a ganhar maior significado, ainda que mantivesse sua fisionomia colonial. Até 1870 podia-se dizer que São Paulo era paupérrima nas melhorias que uma cidade de seu porte devia ter. Conforme narra Ernani Silva Bruno, com base em relatório do governo provincial, "faltava à cidade regular o abastecimento de água potável. Nem ao menos se tem melhorado os terrenos adjacentes ao povoado, onde as águas estagnadas infetam a atmosfera e prejudicam a salubridade pública".[2]

---

1 Ver Ernani Silva Bruno, *História e tradições da cidade de São Paulo* (São Paulo: José Olympio, 1954), p. 393.

2 *Ibid.*, p. 465.

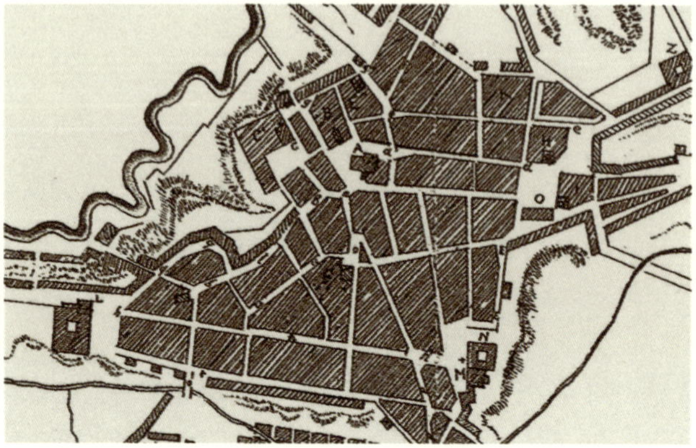

Figura 1. Núcleo original da cidade sobre a colina histórica, em detalhe da planta de Rufino José Felizardo Costa, de 1810, atualizada em 1841.

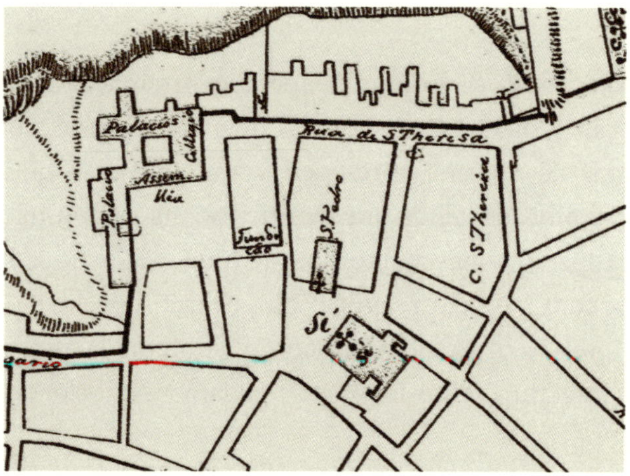

Figura 2. Detalhe da região da Sé, Pátio do Colégio e Convento de Santa Teresa, constante da planta de José Jacques da Costa Ourique, de 1842.

Apesar dessas condições de insalubridade e da precariedade em vários outros itens, que a colocavam em desvantagem em relação a vários outros centros urbanos do país, a cidade ganhou novo impulso social e econômico em 1828, com a instalação do curso da Academia de Direito. Começava assim, praticamente, a diferenciar-se das feições adquiridas no período colonial: sua estrutura social e os costumes tradicionais alteram-se, instalam-se hotéis, casas de diversão, teatro, e podem desenvolver-se as atividades intelectuais.

As ruas nas cidades medievais eram essencialmente passagens de pedestres – e assim, pode-se dizer, eram as cidades em seu início –, só vindo a ganhar maior importância diante da necessidade de facilitar o fluxo crescente de pessoas e veículos. Para tanto, passaram a ser estruturadas pelo trabalho de um "arruador", que possibilitava ser menos irregular a extensão de seu traçado. Foi assim, graças ao exercício dessa profissão no município, que as ruas e os largos paulistanos se modificaram:

> Proibiu-se que as casas tivessem canos que despejassem sujeiras para as vias públicas, ou rótulas de portas e janelas que abrissem para fora. Que

> houvesse moirões em centros largos ou ruas, onde se amarravam cavalos. Que certos artífices trabalhassem ao ar livre atravancando os passeios. Determinou-se que os muros fossem caiados e tivessem cobertura de telhas. Criou-se um serviço de limpeza contando com carroças que recolhessem o lixo das casas pobres. Começaram a serem tomadas medidas, na Câmara, para que tivessem melhores traçados e melhor nivelamento os pequenos largos que vinham dos tempos coloniais, para que se macadamizassem algumas ruas centrais, substituindo-se a antiga pavimentação feita de grandes pedras irregulares. Para que se arborizassem alguns largos e algumas ruas. Para que se iluminassem algumas ruas, ainda que pobremente, por meio de lampiões de azeite.[3]

Dessa forma, São Paulo foi ganhando nova feição nas duas últimas décadas do século XIX, principalmente devido à expansão da cultura do café, pois os novos fazendeiros – ou os antigos, convertidos à nova atividade – investiam em sua moradia na cidade, ao mesmo tempo que suas demandas eram atendidas, com a multiplicação de ferrovias e a imigração européia e de outras partes do Brasil, de modo a assegurar a manutenção do nível de produção. Em 1856, no entanto, cidade e campo praticamente se confundiam, aquela sendo envolvida e permeada por chácaras e pelo vale do rio Tamanduateí. Mas já em 1873 o núcleo urbano, assumindo seus moldes citadinos, distinguia-se nitidamente e crescia, chegando, em 1897, a contar com mais de 200 mil habitantes, o que possibilitava a manutenção de um serviço para facilitar a circulação: os bondinhos puxados por burros, que davam uma sobrevida a seu aspecto colonial.

De 1885 aos primeiros anos do século XX, o panorama da cidade é caracterizado por demolições e transformações, processo reconhecido já nessa época como o de "uma cidade nova que substituía a antiga", fazendo seu centro começar a ostentar construções de tipo mais europeu. No início do século XX, São Paulo abrigava 21 mil prédios, em 1905, 25 mil, e em 1910, 32 mil, ganhando então a "feição de uma cidade provisória, [em] que tudo parecia incompleto e sujeito a remodelações contínuas".[4]

---

3 George M. Smerk, *Urban Transportation: the Federal Role* (Bloomington: Indiana University Press, 1966), p. 504.

4 Ernani Silva Bruno, *História e tradições da cidade de São Paulo*, cit., p. 912.

Expansão cultural e urbana: o Centro remodelado

Pode-se observar nessa efervescência destrutivo-construtiva o chamado núcleo antigo da área central da cidade em formação, com sua complexidade funcional em rápida estruturação, configurando zonas de maior ou menor intensidade de ocupação basicamente comercial (ver mapa 1). É possível constatar aí a presença de uma estrutura urbana consolidando-se entre os rios Tamanduateí e Anhangabaú, na qual já se destacava uma área de uso predominantemente não residencial desenvolvendo-se no conhecido triângulo central.

Como vimos, o início do século XX foi um período marcado por muitas demolições, reformas e construções nas áreas centrais, com a substituição das edificações mais antigas por outras, com novas feições, como no caso de vários, se não de todos os edifícios públicos, que passaram a ter caráter mais monumental.

A construção de arranha-céus, iniciada nessa época, trouxe, bem no seu início, a difusão do uso do concreto armado, que foi pioneiramente aplicado, em 1909, em uma edificação de três pavimentos, na esquina das ruas Direita e São Bento. Contou, logo em seguida, com incentivo da legislação urbanística, a qual estabelecia que nas ruas mais centrais as novas construções ou reconstruções deveriam ter no mínimo três andares. Ao lado dessas novas construções restavam no entanto outras, velhas, deterioradas, que já constituíam verdadeiros cortiços.

Quanto à iluminação pública, registra-se também o ano de 1900 como aquele em que a eletricidade passou realmente a disputar com o gás a iluminação das ruas – eletricidade da qual as firmas comerciais mais importantes do Centro já dispunham cinco anos antes.

É também no início do século XX, entre 1910 e 1914, que se registra a execução de um vasto plano de transformações no centro urbano. Entre elas, destacam-se as mudanças radicais sofridas pelo largo da Sé, com a derrubada da antiga catedral, em 1912, e a implantação do novo edifício a ser construído transferida para o trecho mais alto da esplanada da praça. Fatores adicionais de mudança, o automóvel e o bonde elétrico passam a integrar a paisagem da área central da cidade, sendo os principais pontos de partida desses últimos as ruas São Bento, José Bonifácio, Direita e os largos de São Bento, do Tesouro e da Sé.

Mas antes de essas transformações serem implementadas, já em 1907 despontavam as inconveniências do Centro. Encontrava-se, então, em franca expansão, concentrando o grande comércio, os locais de negócios, os bancos, os armazéns e as grandes empresas, e, assim, não era mais suficiente para comportar a mobilidade da população.

Segundo Ernani Silva Bruno, a São Paulo das ruas estreitas do triângulo e de casas modestas que existiu antes da Primeira Guerra Mundial, típica da agricultura do café e da aristocracia da terra, passava a ser outra: uma cidade moderna, industrial, cujos costumes não mais se coadunavam com os de uma economia baseada no latifúndio.[5]

A expansão do Centro foi se acentuando, e em 1912 as reformas do largo da Sé ajudaram a moldar essa ampliação, seguindo-se nesse mesmo ano a demolição da velha catedral. O comércio consolidava-se, aumentando sua escala e transforman-

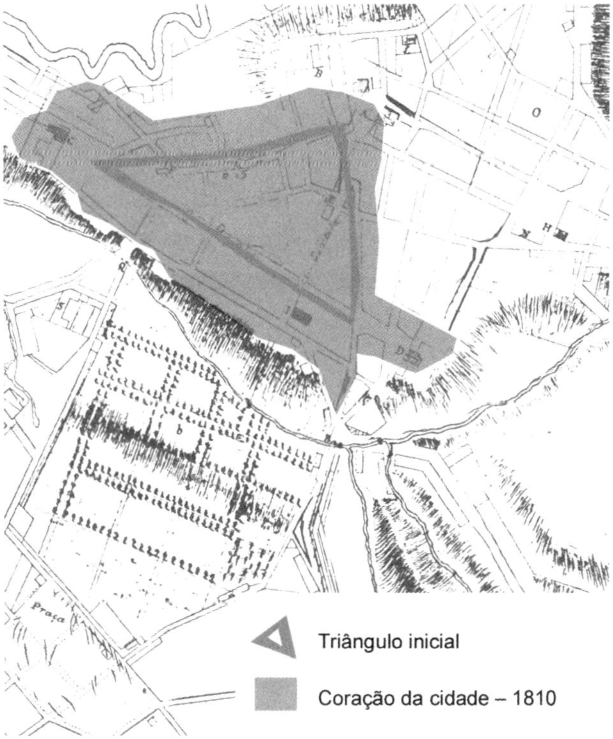

Mapa 1. O coração da cidade de São Paulo, esquematizado a partir de planta datada de 1810.

[5] *Ibid.*, p. 1315.

do o antigo triângulo em um grande centro de negócios. Assim, até o período anterior à Primeira Guerra Mundial, essa área abrigava a sede de uma cidade poderosa por suas atividades agrícolas, principalmente o café, na qual os habitantes eram muito mais orgulhosos de suas fazendas que propriamente de suas propriedades urbanas. Dessa época em diante, formou-se um núcleo central muito mais sintonizado com a industrialização nascente, típica do início da formação de uma economia moderna. Isso acabou modificando os usos e hábitos daquela sociedade cuja economia era até então predominantemente agrícola. A industrialização fez com que, após 1930, se alterassem os planos da cidade, em um processo que culminou com a remodelação de toda a área central.

O núcleo antigo do centro comercial foi se transformando, e, com isso, também foi crescendo a complexidade de suas funções. Nele pode-se identificar um trecho mais antigo, formado pelas ruas São Bento, Álvares Penteado, João Brícola e Boa Vista, incluindo a praça Antônio Prado e adjacências, ligado a outro, que compreende o largo de São Francisco, a praça João Mendes e a praça da Sé.

Já se forma, então, um núcleo novo como expansão do mais antigo, no qual se podem também distinguir dois trechos. O primeiro é constituído pela rua Sete de Abril e adjacências e as ruas Xavier de Toledo, Bráulio Gomes, Marconi e Conselheiro Crispiniano. O segundo, localizado no encontro da rua 24 de Maio com a avenida Ipiranga, foi se formando, muito provavelmente, devido à presença de edifícios arranha-céus.

O núcleo antigo, de maior complexidade funcional, como já mencionado, estruturava-se de acordo com o sistema viário, que acompanha a topografia da colina central, que pode ser considerada uma "acrópole" em relação às baixadas dos rios Tamanduateí e Anhangabaú.

O núcleo novo implanta-se em uma área adjacente ao Centro, mostrando uma tendência, que posteriormente veio a se confirmar, de deslocamento de seu eixo, inicialmente situado na rua Barão de Itapetininga, para a avenida Ipiranga.

O núcleo antigo caracterizava-se muito mais por escritórios de advocacia e pela função financeira, enquanto o núcleo novo destacava-se pela presença de consultórios médicos e de dentistas, atraídos pelos novos bairros residenciais vizinhos – Santa Ifigênia, Campos Elíseos e Higienópolis –, de onde provinha uma clientela de maior poder aquisitivo.

No entanto, o centro da cidade continuava praticamente a ser comandado pelo tradicional triângulo, com suas ruas tortuosas e estreitas, inicialmente ocupadas por lojas de comércio e serviços, ao lado de casas vastas e sólidas, de arquitetura refinada. Assim relata Pasquale Petrone:

> O largo do Rosário era o mais movimentado, embora o coração da cidade estivesse na rua Quinze de Novembro, a rua do Ouvidor de São Paulo. Em suas ruas agitadas se processavam os negócios políticos e comerciais, trabalhava o cérebro e batia o coração de São Paulo.[6]

As transformações urbanísticas que então ocorriam foram marcadas por trabalhos de saneamento na várzea do Tamanduateí: canalização de rios e ribeirões, criação de serviços de distribuição de água potável, abertura de novas ruas e avenidas e ajardinamento de praças. Essa São Paulo, cenário de tantas mudanças, era, desde o final do século XIX, uma cidade notavelmente cosmopolita, atraindo e abrigando entre seus moradores muitos – em certos períodos, a maioria – habitantes de origem européia.

Segundo Benedito Lima de Toledo, para melhorar a salubridade da cidade, o arquiteto parisiense Joseph-Antoine Bouvard, convidado pelo prefeito Raimundo Duprat, deixou claro em um relatório de trabalho que seria importante criar três grandes parques.[7] Nessa época, a cidade não contava sequer com praças públicas na área do triângulo. Havia somente largos, que nada mais eram do que alargamentos dos logradouros públicos, dando distanciamento e um pouco de grandiosidade a uma igreja, mosteiro ou prédio público.

---

6 Pasquale Petrone, "São Paulo no século XX", em Aroldo de Azevedo (org.), *A cidade de São Paulo: estudos de geografia urbana*, vol. I: *A região de São Paulo* (São Paulo: AGB – Seção São Paulo/Nacional, 1958), p. 115.

7 Benedito Lima de Toledo, *Anhangabaú* (São Paulo: Fiesp, 1992).

Por tais características, São Paulo ficou conhecida como a cidade dos contrastes: avenidas largas e de tráfego intenso, abertas posteriormente, e blocos compactos de arranha-céus ao lado de ruelas tranqüilas, ladeadas por prédios de arquitetura dos tempos passados.

E dessa forma o crescimento vertical da área central foi se consolidando ao longo das primeiras décadas do século XX. De início, modestamente, os edifícios não ultrapassando a cinco andares. Nessa categoria, em 1920, podiam-se identificar cerca de 46 edificações. Esses trechos de arranha-céus, conforme levantamento funcional efetuado por Nice Lecoq Müller, abrigavam as funções mais complexas do Centro: comércio, pequena indústria, finanças, administração pública, profissões liberais, hospedagem, alimentação, diversões.[8]

Em decorrência desse desenvolvimento, a cidade registrou um enorme aumento de sua frota de automóveis, a qual atingia em 1940 cerca de 30 mil veículos, o que já começaria a refletir-se em problemas de trânsito e estacionamento. A praça da Sé, um grande espaço aberto no coração da cidade, transformou-se, assim, em uma imensa garagem de veículos.

Para melhor compreensão das alterações ocorridas ao longo do processo de reestruturação da área central e especialmente da praça da Sé, onde seria construído o Palacete Santa Helena nos anos 1920, serão detalhados, a seguir, alguns fatos relacionados a essas reformulações realizadas a fim de adaptá-la progressivamente a seus distintos papéis funcionais em um contexto urbano mais amplo.

Desse processo de reestruturação, cabe destacar dois momentos marcantes: os dois projetos de renovação da praça da Sé, um, da década de 1910, associado ao início da construção da nova catedral e em cujo âmbito se edificou o Santa Helena, e o da década de 1970, elaborado em função da construção da Estação Sé do metrô, quando o edifício foi demolido. É sobre o primeiro que nos deteremos aqui.

---

[8] Ver Nice Lecoq Müller, "A área central da cidade", em Aroldo de Azevedo (org.), *A cidade de São Paulo: estudos de geografia urbana*, vol. I, cit., p. 159.

A remodelação urbana da praça da Sé na década de 1910

A praça da Sé é hoje um dos espaços emblemáticos paulistanos, não somente por seu significado urbanístico, mas sobretudo por sua importância histórica. Atualmente, sua centralidade é relevante em decorrência de abrigar a principal estação de metrô da cidade, pólo de convergência de duas linhas utilizadas por alguns milhões de pessoas diariamente. É o maior espaço aberto da colina histórica, no qual se localiza a igreja matriz da cidade e que se conecta com importantes logradouros, como a rua Direita, o Pátio do Colégio, o largo de São Francisco e a rua Quinze de Novembro, antigo coração financeiro da cidade.

Essa centralidade hoje observada tem caracterizado a praça da Sé ao longo de toda a sua história. Desde tempos imemoriais, antes mesmo da chegada, em meados do século XVI, dos primeiros portugueses, o local já era ocupado por indígenas, pois por ali passava uma trilha ancestral, chamada caminho do Peabiru, que unia o Atlântico ao Pacífico. Por mais de trezentos anos de crescimento da cidade, esse ponto da colina foi sempre marcadamente central, por aí estar sediada a igreja matriz. Em sua primeira versão, que perdurou até 1912, a igreja ocupava a porção sul da atual praça, compondo com a antiga Igreja de São Pedro um belo conjunto espacial ao redor do primitivo largo da Sé (ver figuras 3 a 5).

O crescimento urbano vertiginoso que passou a ser registrado a partir da década de 1870, com a chegada da ferrovia e o incremento da produção de café no Oeste paulista, fez com que a população paulistana saltasse de 24 mil habitantes, em 1870, para 300 mil, em 1910. Isso causou profundo impacto na estrutura da cidade, obrigando o poder público a realizar diversas intervenções de cunho modernizador, como a instalação de transportes coletivos (bondes), da rede de fornecimento de energia elétrica, gás, água tratada, além das redes de escoamento de esgoto e de águas pluviais. Acrescente-se a isso a execução de inúmeros alargamentos viários para adequar a área central ao intenso movimento dos veículos que por ela passaram a transitar.

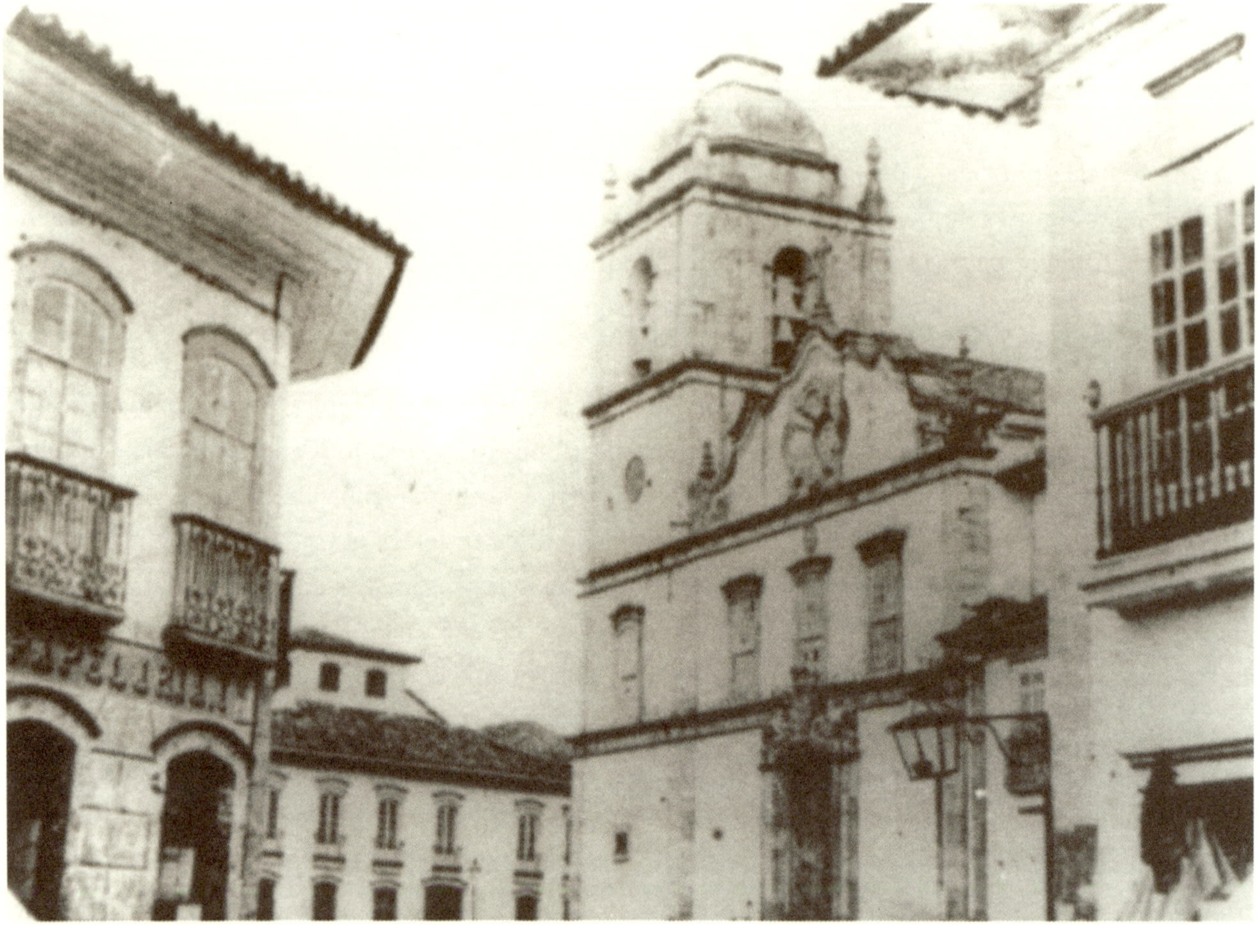

Figura 3. Largo e Igreja da Sé em 1862.

É nesse contexto que se situa o projeto de remodelações proposto para a praça da Sé, projeto esse atrelado a um plano de melhorias gerais para o centro da cidade, polarizado pela urbanização do Vale do Anhangabaú.

O Centro localiza-se na chamada colina histórica, circundada pelos vales do Anhangabaú e do Tamanduateí, que até o início do século XX constituíam obstáculos naturais à expansão do núcleo central. Já no final dos Oitocentos, a abertura de alguns loteamentos sofisticados na vertente oeste da cidade (Chácara do Chá, Santa Ifigênia e Higienópolis) terminou por direcionar alguns investimentos em obras de infra-aestrutura nesse sentido, como a construção do Reservatório da Consolação e do Viaduto do Chá.

Em 1902, com o início das obras do Teatro Municipal, na região da antiga Chácara do Chá, tornou-se premente a urbanização do vale que separava o Centro Velho do então chamado "Centro Novo" (ruas Barão de Itapetininga, Conselheiro Crispiniano, Sete de Abril, 24 de Maio e praça da República).

Esse vale, transposto pelo Viaduto do Chá, apresentava, ainda nessa época, um aspecto rural,

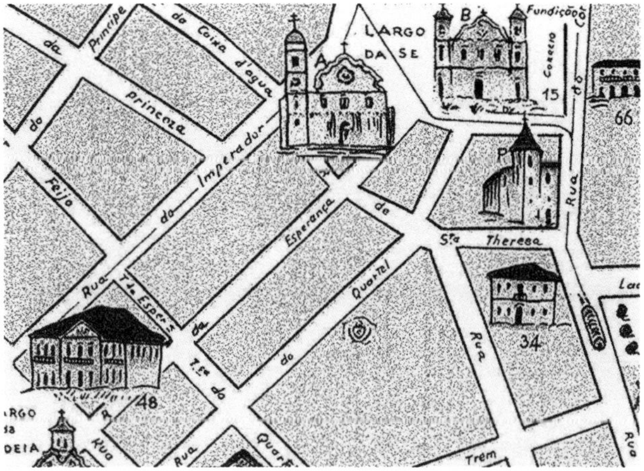

Figura 4. Largo da Sé e adjacências, em detalhe da planta de Jules Martin, 1877.

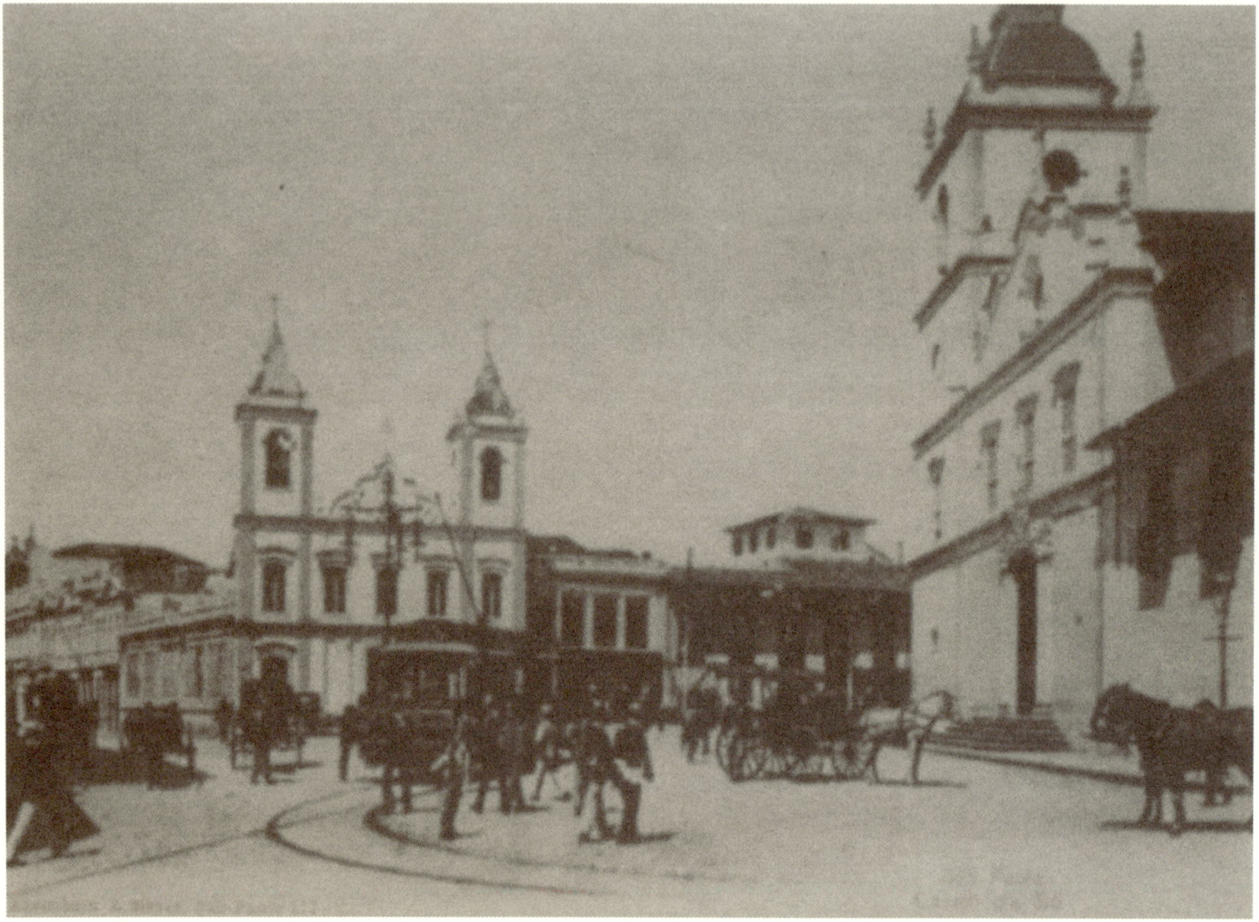

Figura 5. Largo da Sé em 1905.

recebendo o córrego canalizado do Anhangabaú as águas residuais de um matadouro. Era ladeado pelos fundos de antigos cortiços das ruas Líbero Badaró e Formosa, situadas a montante das encostas do vale. Constituía, assim, um espaço degradado em meio a um centro urbano em plena transformação, que pretendia expressar os ideais de modernidade que os republicanos queriam imprimir na fisionomia da cidade, com sua arquitetura eclética de inspiração francesa, seus *boulevards* e jardins públicos com iluminação elétrica e serviço de bondes.

Nesse cenário, surgem, a partir de 1906, as primeiras idéias para a melhoria dessa parte da cidade. Inicialmente restritas ao vale, as propostas urbanísticas foram se tornando mais abrangentes. A Prefeitura, desde 1902, pretendia construir um edifício destinado ao Paço Municipal no antigo terreno do Teatro São José, na praça João Mendes, entre as antigas ruas Marechal Deodoro e Capitão Salomão. A Mitra, em 1909, resolveu construir uma nova igreja matriz, em estilo mais moderno, de forma a aumentar também a sua praça fronteiriça. A Diretoria de Obras Municipais elaborou, então, um estudo prevendo a desapropriação de alguns quarteirões atrás da igreja, de maneira que se interligassem as praças da Sé e João Mendes para aí construir três edifícios monumentais: a catedral, o Congresso Estadual e o Paço Municipal (ver figura 6).

No entanto, em 1911, logo após o início da construção do novo Paço (projeto de Ramos de Azevedo), a Cúria percebeu que o espaço destinado à nova catedral era exíguo. Solicitou então a revisão do estudo. Nessa ocasião, encontrava-se de passagem por São Paulo o urbanista francês Joseph-Antoine Bouvard, que propôs à Prefeitura um plano de melhoramentos globais para a área central, abrangendo, além do vale do córrego Anhangabaú, o vale do rio Tamanduateí e a região da praça da Sé.[9]

Na Sé, o projeto de Bouvard propunha não só a manutenção, mas o reforço de seu papel emblemático, de centralidade urbana, com a construção de um grande centro cívico, atributo das grandes capitais

[9] Joseph-Antoine Bouvard, "Relatório apresentado ao senhor prefeito Raymundo Duprat", *apud* "Os melhoramentos de São Paulo: o relatório do senhor Bouvard", em *Revista de Engenharia*, 1 (2), julho de 1911.

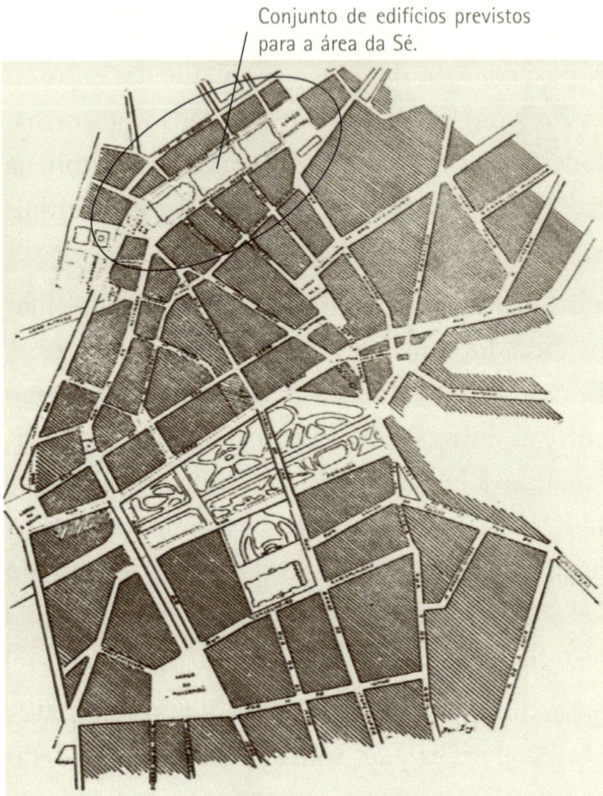

Figura 6. Projeto Freire-Guilhem, de 1910, para melhoramentos em São Paulo, visando a remodelação da área central, com proposta inicial para conjunto de edifícios na região da Sé: catedral, Paço Municipal e Congresso Estadual.

européias, que seria constituído pelos mais importantes edifícios públicos da cidade, como o Palácio do Governo, o Palácio do Congresso, o Paço Municipal e o Palácio da Justiça, e também, evidentemente, pela nova catedral (ver figuras 7 e 8). Dessa forma, a cidade de São Paulo poderia exibir o símbolo urbanístico e arquitetônico de todo o seu poderio político e econômico, tão almejado pelos governantes, representantes diretos da aristocracia cafeeira.

O plano foi logo aprovado e passou a ser executado no mesmo ano, com a imediata demolição da Sé velha. No entanto, em alguns locais de maior interesse imobiliário, como o Vale do Anhangabaú e suas imediações (ruas Líbero Badaró e São João), as obras foram executadas com prioridade e concluídas ainda nos anos 1910. O fato é que essa vertente da colina central estava sendo alvo, na época, de acirradas disputas imobiliárias, decorrentes da valorização causada pela construção do Viaduto do Chá, do Teatro Municipal e dos novos bairros residenciais da Zona Oeste (Higienópolis e Campos Elíseos).

Já a reurbanização do Parque Dom Pedro II, na vertente oposta, junto ao vale do rio Tamanduateí, foi concluída somente nos anos 1920, por ocasião das comemorações do Centenário da Independência.

Só nessa década seria iniciada a remodelação da praça da Sé, atrasada, entre outros motivos, pela lentidão nas desapropriações, uma vez que a Prefeitura, desde que se instalara em um dos novos palacetes do conde de Prates, sobre o Vale do Anhangabaú, deixara de ter urgência na construção de uma sede para suas repartições.

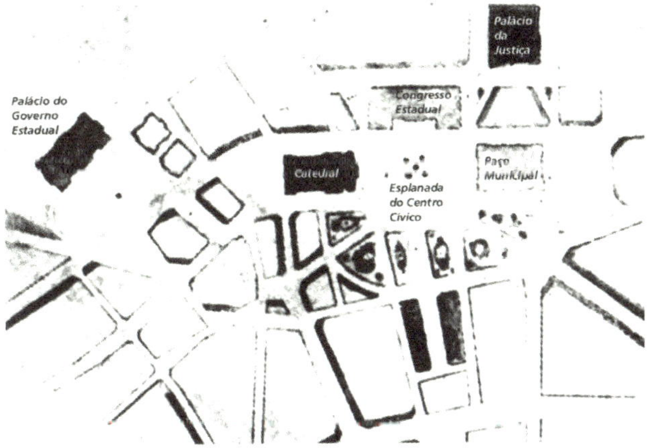

Figura 7. Detalhe do projeto original de Joseph-Antoine Bouvard, mostrando os edifícios do Centro Cívico projetado para a região da Sé.

O projeto de Bouvard para a Sé nunca chegaria a se completar. A nova catedral, cujas obras haviam se iniciado no final dos anos 1910, somente seria concluída nos anos 1950, em função dos festejos do IV Centenário de fundação da cidade, e o Centro Cívico jamais seria realizado.

Em 1922, de novo por causa das comemorações do Centenário da Independência, o assunto voltou a ser discutido, e realizou-se um concurso de projetos para um novo Paço Municipal, a ser construído na avenida São João, no ponto de cruzamento com o eixo da praça da República. A escolha do novo local foi decisão do engenheiro João Florence de Ulhoa Cintra, assistente de Vítor Freire na Diretoria de Obras.

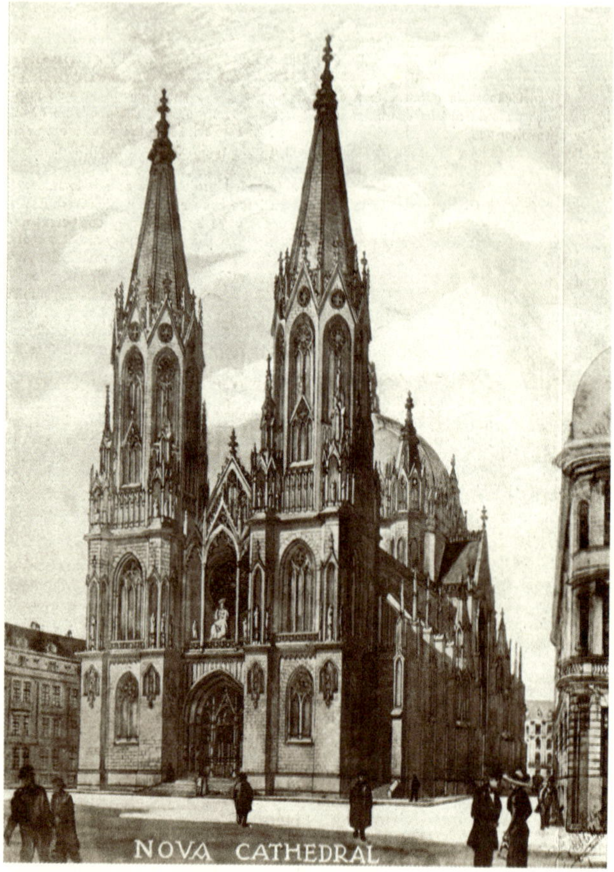

Figura 8. Projeto de Maximilian Hehl para a nova Catedral de São Paulo, 1910.

Em 1930, ainda sem solução, o assunto do Paço apareceu novamente na proposta do Plano de Avenidas de Prestes Maia, com duas proposições: a primeira, que ele deveria ser construído na esplanada do Carmo (interligada à praça da Sé e ao Pátio do Colégio), e a outra, no eixo divisor das avenidas Nove de Julho e 23 de Maio. (Essa última idéia é a que mais se aproxima do atual projeto da Câmara Municipal, no Viaduto Jacareí, que só foi construída no final dos anos 1960.)

Assim, a praça da Sé, entre os anos de 1912 (demolição da antiga Sé) a 1954 (inauguração da nova catedral), ficou marcada como um grande descampado em sua parte central, cuja área era utilizada como estacionamento, tendo ao fundo a quase eterna imagem da catedral em construção, com suas torres inacabadas (ver figuras 9 e 10).

Até a década de 1950, antes da finalização da catedral, o Palacete Santa Helena destacou-se como o edifício mais imponente da praça (ver figura 11). Foi, aliás, com o início de sua construção, nos anos 1920, que os terrenos da área – até então congelados no mercado imobiliário por causa das indefinições político-administrativas que retardariam ainda em trinta anos a conclusão das obras na praça – voltaram a ser valorizados.

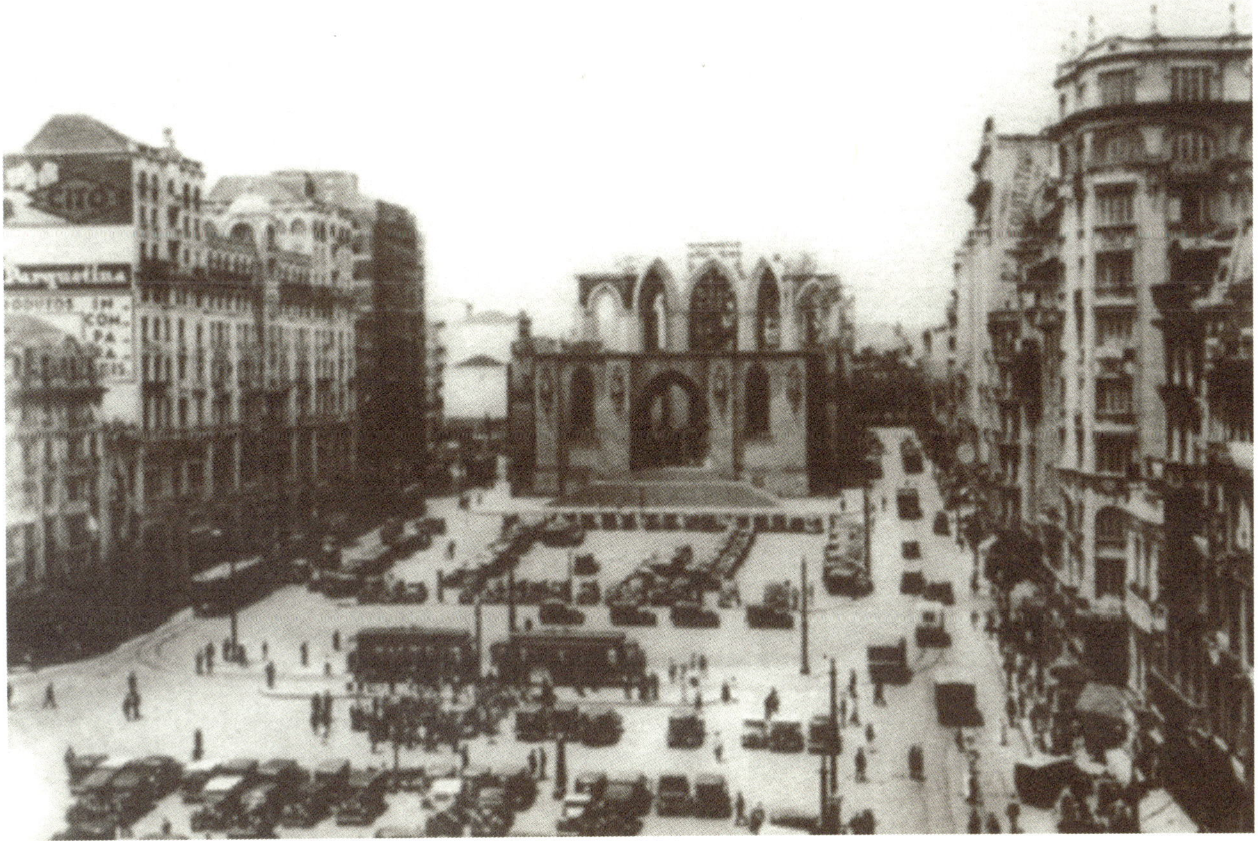

Figura 9. Praça da Sé em 1933.

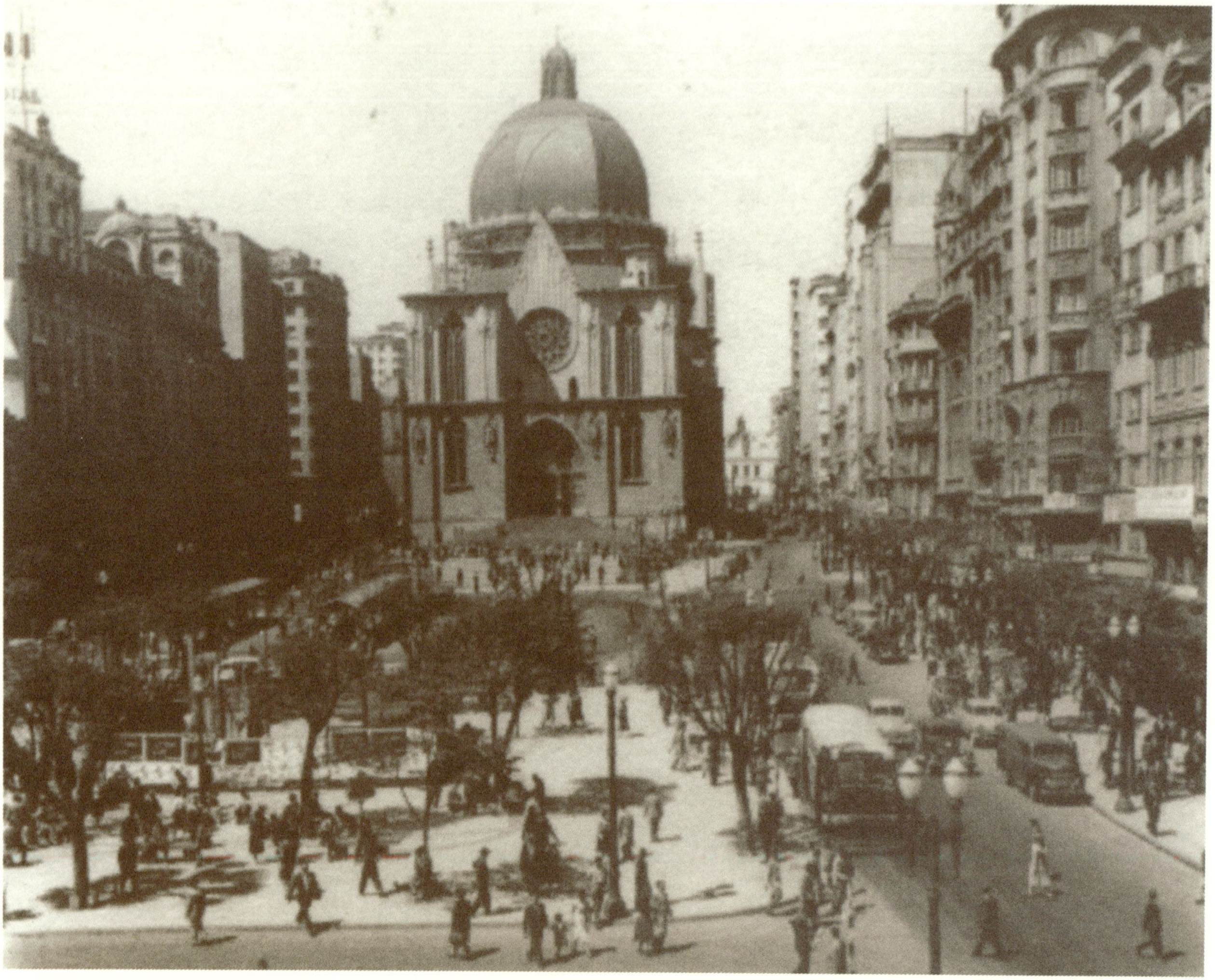

Figura 10. Praça da Sé em 1958.

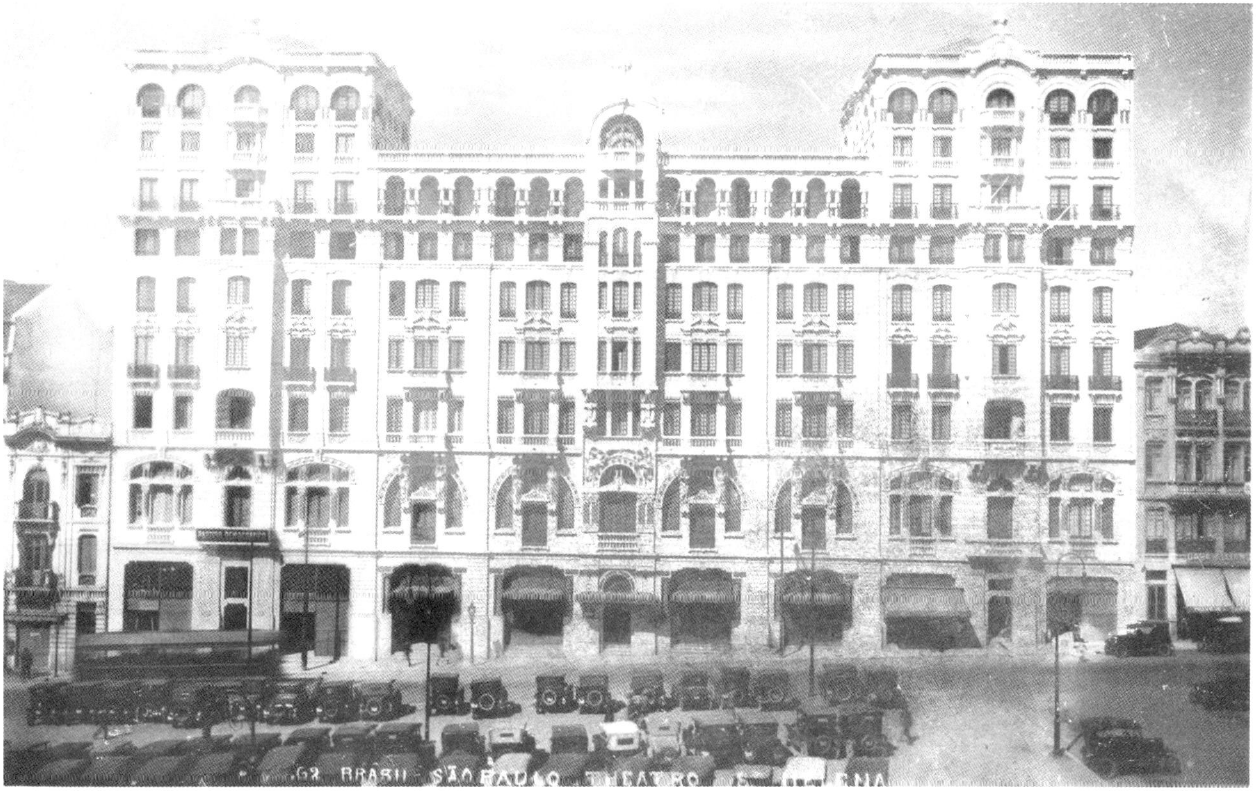

Figura 11. Vista frontal do Palacete Santa Helena por volta de 1930.

Aos poucos, as silhuetas de outros edifícios foram se definindo ao redor da praça, como o Palacete São Paulo e o Palácio da Justiça. Todos ecléticos, com estrutura de concreto armado, abrigavam o setor de comércio e serviços, e seu gabarito não era superior a oito pavimentos, como prescrevia a legislação para o local. Nenhum deles, no entanto, chegou a superar o Santa Helena, cuja largura e altura eram superiores às de qualquer outro das imediações.

O arranha-céu e a remodelação das cidades

Nadia Somekh

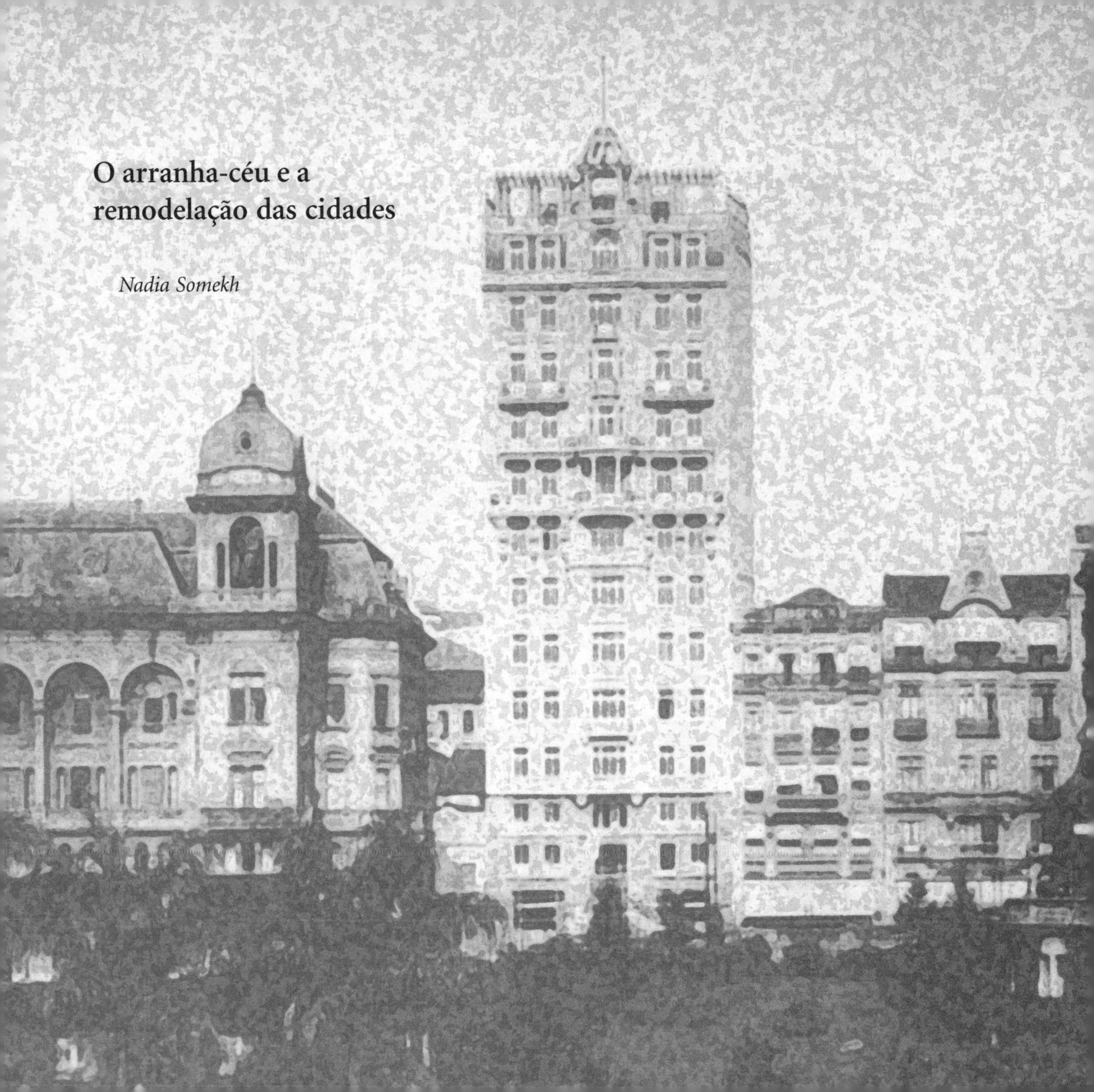

O arranha-céu pode ser considerado um fenômeno tipicamente americano, símbolo máximo de algumas cidades, como Nova York e Chicago. Quando ele surge no século XIX, no entanto, manifesta claramente um certo débito dos Estados Unidos para com a arquitetura européia. Sua proliferação ajudou a fortalecer a voga dos estilos enfeixados pelo nome geral de ecletismo, de tendência predominantemente neoclássica, cuja fonte próxima situa-se na Inglaterra e na França, mas cujas origens formais mais longínquas estão no solo do Renascimento italiano.

É preciso que decorra ainda algum tempo até que aflorem outros interesses de leitura desse fato novo na paisagem das grandes cidades. Nas primeiras quatro décadas do século XX, o edifício alto torna-se, mais do que uma curiosidade da arquitetura comercial, uma poderosa e ousada força, capaz de transformar o ambiente urbano em seu tempo, tanto quanto o automóvel nas décadas subseqüentes.

Alguns autores caracterizaram os arranha-céus com imagens como a da máquina que faz a terra urbana render, mostrando que o foco para o entendimento desse novo fenômeno no mundo das edificações estava tanto na técnica quanto nas alterações que ele trazia para a formação do capital imobiliário. Também aqui em São Paulo, no século XX, a racionalidade da obtenção de lucro máximo deu lugar a uma atitude mista, exploratória entre a busca de produtividade e a de riqueza simbólica.

Antes, porém, de ir em frente no assunto da verticalização das cidades, temos de voltar nossa atenção para o que de mais importante e de maior impacto foi gerado, poucas décadas antes, no panorama urbanístico internacional: a chamada "remodelação das cidades", um capítulo dentro do urbanismo que se impôs mundialmente e que tem como seu paradigma original a reforma de Paris por Georges-Eugène Haussmann, em meados do século XIX.

Sem entrar na polêmica sobre se o exemplo parisiense das grandes demolições, das novas construções e da abertura de avenidas realizadas durante a administração Haussmann (1853-1870) pode ou não ser considerado parte do urbanismo moderno,[1] é possível afirmar que o ideário haussmanniano (ver figura 1) avançou século XX adentro como modelo de intervenção. Um exemplo disso é a declaração do engenheiro Vítor Freire, vindo de um congresso de urbanismo em Gant, na Bélgica, de que todo urbanista almejava construir sua pequena "Étoile".[2] De fato, várias cidades buscaram reproduzir em seus planos a homogeneidade parisiense. Até o Plano de Avenidas de Prestes Maia (ver figura 2) apresentou uma releitura modernizada da uniformidade de alturas, adequando-a à inovação constituída pelo elevador, bem disseminada nos anos 1930. Em vez dos seis andares estabelecidos no plano francês, o gabarito proposto para São Paulo era de cinqüenta metros, ou doze andares.

O plano de Prestes Maia permitia, no entanto, traduções de exemplos americanos, uma vez que nele havia lugar para as referências urbanas constituídas pelos arranha-céus (ver figura 3). Na praça do Patriarca ou no edifício do Banco do Estado de São Paulo, na praça Antônio Prado (nosso pequeno Empire State Building), os novos marcos levavam a um rompimento da escala prevista nas quadras pensadas como homogêneas no Plano de Avenidas, pelo seu viés nitidamente haussmanniano. Essas referências, ao lado dos ditames estéticos, tinham um caráter indutor da expansão imobiliária, pois abriam a possibilidade de auferir-se um rendimento urbano acima da média do resto da cidade.

Em Paris, no caso do plano de Haussmann, o interesse de valorização dos terrenos não se apresentava como prioridade destacada, pois havia o objetivo, com caráter claramente político, de, além de

---

1 Topalov considera a questão social como foco do urbanismo moderno, excluindo a reforma de Paris por Napoleão III, sob o comando do barão Haussmann. Ver Christian Topalov, "Os saberes da cidade: tempos de crise?", em *Espaço & Debates*, nº 34, ano XI, 1991, pp. 28-37.

2 Referência à place de l'Étoile, em Paris, com suas doze avenidas radiais.

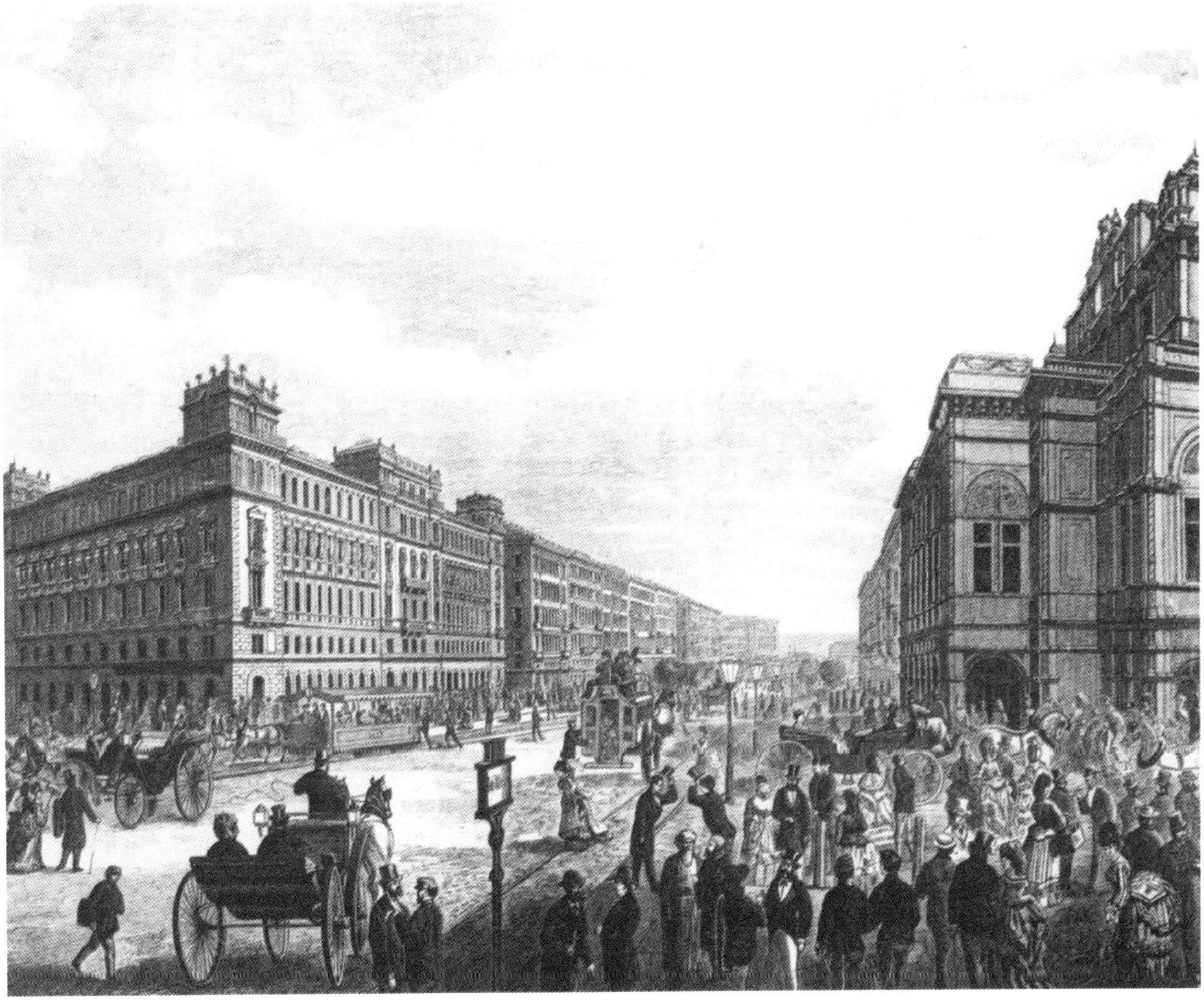

Figura 1. Disseminação do modelo de verticalização dito "haussmanniano", com alturas homogêneas: a Ringstrasse de Viena no final do século XIX.

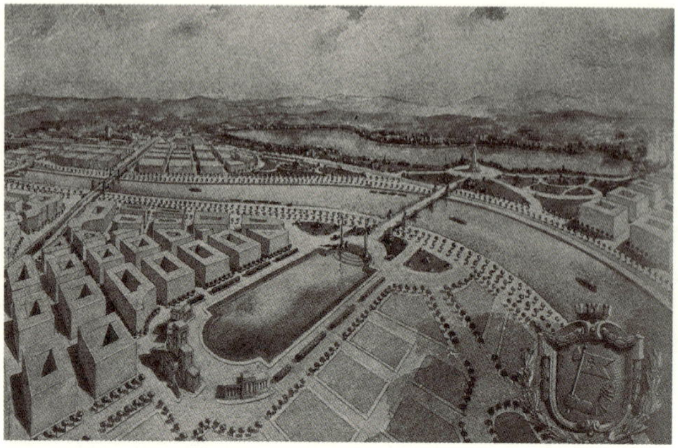

Figura 2. Prancha ilustrativa do Plano de Avenidas de 1930, mostrando proposta para a região da Coroa, no rio Tietê.

modernizar a capital francesa, aumentar o controle social. As cidades medievais, base original das aglomerações industriais, quando ocupadas pelas altas densidades demográficas necessárias às novas formas de produção, constituíam-se em barris de pólvora prestes a explodir. Rasgar avenidas, portanto, atendia não só aos novos imperativos de circulação da cidade moderna, mas também de seu domínio.

A remodelação das cidades, mais que obedecer a objetivos políticos e de modernização, voltou-se para as necessidades de reprodução do capital imobiliário, que não raro provoca a destruição como preço de alcançar altos níveis de rentabilidade econômica. Isso é o que se constata na história do urbanismo.

O que vimos, no entanto, em São Paulo nos anos 1970, quando da demolição do Palacete Santa Helena e da implosão do Edifício Mendes Caldeira, para a remodelação da praça da Sé e a implantação da Estação Sé do metrô, não teve esse efeito. Além de destruir-se um patrimônio histórico da cidade, o espaço público resultante, embora modernizado e configurando um aumento de controle social na região, não atendeu à lógica de reprodução do capital imobiliário. Como conseqüência, ou, pelo menos, como sinal de um desencontro de interesses econômicos, os grandes investimentos não atraíram novos empreendimentos verticais, que acabaram ocorrendo junto às novas centralidades produzidas no decorrer da evolução urbana de São Paulo.

De que modo surgem os arranha-céus nos Estados Unidos e sob que condições se deu o processo de crescimento vertical no Brasil e sua relação com a remodelação das cidades, tudo isso compõe um panorama de especificidades que pode ajudar-nos a entender a importância do Palacete Santa Helena. Entretanto, algo que continuará inexplicável ou, ao menos, injustificável, escapando às lógicas consagradas nos manuais de urbanismo, foi sua demolição. É o que veremos a seguir.

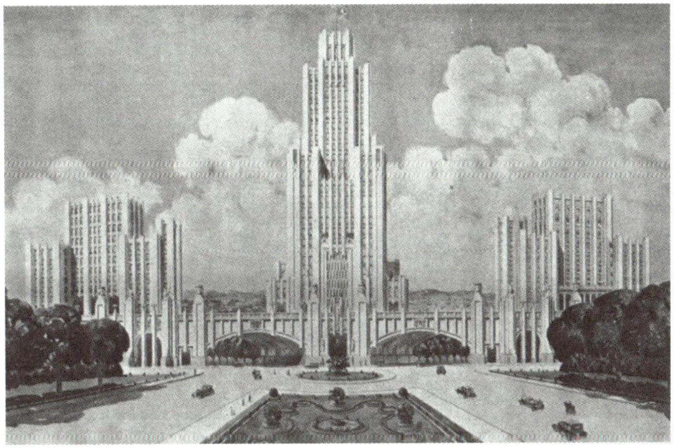

Figura 3. Projeto de Prestes Maia para o Paço Municipal, na praça das Bandeiras, 1930.

O surgimento do arranha-céu

Várias são as definições de arranha-céu. Na expressão em inglês, *skyscraper*, além de significar "que arranha o céu", também quer dizer "edifício de muitos pavimentos". Alguns especialistas aprofundam essa noção de senso comum, introduzindo-lhe características técnicas ou fixando os parâmetros de suas dimensões. Depois, a idéia de progresso e referência urbana passa a ser associada ao conceito. Outros estudiosos então ressaltam sua função inserida no desenvolvimento do capitalismo industrial moderno. Tal tipo de edifício, desse ponto de vista, é produto de uma nova divisão técnica e social do trabalho, tendo sido viabilizado pela constituição de um sistema de financiamento, fundiário e imobiliário, por uma organização da construção e pelo avanço tecnológico que é fruto do estágio de desenvolvimento das forças produtivas.

O arranha-céu pode também significar uma ruptura de escala do volume construído em relação ao ambiente próximo. Nesse sentido, as definições dos estudiosos assinalam que o arranha-céu deve ter um número mínimo de vinte andares, que nele devem ser determinantes o elevador, a estrutura e a função. Atendendo a todos esses critérios, os primeiros arranha-céus americanos, em resumo, representaram um mundo industrial em pleno desenvolvimento, constituindo a imagem do liberalismo triunfante.

O edifício de muitos andares mostrou-se nos Estados Unidos como o resultado de uma estratégia econômica para multiplicar áreas valorizadas, tantas vezes quanto possível, vendendo e revendendo a extensão inicial do terreno. Tendo em vista esse fato histórico e econômico, foi possível chegar a uma conceituação do fenômeno da verticalização como a multiplicação do solo urbano possibilitada pelo elevador, e o arranha-céu, forma explícita e unitária de verticalização, insere-se nessa definição.

Os primeiros arranha-céus, ainda não enquadrados plenamente naquelas definições, que só depois seriam formuladas com mais precisão, eram pequenos em altura – tanto os americanos quanto os paulistanos. E as características gerais desses exemplos pertencentes à primeira fase são encontradas no Palacete Santa Helena, que, com seus dez pavimentos, representou, portanto, um rompimento de altura na escala dos edifícios circundantes. É preciso chamar a atenção para o fato de que o próprio impacto provocado pela construção do Santa Helena em relação às edificações baixas do entorno contribui para a sua categorização como arranha-céu.

A emergência de um novo tipo de arquitetura, constituída de edifícios mais altos, resulta de um certo número de condições que giram em torno de um fato histórico-econômico: a cidade torna-se espaço de desenvolvimento. O trabalho, cada vez mais submetido às leis do capital, deve ser reorganizado em sua disposição física. Esse foi um dos fatores que levaram à necessidade de construir fábricas, galpões, depósitos, grandes lojas e arranha-céus, com seus escritórios e apartamentos, o que, por sua vez, impulsiona a pesquisa tecnológica no âmbito da construção civil.

A invenção da tipologia dos arranha-céus entre as variedades de edificações repercute na organização do canteiro de obras e no trabalho dos diferentes agentes, cada vez mais numerosos. Essa espécie de edifício transforma a ordem estabelecida nos canteiros. O recorte das tarefas e a racionalização acarretam profundas modificações nas categorias de agentes, levando à redefinição de algumas e à criação de outras. Nesse processo, o arquiteto assume papel de destaque, como o único a ter uma noção de conjunto do projeto a ser construído: torna-se o idealizador e o administrador da obra, e isso faz dele, portanto, um elemento indispensável.

A crescente complexidade dos novos programas arquitetônicos dá ao arquiteto o papel adicional de promotor, e também de empresário. Ao mesmo tempo, esse conhecimento cada vez mais sofisticado difunde-se internacionalmente: revistas especializadas publicam inúmeros artigos, ensinando a planejar um projeto global e divulgando exemplos bem-sucedidos. O fôlego dos arquitetos nas tarefas de conceber e fiscalizar os novos edifícios é, porém, limitado diante da magnitude das novas firmas que se constituem para a construção da nova tipologia, a qual exige grandes capitais e investimentos, em função do custo crescente da construção.

Tanto quanto a presença de determinado tipo de profissional, de empresa construtora e de técnica disponível, a origem e a transformação do arranha-céu em fato consumado estão intimamente ligadas à progressiva hegemonia do setor terciário da economia. O financiamento dos primeiros arranha-céus americanos é feito por companhias desse setor que construíam seus próprios edifícios: bancos, empresas seguradoras, corretoras de valores e outras instituições financeiras, além de companhias ligadas ao desenvolvimento industrial, aos transportes e às comunicações. Nos Estados Unidos e no Canadá, um grande número de edifícios concluídos é utilizado, em parte, pelos proprietários como sede social e, em parte, alugado para outras firmas e seus escritórios.

Mas a demanda crescente por espaços a ser ocupados com escritórios mobiliza empresários na busca de novas formas de financiamento com a finalidade de construir arranha-céus para locação. Durante os anos da Primeira Guerra Mundial surgem sociedades imobiliárias lançando escritórios para alugar – fenômeno que cresce, por exemplo, em Montreal, no final dos anos 1920, e em São Paulo, entre os anos 1920 e 1940. E não foi só o financiamento que se diversificou; a necessidade de crescer em altura exigiu também um novo patamar de desenvolvimento tecnológico.

Em boa parte, essa necessidade de aparelhamento técnico dos prédios, durante a construção e em seu uso, é dada pelo fato de que os primeiros arranha-céus americanos são edifícios de escritórios. Elevador, telefone e estruturas de aço são inovações tecnológicas que fornecem a base para o funcionamento, nessas novas construções, com qualquer altura, de hotéis, magazines e escritórios. A estrutura de aço, aperfeiçoada por William Le Baron Jenney – formado, significativamente, pela École Polytechnique de Paris –, permite o crescimento em altura, de um lado, e a abertura de grandes vãos, de outro, facilitando a iluminação de extensas áreas de pavimentos.

O curioso é que a primeira geração de projetistas que trabalha na reconstrução que se segue ao incêndio de Chicago, em 1875, compõe-se de engenheiros militares – outro dado significativo – saídos da Guerra de Secessão. O primeiro edifício alto de estrutura mista é construído em 1879, e o Home Insurance Building, de 1885, é considerado o primeiro edifício de Chicago com estrutura metálica. Como podemos ver, com os poucos andares dessa obra, ainda não se trata de fato de "arranhar o céu".

Esses fatores, até certo ponto acidentais na história da indústria da construção, vêm sobrepor-se a uma evolução, por assim dizer, espontânea, que levou, no caso dos Estados Unidos, a que até meados do século XIX, além de Nova York, outras duas cidades, Boston e Filadélfia, disputassem a primazia econômica. Para reforçar essa evolução, ao comércio exterior, ao crescimento financeiro e industrial e à ebulição econômica de Nova York somou-se o ato do Banco Nacional, de 1863, que direcionou as reservas nacionais de moeda para a cidade, a qual, então, assumiu o posto de centro principal, dividindo depois a hegemonia com Chicago e Saint Louis, que se destacavam como subcentros graças à expansão agropecuária em direção ao oeste.

Diante desse pano de fundo do desenvolvimento econômico-demográfico das principais cidades americanas, os edifícios de escritórios surgem nas capitais econômicas do país com a evolução industrial e a então crescente necessidade de espaços para funções administrativas. O aumento do capital financeiro consubstanciado no inovador sistema bancário dos Estados Unidos também fez crescer a necessidade de espaços adequados ao setor terciário. Esses permaneciam concentrados nas áreas urbanas com papel de centralidade na economia, para permitir a rapidez das negociações. O surgimento do telefone no final do século XIX, possibilitando a comunicação a distância, em vez de diluir, concentrou as edificações típicas do terciário, da mesma forma que, ao contrário do que preconizavam alguns urbanistas, a cidade não se dissolveu com o desenvolvimento da informática.

Mas, deixando um pouco de lado as determinantes econômico-tecnológicas, é preciso chamar a atenção para o fato de que a forma das primeiras edificações terciárias e bancárias assemelhava-se aos palazzi renascentistas. Como nos mostram Carl W. Landau e Sarah B. Condit, em 1840 Nova York importou da Inglaterra esse estilo italianizante, que passou a ser utilizado nos novos edifícios comerciais.[3] Seguiam a mesma estética, a partir dos meados do século XIX, não só lojas, mas armazéns e fábricas, os precursores imediatos do estilo dos futuros arranha-céus, muitas dessas construções desenhadas por arquitetos como William Le Baron Jenney e George B. Post. Segundo aqueles autores, a arquitetura comercial inglesa teve poderosa influência nos edifícios de Nova York (ver figuras 4 e 5).

Essa cidade também recebeu traduções do Segundo Império francês, sempre filtradas pelos ingleses. O primeiro edifício com elevador, o Equitable, e outros contemporâneos apresentaram elementos desse estilo, caracterizado pelos telhados com mansardas que vimos reproduzidos em São Paulo,

---

[3] Carl W. Landau & Sarah B. Condit, *Rise of the New York Skyscraper 1865-1915* (Londres: Yale University Press, 1996).

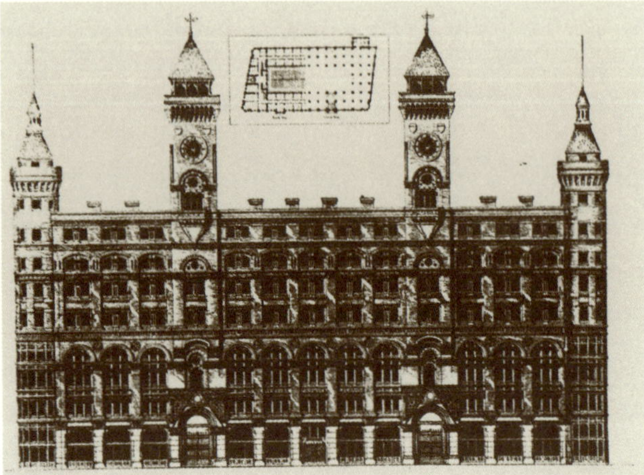

Figura 4. Projeto para a Bolsa de Mercadorias de Nova York, de R. M. Upjohn, segunda metade do século XIX.

décadas depois, em edifícios como o Hotel Esplanada, o conjunto lateral da praça do Patriarca e o Edifício Martinelli.

Landau e Condit localizam em data situada por volta de 1840 um ponto de inflexão na evolução das grandes cidades inglesas, e também em Nova York.[4] É quando começa um processo de expansão do número de edifícios comerciais, notadamente bancos e sedes de companhias de seguros, em sua maioria seguindo aquele estilo, ou conjunto de estilos, de matriz italiana, caracterizado pelos arcos em repetição, arcadas sucessivas e elementos neoclássicos. Paralela e complementarmente a esses edifícios comerciais, surgem também hotéis e edifícios residenciais altos.

De modo geral, em uma outra tendência que reforça esse mesmo processo, também o crescimento e a concentração demográficos das cidades industriais européias consubstanciaram-se em novos edifícios residenciais localizados em áreas adensadas e mais altos do que as usuais construções, predominantemente horizontais. Os altos custos de manutenção de grandes casas unifa-

4 *Ibidem.*

miliares foram outro fator que conduziu ao surgimento de edifícios residenciais.

Marcando as implicações sociais da presença ou nao de determinada facilidade permitida pela tecnologia, na França, com a inexistência, até então, de elevadores, os andares mais baixos eram ocupados pelas classes mais altas. Já nos Estados Unidos, onde surge o elevador depois de 1870, as classes médias e as de alta renda passaram a ocupar após 1880 os edifícios de apartamentos. Mas desde 1885 busca-se limitar a altura dos edifícios residenciais, fato que deixou sua marca nas cidades americanas.

Depois de 1900 surge uma nova imagem da cidade de Nova York, pela mudança na escala vertical dos edifícios que a simbolizavam, fazendo com que os americanos começassem a definir o caráter típico das grandes cidades em termos de tamanho: do número de edifícios e, principalmente, da altura que eles poderiam alcançar. O arranha-céu transformaria para sempre a concepção de cidade. Na primeira década do século XX, muitos associavam ao arranha-céu o próprio (ou a materialização do) progresso; os edifícios altos eram vistos como símbolos do capitalismo, e diferenciavam a modernidade contemporânea do

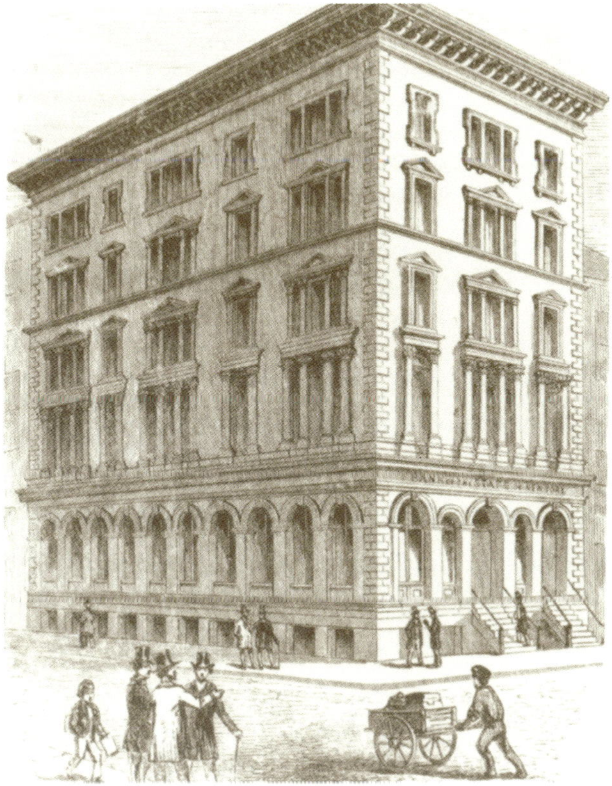

Figura 5. Projeto para o Banco do Estado de Nova York (1855-1856; demolido), de James Renwick Jr.

padrão do século XIX. Isso certamente foi herdado por São Paulo, e o Edifício Martinelli, com seus quase trinta andares, o comprova (ver figura 6), também pelas semelhanças inegáveis que exibe em relação ao projeto nova-iorquino do Equitable Building, erguido entre 1913 e 1915 (ver figura 7).

Mas essa grande leva de construções, compondo a chamada arquitetura laissez-faire, viu-se ameaçada, em Nova York, com a criação, em 1908, de uma comissão de estudos sobre edifícios altos que anunciou a possibilidade de imposição de limites à altura. Surpreendentemente, o arquiteto do Singer Building (200 metros até o topo) advogava a adoção de um gabarito de 100 pés de altura máxima (pouco mais de 30 metros), abrindo a possibilidade de pontuar a cidade com algumas torres gigantescas que se destacariam diante desse padrão (ver figura 8).

O produto do trabalho dessa comissão transformou-se, em parte, na legislação de *zoning* de Nova York, promulgada em 1916. Diferentemente do raciocínio que ali prevaleceu, em São Paulo as normativas de zoneamento começam a ser produzidas nos anos 1920, mais para estimular do que para controlar o crescimento vertical. A limitação de altura concentrava-se no centro histórico. As zonas de expansão tinham gabaritos (80 metros) que incentivavam o crescimento vertical.

Mas a forma do edifício obedeceu também a considerações, além daquelas referentes aos estilos italianizantes, de ordem mais explicitamente estéticas. O arquiteto e teórico Louis Sullivan analisou o arranha-céu como uma coluna tripartite composta de embasamento, pavimentos e ático. A partir de 1890, Sullivan aplica seus princípios de verticalismo à construção de arranha-céus. Desenvolvendo seus conceitos, constata a repetição ritmada dos andares e dos vãos.

Esse foi também o tipo de composição que os primeiros arranha-céus de São Paulo apresentaram, e entre eles o Santa Helena. Como exemplo disso, pode-se notar que o tratamento dado ao ático no Santa Helena é análogo ao de alguns edifícios americanos, como vemos nos projetos de Griffith Thomas e Henry Engelbert, edificados na Broadway (ver figuras 9 e 10).

Nos Estados Unidos, as áreas destinadas à concentração dos novos escritórios tornaram-se mais densas com os edifícios que foram sendo construídos, apesar da legislação de zoneamento. Esse era o

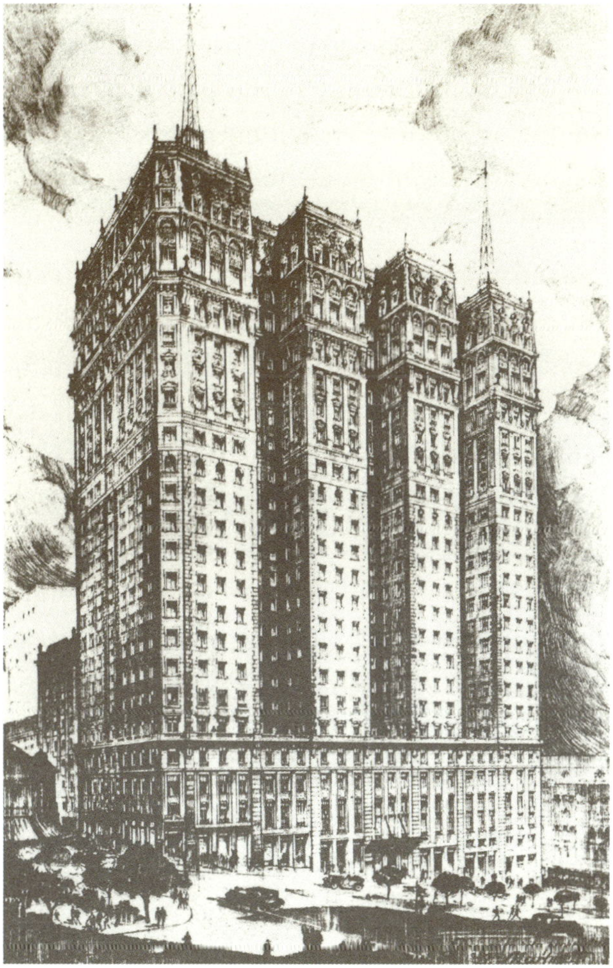

Figura 6. Perspectiva do projeto definitivo para o Edifício Martinelli, 1929.

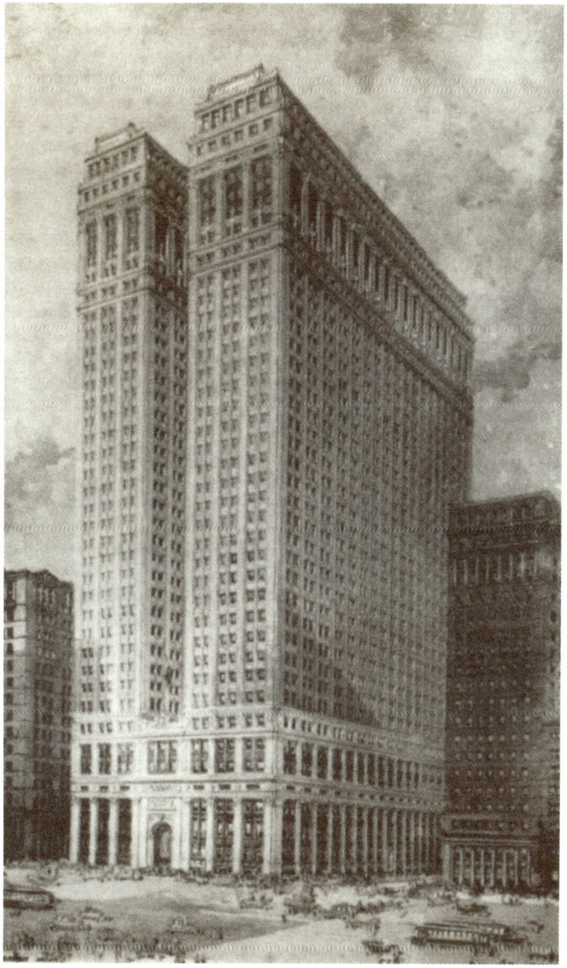

Figura 7. Equitable Building, em Nova York (1913-1915), de Graham, Burnham & Co.

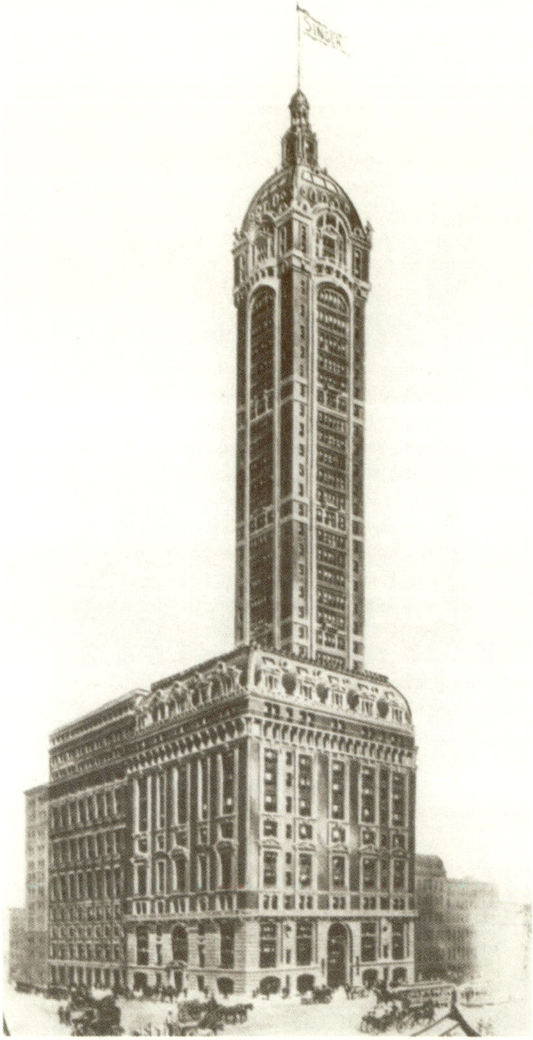

Figura 8. Singer Tower, projeto de Ernest Flagg (1906-1908; demolido).

pano de fundo que dava ao tratamento tripartite de Sullivan para os arranha-céus uma explicação também funcional. Essa abordagem do ático do edifício teria a função de proteger e mascarar os volumes utilitários, "com grandes benefícios para a aparência do monumento", como passaram a ser vistos os arranha-céus.[5]

O ático projetado em ponta foi necessário durante uma fase para, reforçando a expressividade formal da massa construída, transmitir a metáfora de se arranhar o céu. O desenvolvimento das comunicações por satélite, as viagens à Lua e a outros planetas esvaziam essa figura de linguagem. A disputa inicial entre os arranha-céus tinha por parâmetro a corrida das alturas. Com o desenvolvimento da aviação e, mais tarde, das viagens interplanetárias, ainda que imaginárias (as de Flash Gordon, por exemplo), os edifícios altos passam a apresentar detalhes espaciais. No entanto, a abóbada celeste caiu em desuso. Existiam novas formas de alcançar o firmamento (ver figuras 11 e 12).

[5] Leonardo Benevolo, "Considerazioni sull'arte degli edifici alti per uffici", em *Casabella*, nº 204, 1954, p. 14.

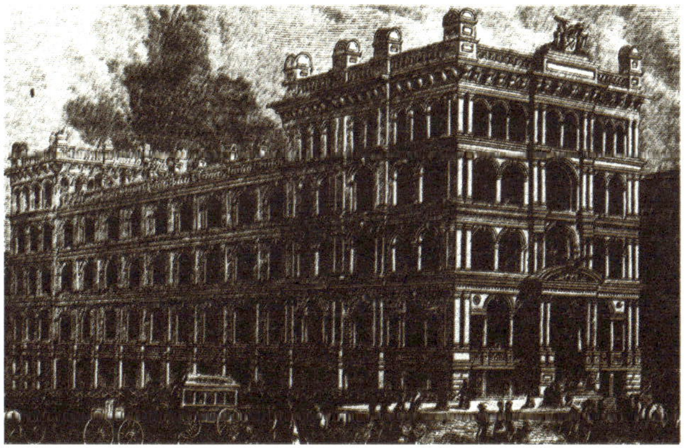

Figura 9. Edifício da companhia de seguros New York Life Insurance Co. (1868-1870; demolido), de Griffith Thomas, na Broadway.

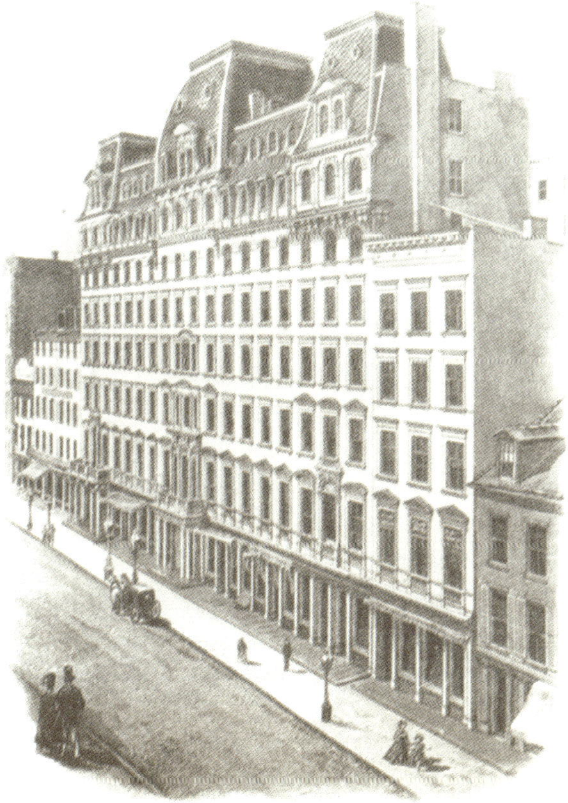

Figura 10. Edifício do Broadway Central Hotel (1869-1970; demolido), de Henry Engelbert.

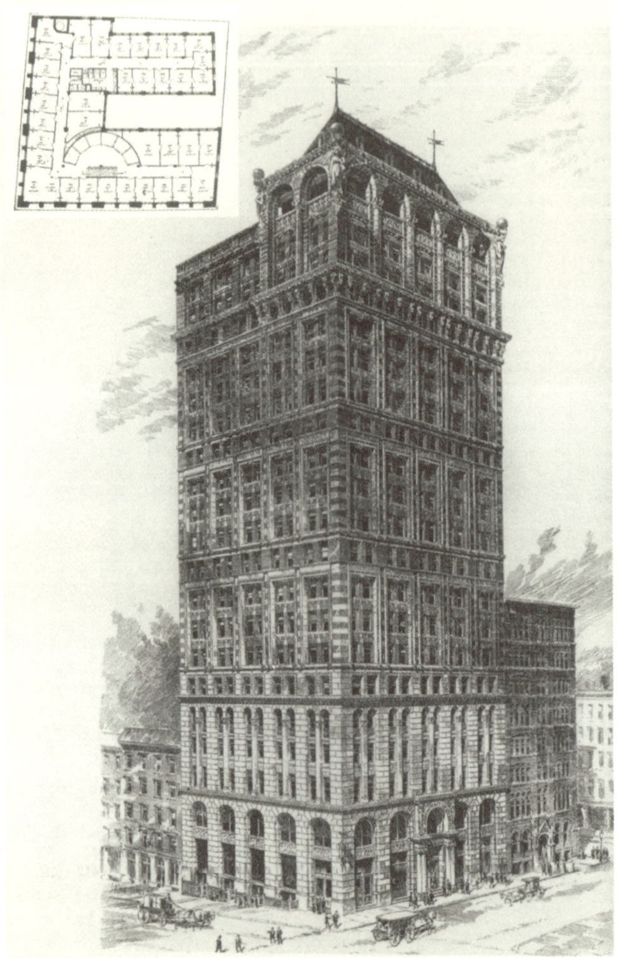

Figuras 11 e 12. Perspectiva e planta do andar-tipo do American Tract Society Building (1894-1895), Nova York, de R. H. Robertson.

Mas o arranha-céu em seus primórdios, quando representava a independência da empresa individual e a organização física do capital das grandes corporações, foi considerado um elemento anárquico na cidade, mobilizando uma reação obsessiva de controle por parte dos urbanistas e legisladores, que se ressentiam da falta de instrumentos institucionais para dar conta dessa nova realidade das massas edificadas.

Essa discussão provocada pelos arranha-céus dá bem a medida de que a sua importância não reside somente no desenvolvimento tecnológico neles incorporado, mas também na nova forma de manifestação ideológica da livre iniciativa, da concorrência e do consumo que eles propõem à arquitetura. Cada fase do desenvolvimento de seu conceito repercute no conjunto do espaço urbano. A dialética que se estabelece entre arranha-céu e cidade não é apenas volumétrica, mas essencialmente simbólica, com o jogo constante de transições que geram novas transformações no resto da cidade.

Até 1929, a produção da indústria da construção civil é muito intensa nos Estados Unidos, alterando quase inteiramente a feição das cidades americanas. O ecletismo arquitetônico predominava, e os arquitetos utilizavam as normas dos estilos históricos na tentativa de ordenar essa atividade febril. Ao mesmo tempo, as transformações urbanas geradas na esteira dessa gigantesca onda edificatória podiam ser agrupadas em dois tipos complementares: a concentração das atividades terciárias em novos pólos (verticalização) e a expansão residencial (suburbanização), possibilitada pela generalização do automóvel.

No caso de São Paulo também, embora de modo menos exemplar que esse das cidades americanas, e com a diferença de algumas décadas, a densidade construída pode ser relacionada ao sistema de transporte predominante. O bonde produziu uma cidade mais densa, enquanto o automóvel, com sua presença cada vez mais avassaladora a partir dos anos 1950, dá lugar a um padrão de urbanização mais rarefeito.

Essas tendências opostas verificadas na configuração do espaço urbano levam os urbanistas a refletir, em um processo de discussões que vem desde o início do século XX, sobre a recomendação de que o ponto economicamente ótimo da densidade deveria corresponder ao tipo e à capacidade dos transportes. Com isso, reconhece-se a necessidade de revisão das normativas de altura e densidade, a fim de adequar o espaço construído da cidade em períodos críticos de congestionamento.

Outra constatação que alimenta essa reflexão capta o fato de que as áreas com predomínio de escritórios ficam ociosas e se esvaziam fora dos períodos de trabalho, o que aponta para os limites do modelo de ocupação baseado nos arranha-céus e levanta a hipótese de uma especulação razoável. Em São Paulo, Vítor da Silva Freire defende um rendimento urbano adequado: a densidade certa no lugar certo.

Verticalização e remodelação em São Paulo

Entendemos a verticalização como um processo e o arranha-céu como o elemento original desse processo, assim como nos baseamos na definição de verticalização como a multiplicação do solo urbano possibilitada pelo elevador. Diante desse enquadramento teórico, o edifício alto representa a possibilidade de realização do capital imobiliário por meio dessa operação que faz o solo multiplicar-se.

A história da verticalização em São Paulo mostrou que a ação do Estado pode estimular o crescimento em altura e, portanto, desenvolver o setor imobiliário por intermédio de dois tipos de ação: a normativa e a de investimentos. A legislação formulada nos anos 1920 incentivava a verticalização ao estabelecer limites de altura, para edificações situadas fora do triângulo histórico, acima dos adotados usualmente. No caso do alargamento da avenida São João, na mesma época, vemos que a verticalização ocorre até mesmo antes de que a remodelação prevista se efetivasse, em um claro processo de antecipação à própria realização do investimento público (ver figura 13).

O crescimento vertical em São Paulo, ao contrário do que ocorreu na cidade do Rio de Janeiro, começa com o uso terciário ampliado como resposta a planos de remodelação e normativos e ilustra bem a formulação teórica do geógrafo Pierre George, que se refere ao fenômeno do adensamento urbano em nível mundial. Segundo ele, a disputa pela localização, por parte de empresas interessadas em aproveitar o prestígio associado a um endereço central, leva à valorização desses terrenos e a um grande incremento na densidade: surgem os arranha-céus.[6]

No Rio de Janeiro, os edifícios altos surgiram com a remodelação acarretada pela implantação da avenida Central, hoje avenida Rio Branco. O primeiro, de dez pavimentos, construído em 1925, era um arranha-céu de uso residencial que tinha embaixo o Cinema Capitólio. Entre 1904 e 1910, havia edifícios com estrutura metálica de até oito andares na avenida Central. A cidade, que em 1920 contava com 33 edificações de seis andares, em 1933 já tinha 249 edifícios de até seis pavimentos, além de 85 construções de sete a nove pavimentos e 37 com mais de dez andares.

Os autores que descrevem a verticalização no Rio de Janeiro associam esse fenômeno aos planos urbanísticos então propostos. O principal deles, o programa de renovação urbana do prefeito Pereira

---

[6] Pierre George, *La ville: le fait urbain à travers le monde* (Paris: PUF, 1952).

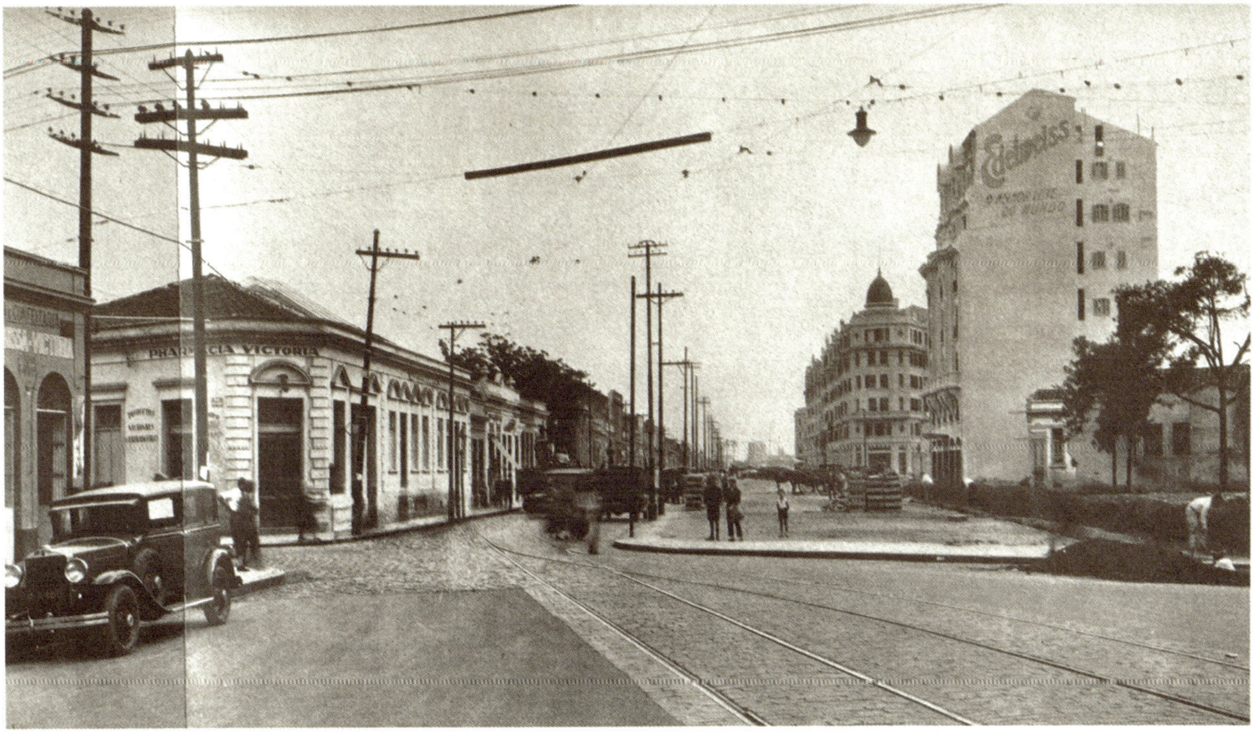

Figura 13. Avenida São João, por volta de 1930, depois de seu alargamento.

Passos, implantado entre 1903 e 1906, altera a feição da área central pelo alargamento e abertura de novas avenidas. Essas obras criam condições para um maior aproveitamento dos terrenos. A abertura da avenida Central, nessa época, estimula o aparecimento de prédios de escritórios e de uso comercial, como a sede da empresa que publicava o *Jornal do Comércio* e o Edifício Guinle, com seis pavimentos e estrutura de alvenaria e ferro (ver figura 14).

Além dos edifícios comerciais, aparecem, nessa época, os hotéis de que o Rio de Janeiro necessitava em sua condição de capital de um país que passava por mudanças político-econômicas, tendo mais e mais relações comerciais e diplomáticas com os países centrais. Assim, surgem estabelecimentos como o Hotel Avenida, de seis andares, e o Palace, de oito.

O Edifício Lafont, do começo da década de 1910, dá início à verticalização residencial. Nesse período, porém, o Rio de Janeiro ainda se caracterizava pelas construções horizontais. Só na década seguinte se firma o processo de verticalização, tendo como marcos os edifícios de uso misto construídos entre 1925 e 1928 pelo exibidor cinematográfico Francisco Serrador, na praça Floriano Peixoto, ao sul da avenida Central. São eles o Cinema Capitólio, de dez andares, o Cinema Rex e o Cinema Metropolitano, estes com estrutura de concreto e com quinze andares. O edifício-sede da empresa que publicava o jornal *A Noite*, de Joseph Gire e Elisiário Bahiana, de 22 andares, construído em 1928, era então o mais alto do mundo com estrutura de concreto. Nesse ano, o Plano Agache adapta a cidade para mais um período de verticalização, dessa vez introduzindo normativas de zoneamento.

Em São Paulo, antes dos anos 1920, constituíam exceções os prédios de mais de três ou quatro pavimentos. O processo de verticalização, e não as simples ocorrências pontuais de estruturação vertical de edifícios, começa a partir dessa década. O alargamento da praça da Sé, no começo do século XX, e o início das obras da catedral favoreceram a intensificação do uso do solo, consubstanciada pelo Palacete Santa Helena e por outros edifícios contemporâneos construídos nesses arredores, que adquiriram, graças a essas construções, um ar da Paris de Haussmann.

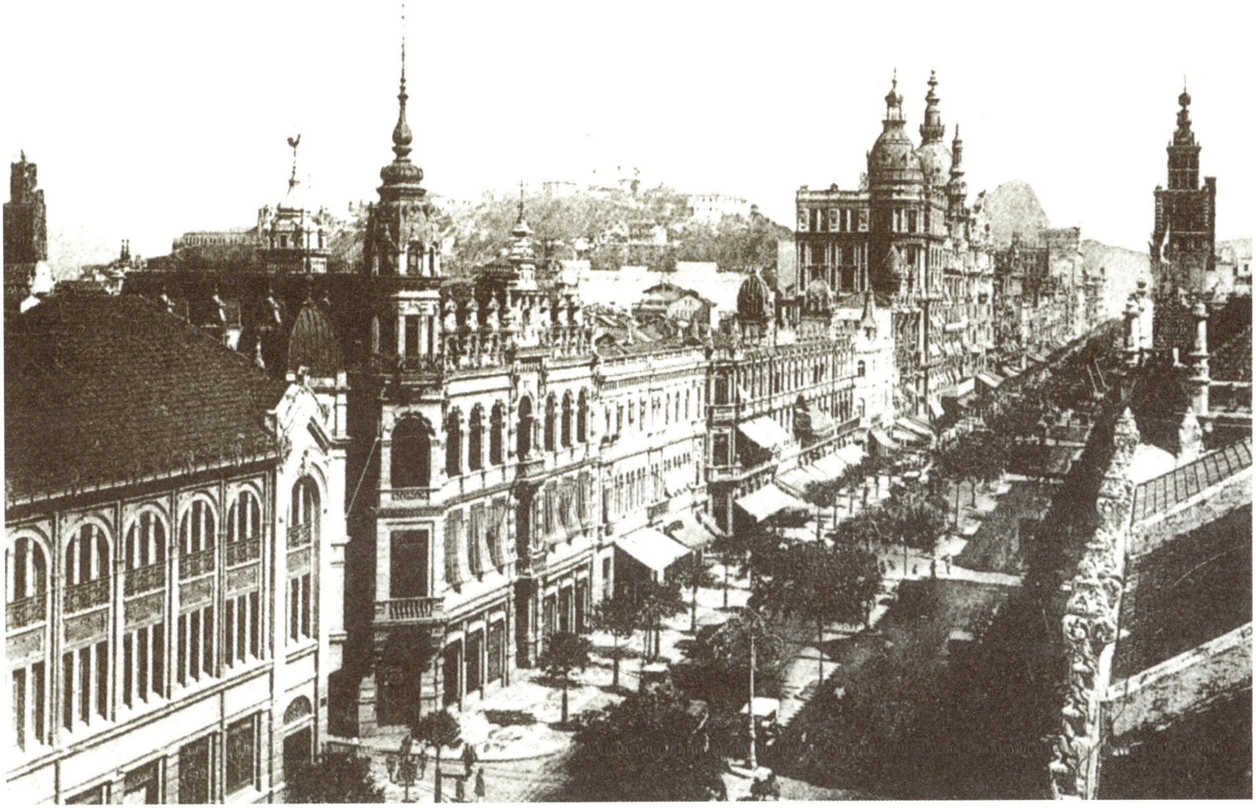

Figura 14. Vista da avenida Central, atual avenida Rio Branco, no Rio de Janeiro, por volta de 1915.

O engenheiro Cristiano Stockler das Neves reivindica para o Edifício Sampaio Moreira, projetado por seu escritório e construído em 1924, o título de primeiro arranha-céu de São Paulo (ver figura 15). No entanto, foi o Edifício Martinelli que transmitiu com eloqüência as novas possibilidades de crescimento vertical da cidade. Afinal, é o aspecto externo da arquitetura que expressa seu caráter mais diretamente estético e nos aponta aquela dimensão simbólica, que em décadas anteriores remetia à pujança do capitalismo liberal e agora trazia ao imaginário uma modernidade mais concreta. Entretanto, anteriormente o Palacete Santa Helena, de 1921 (inaugurado em 1925), que seria demolido cinqüenta anos depois para a remodelação da praça da Sé, já configurava o progresso paulistano, na medida em que suas torres rompiam com a homogeneidade haussmanniana de seu corpo, "arranhando" o céu. É como se o Santa Helena significasse, isoladamente, pela relação estabelecida por suas partes entre si, aquilo que os edifícios mais altos, como o mais alto deles, o Martinelli, transmitiriam como sentido da ruptura com o pano de fundo de pretensões parisienses.

É preciso reconhecer que o Edifício Sampaio Moreira, junto com o impacto produzido no panorama da rua Líbero Badaró, teve o mérito de utilizar a estrutura de concreto armado para a altura de catorze pavimentos, acima da usual na época, fato que incentivou o uso desse sistema construtivo para grandes estruturas. Os primeiros edifícios com esqueleto de concreto, utilizado com essa finalidade a partir dos anos 1910, não ultrapassavam onze pavimentos.

A Lei nº 2.322, de 9 de novembro de 1920, estabelecia que a altura máxima para os edifícios não poderia ultrapassar três vezes a largura da rua, quando essa fosse maior do que 12 metros. Era o caso do Sampaio Moreira, de 54 metros de altura, situado na Líbero Badaró, uma rua mais larga que as restantes do Centro Velho, com 18 metros; o então diretor de Obras da Prefeitura, o engenheiro Vítor da Silva Freire, embargou a obra por causa dos corpos projetados da fachada, que ultrapassavam o limite estabelecido pelo Código de Obras, mas foi vencido pela insistência de Stockler das Neves.

Os coeficientes de aproveitamento dos edifícios, então não regulados por lei, eram grandes na época: como as construções alcançavam o alinhamento das ruas e ocupavam os terrenos quase sem

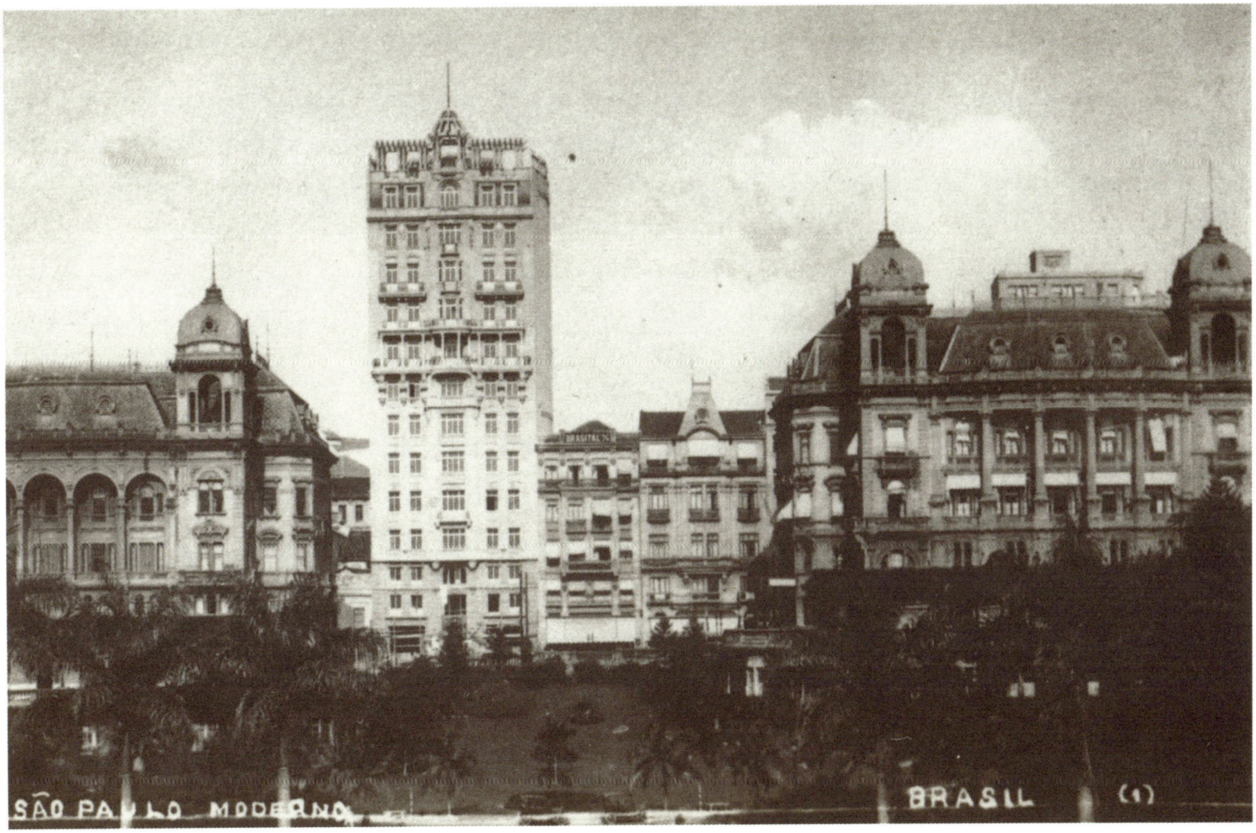

Figura 15. O Edifício Sampaio Moreira visto do Vale do Anhangabaú nos anos 1920.

recuos ou pátios internos, esse índice era praticamente coincidente com o número de pavimentos, variando de dois a nove andares.

É importante assinalar que, como vimos, os primeiros arranha-céus não o "arranhavam" no sentido habitual do termo. A multiplicação do solo urbano, principalmente pela construção de edifícios de escritórios, configurava o simbolismo de metrópole das cidades economicamente ativas, que tinham assim sua centralidade reforçada desde o século XIX nos Estados Unidos e principalmente a partir do século XX no Brasil (ver figura 16).

Desde os anos 1890 até essa época, Ramos de Azevedo (formado na Bélgica) e seu escritório dominavam a construção de edifícios públicos e privados, marcando de forma significativa a paisagem paulistana, com seu ecletismo trazido da Europa e que correspondia à sua visão de mundo. Dois exemplos merecem destaque entre essas obras: o Palácio do Comércio e um prédio de escritórios de propriedade da condessa Álvares Penteado, ambos no largo do Tesouro e cujo pedido de aprovação data de 1927. A ressonância francesa do prédio de escritórios manifesta-se claramente no desenho do edifício: o telhado com mansardas. Outro detalhe, visível na planta, é que o prédio apresenta quatro pequenas salas independentes e um banheiro comum a todo o andar.

O arranha-céu é aqui considerado não em uma definição estrita que o enquadra entre os prédios com um número de andares superior a *x*, mas sim como um elemento do processo de verticalização urbana, que rompe com a escala dos edifícios do entorno. Nesse período, de 1920 a 1929, eram poucas, portanto, as edificações que podiam ser chamadas de "arranha-céus", mas já eram vistas como uma ameaça (ver figura 17). "O arranha-céu constitui, não há dúvida, um grande pesadelo para o técnico", afirmava o engenheiro F. Batista de Oliveira.[7]

No entanto, por meio de um bom projeto de urbanismo, era possível superar os problemas apresentados pelo arranha-céu:

---

7 F. Batista de Oliveira, "Prefácio", em A. A. de Godoy, *A urbs e os seus problemas* (Rio de Janeiro: Jornal do Comércio, 1943), pp. 9-10.

> Muita gente combate o arranha-céu. E há os que exclamam com ar de lástima: que pena! Estragaram a paisagem. Não é tanto. Um conjunto harmonioso de arranha-céus de altura compatível com a largura dos logradouros, urbanisticamente projetados, cujos edifícios estejam convenientemente separados por zonas verdes, garantidas as novas técnicas de boa iluminação e ventilação, oferece ar de grandeza, de imponência, de robustez e empresta à paisagem um aspecto geométrico que não deixa de ser belo.[8]

A presença dos edifícios altos tornava ainda mais evidente a necessidade do planejamento urbano. Especialmente tendo em vista que a maioria das cidades brasileiras surgiu sem obedecer a planos. Aumentava, portanto, a consciência de que era preciso promover uma reocupação mais racional do espaço urbano: "As necessidades da cidade moderna já não admitem a continuação de extravagantes orientações a respeito de sua extensão".[9]

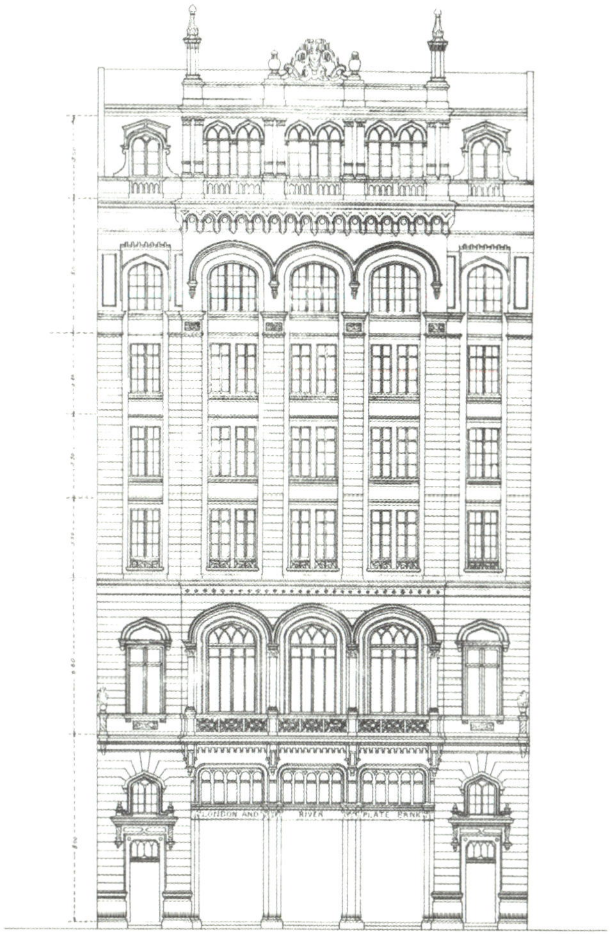

Figura 16. Projeto de fachada para o London and River Plate Bank, na rua Quinze de Novembro, em São Paulo, anos 1920.

8 A. A. de Godoy, *A urbs e os seus problemas*, cit., p. 126.

9 *Ibid.*, p. 201.

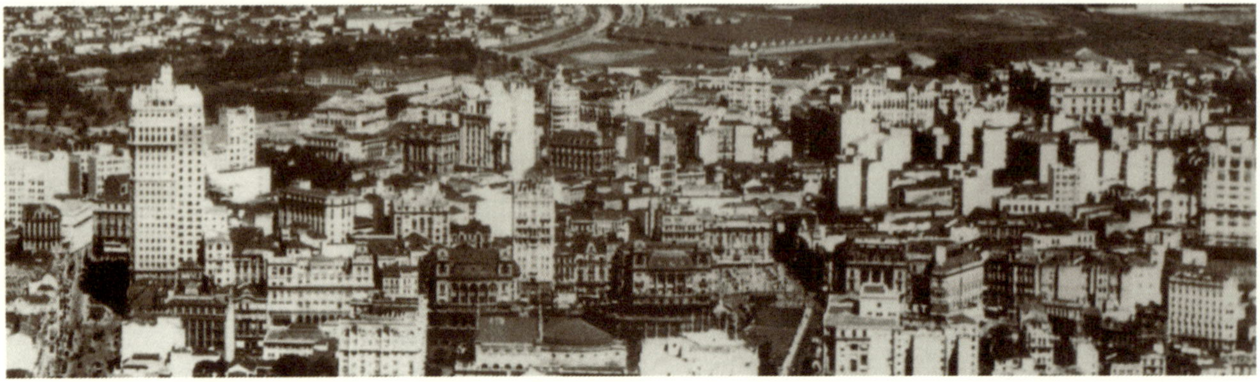

Figura 17. Vista do Centro Velho por volta de 1930.

Em São Paulo, porém, a escala dos problemas era muito menor. Se o afastamento da ornamentação, valorizada pelos ecletismos, caminhando para o despojamento racionalista do modernismo, passava pela adoção do estilo art-déco, ainda ornamental mas geometrizado, a verticalização, em sua origem definida aqui entre 1920 e 1929, já se constituía como processo, mas ainda incipiente. No final dos anos 1920 começa a expansão do triângulo histórico, ou do núcleo antigo da cidade, em direção ao núcleo novo, área compreendida entre o Vale do Anhangabaú e a praça da República. Já se encontravam edifícios na rua Barão de Itapetininga (de escritórios) e na praça Júlio de Mesquita (residenciais). Na Barão de Itapetininga também se encontravam residências e pensões, em pequenos edifícios cujos pisos inferiores abrigavam estabelecimentos destinados a consertos de automóveis, venda de acessórios e de bicicletas, lojas e oficinas de costura. Em alguns existiam, nos andares superiores, bilhares, boliches e uns poucos consultórios médicos e de dentistas.

Em 1926 estes eram os principais arranha-céus de São Paulo:

Ruas	Edifícios/Proprietários	Altura (m)
Avenida São João, 239	A. Caldeira	25,0
Praça do Patriarca	Fretin	27,0
Praça do Patriarca	Mappin	28,0
Praça da Sé, 96	São Paulo Jornal	28,0
Rua São Bento, 290	Crespi	29,0
Rua Doutor Abranches com Sebastião Pereira	Orêncio Vidigal	29,3
Rua Xavier de Toledo, 9	Light	29,4
Rua Álvares Penteado	Banco Comércio e Indústria	30,0
Praça do Patriarca, 78	Condessa Penteado	30,0
Rua Quinze de Novembro, 336	Banco Comercial	30,0
Rua Benjamim Constant, 61	Bandeirantes	31,5
Avenida São João, 324/239	Guilhermina Ferreira	32,0
Rua Xavier de Toledo, 71	Aranha	32,0
Largo do Riachuelo com rua do Ouvidor	Palacete Riachuelo	32,0/30,0
Rua Líbero Badaró	Stella Penteado	34,0
Rua Álvares Penteado, 112	Banco do Brasil	34,8
Rua Barão de Itapetininga, 120	Guatapará	36,0

(cont.)

Ruas	Edifícios/Proprietários	Altura (m)
Rua Líbero Badaró, 282	Caio Prado	36,0
Rua Barão de Itapetininga, 50	Alves Lima	36,2
Rua Boa Vista, 116	Palmares	36,5
Rua Boa Vista, 236/245	Ramos de Azevedo	36,5
Praça da Sé, 158	Equitativa	37,5
Praça da Sé	*Santa Helena*	*38,0*
Praça Ramos de Azevedo, 254	Hotel Esplanada	38,0
Praça da Sé com rua Barão de Paranapiacaba	—	38,5
Rua Líbero Badaró	Sampaio Moreira	50,0
Rua Boa Vista, 103-113	Companhia Mecânica e Importadora	54,0
Avenida São João com rua São Bento	Martinelli (projeto inicial)	63,0
Avenida São João com rua Líbero Badaró	Martinelli (projeto inicial)	72,5

Fonte: Relatório do prefeito Pires do Rio à Câmara Municipal de São Paulo, 1926.

No triângulo central, a construção verticalizada de escritórios concentrava-se nas proximidades da praça da Sé e já era significativa. Os edifícios residenciais estavam principalmente nos bairros lindeiros ao Centro: no eixo da avenida São João, unindo as praças Marechal Deodoro e Júlio de Mesquita, na rua Aurora, na Barão de Limeira; no bairro de Santa Cecília, nas ruas Frederico Abranches e Martim Francisco; nas proximidades do largo Santa Ifigênia e ainda no Parque Dom Pedro II, com as construções da antiga avenida Anhangabaú, hoje rua Carlos de Sousa Nazaré, e o Palacete Schouery. A partir de 1940, a verticalização residencial iria se concentrar no Centro Novo e nas direções oeste e sudoeste, apoiada em eixos como as avenidas São João, Angélica, Higienópolis, Paulista e Nove de Julho (ver figura 18).

Com o aumento do ritmo de edificações, no começo do século XX, surgem as primeiras firmas especializadas no setor da construção civil. A difusão da tecnologia do concreto coincide com a construção das barragens da Billings, em 1910, e se consolida com a construção, pela Light, da represa de Santo Amaro (Guarapiranga) em 1928.

A urbanização e a valorização fundiária advindas dos processos de construção e da implantação do setor da construção civil alteram as características das companhias construtoras. Elas passam a agenciar seus próprios empreendimentos, perdendo o caráter de meras empreiteiras, e preenchem o espaço deixado pelas entidades de crédito hipotecário. Nesse período, o Estado tem importante papel para o setor imobiliário, não só pela legislação urbanística e os investimentos em remodelação, mas também pela criação de caixas econômicas e fundos de financiamento.

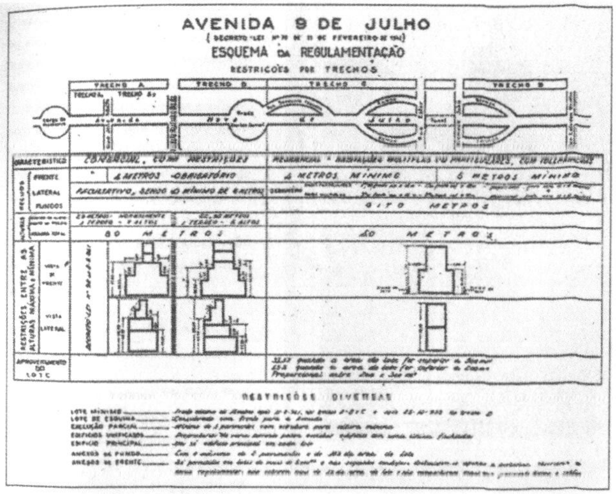

Figura 18. Quadro com normas de ocupação vertical estabelecidas para a avenida Nove de Julho em 1941.

A infra-estrutura transforma o solo urbano em objeto de transações lucrativas. Entretanto, a segunda grande remodelação da praça da Sé, nos anos 1970, não só destruiu parte da história paulistana, em que se cristalizara o saboroso embate entre a homogeneidade haussmanniana e os edifícios que buscavam o céu, como também não atingiu o tradicional objetivo de investimentos públicos gigantescos como esse, ou seja, dar impulso ao setor imobiliário.

Os novos e mais importantes projetos do setor imobiliário não ficaram nos centros, Novo e Velho, mas dirigiram-se primeiro para a região da avenida Paulista, onde eles já estavam acontecendo, e depois para as avenidas Faria Lima, Luís Carlos Berrini e Nações Unidas (Marginal do Pinheiros), em um processo ainda em andamento.

Esse é um paradoxo que deverá ser compreendido por pesquisas específicas, mas que confere ao Palacete Santa Helena, e à sua perda, uma importância maior em nosso panorama de estudos, dandolhe o caráter de tema a merecer a continuidade de sua investigação.

O Palacete Santa Helena: implantação, construção e arquitetura

Candido Malta Campos

Rafael Perrone

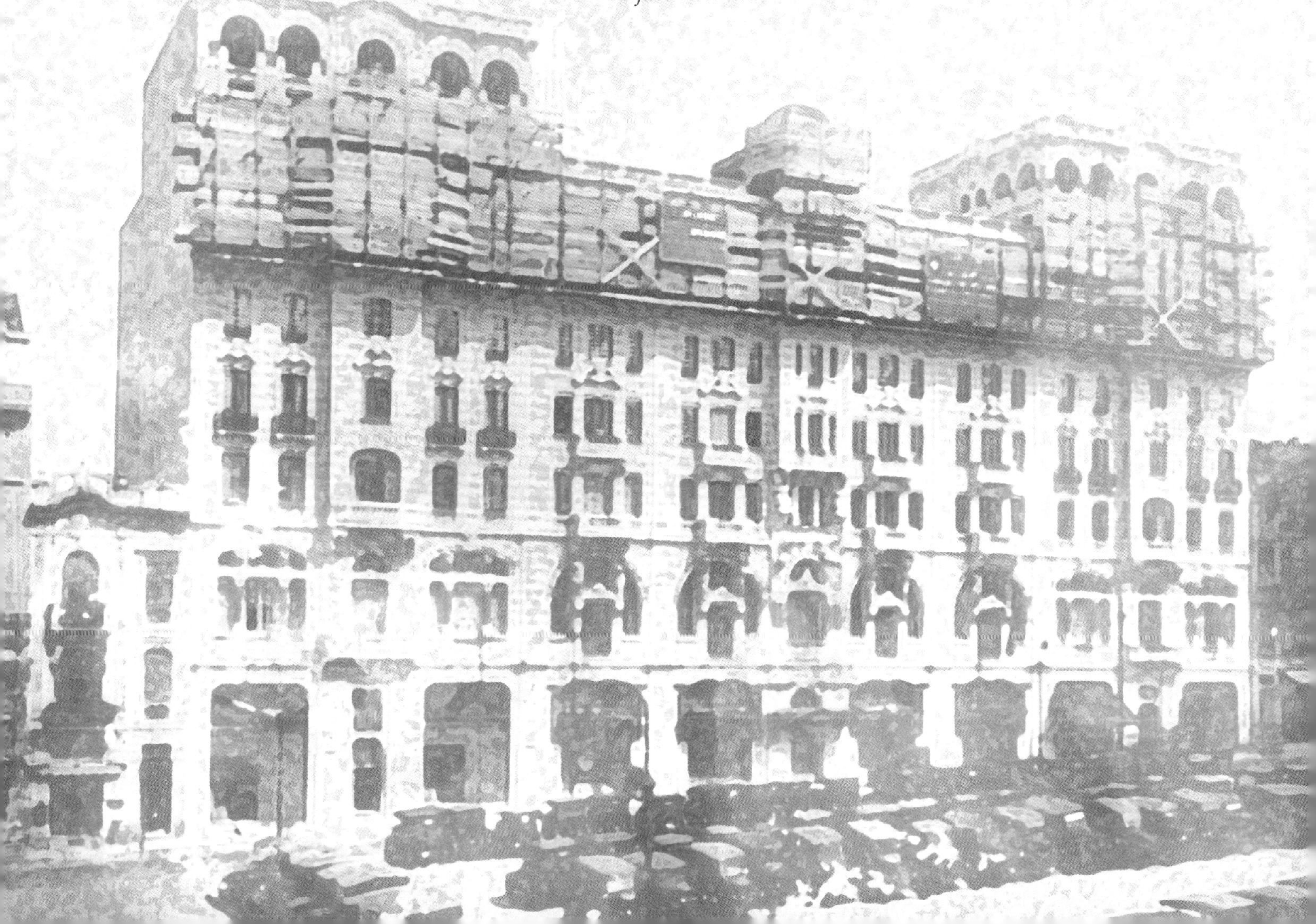

Um símbolo do Centro Velho

No processo de construção do centro paulistano ao longo da República Velha, o Palacete Santa Helena – levantado, na praça da Sé, entre 1921 e 1925, e demolido em 1971 – pode ser considerado um marco. Simbolizava a culminação de uma proposta de ocupação urbana configurada a partir do final do século XIX, e que atingiu seu auge na década de 1920: a tentativa de criar em São Paulo um centro urbano moderno, civilizado, de aspecto europeu, formado por logradouros cuidadosamente compostos, ladeados por edifícios comerciais e institucionais de poucos andares e arquitetura eclética (ver figura 1).

O esforço de transformar a colina histórica – que até pouco antes havia resumido a cidade como um todo – em centro condigno da "Capital do Café", que dominava não apenas uma aglomeração urbana em rápido crescimento, mas toda uma região produtiva e um complexo econômico, envolveu alterações de monta na paisagem social, urbanística e arquitetônica da região. Tais intervenções, ao buscar construir o centro da cidade no local do antigo núcleo colonial, mobilizaram tanto o poder público como os empreendedores particulares.

Substituindo o acanhado casario que havia sobrevivido até o final do Império, esse novo padrão de ocupação permitiu abrigar as funções dominantes da capital agroexportadora, cujo crescimento era impulsionado pela expansão da economia cafeeira. Sediava, em um quadro urbano carregado de referências simbólicas à cultura européia da *belle époque*, os usos comerciais, administrativos, financeiros

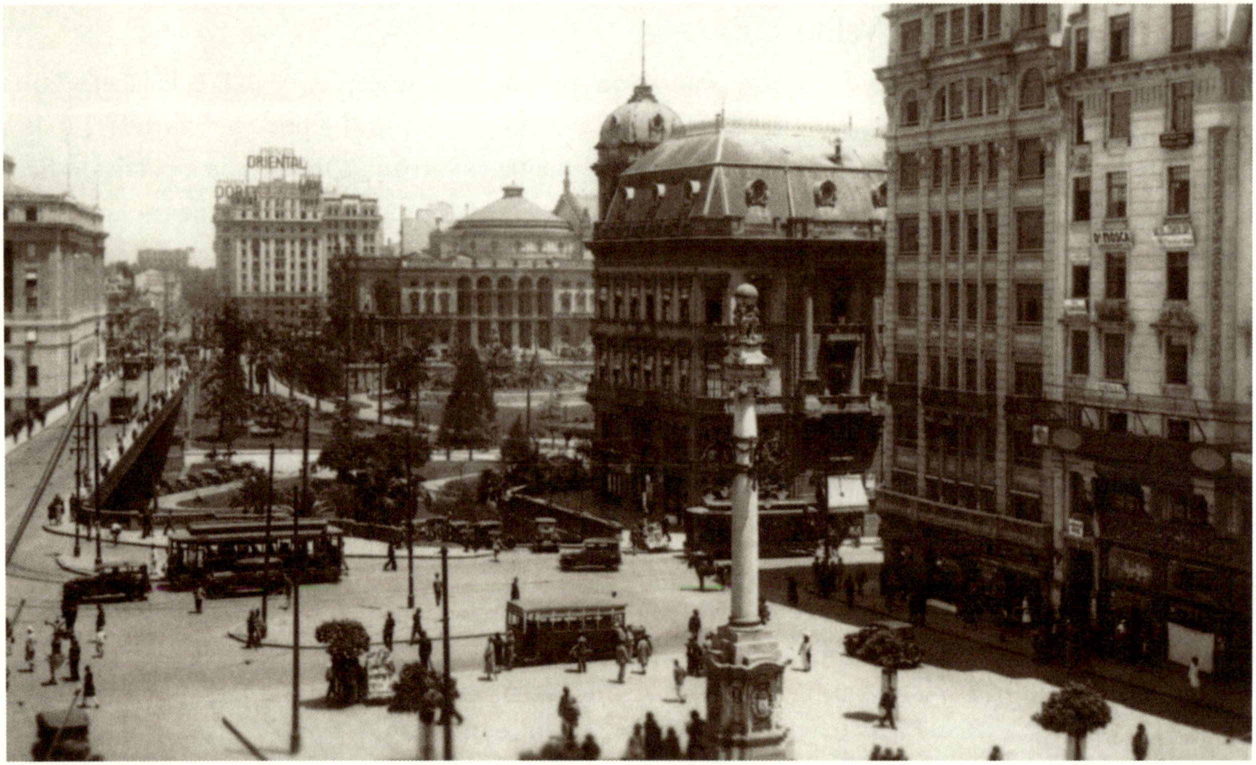

Figura 1. O Centro paulistano remodelado em padrões "europeus": a praça do Patriarca, finalizada em 1926.

e os poderes decisórios da São Paulo republicana. Prenunciado pelas realizações do governo do presidente da província, João Teodoro (1872-1875), esse programa modernizador ganhou força com a instauração da República e principalmente com a criação do Executivo municipal, em 1899. O primeiro prefeito, Antônio Prado (1899-1911), e seus sucessores Raimundo Duprat (1911-1914), Washington Luís (1914-1919) e Firmiano Pinto (1920-1926) – todos secundados pelo mesmo diretor de Obras Municipais, Vítor da Silva Freire (1899-1926) – levaram adiante a transformação da área central, alargando, realinhando e nivelando as tortuosas ruas da colina histórica, criando e remodelando parques e praças, estimulando a reforma ou reconstrução das edificações.

À medida que se erguiam os prédios, obrigados a seguir os novos alinhamentos, os traçados eram refeitos, e emergia um novo perfil urbano. A municipalidade cuidava das obras viárias e de embelezamento, o governo estadual saneava a cidade e erguia grandes edifícios públicos, enquanto empresários investiam em sedes para seus negócios e prédios para aluguel. Tratava-se de um esforço coordenado entre os poderes públicos e a iniciativa particular, facilitado pela concentração do poder político e econômico nas mãos de uma reduzida elite dirigente.

Os aspectos "europeus" buscados nessa transformação não foram eleitos por acaso ou capricho entre os estilos em voga. Um tratamento simbólico referenciado nas cidades européias de então – e na imagem emblemática de Paris, representada pelo urbanismo dito "haussmanniano"– era indispensável para ajudar a legitimar os espaços dominantes e os grupos que passavam a ocupá-los, na medida em que esses eram os representantes locais de um sistema internacional de trocas e de um quadro de dominação sediado nos grandes centros do hemisfério Norte. Assim, a adoção de uma imagem "civilizada" nesses termos funcionava antes como recurso de diferenciação dos setores de poder do que como modelo abrangente a ser aplicado na cidade como um todo. Tal política de modernização urbanística, portanto, mostrava-se parcial e excludente por definição.

Não apenas a paisagem construída era alvo da fúria reformadora. Tornara-se crucial, para afirmar o caráter dominante e "moderno" do centro que se desenhava, implementar políticas de segregação social, eliminando do quadro urbano central usos e ocupantes indesejáveis do ponto de vista das mudanças pretendidas. Como a colina histórica fora por muitos anos um resumo da própria cidade, reunindo diferentes funções e todos os estratos sociais, sua transformação em centro terciário elitizado passava pela expulsão dos cortiços, dos casebres, do comércio precário, da prostituição, e assim por diante. Para tanto, o poder público recorreu ao argumento sanitarista, que permitia, dado o regime jurídico da época, eminentemente liberal, justificar intervenções radicais no espaço urbano, transferindo populações e demolindo as insalubres aglomerações da pobreza. Essas deveriam ser substituídas por higiênicas moradias operárias situadas fora do perímetro central; acabaram prevalecendo, porém, vilas especulativas e novos cortiços, concentrados ao longo do cinturão ferroviário e industrial.

Todas essas questões cruzam-se no episódio da criação da praça da Sé, a partir de 1910, e da construção das edificações que a acompanharam, destacando-se, entre elas, o Palacete Santa Helena. Com efeito, a região em torno da antiga Sé era um dos principais alvos das intenções modernizadoras da época. Essa área, como a da rua Líbero Badaró, reunia casinhas velhas e pobres que acolhiam cortiços, meretrício e outros usos malvistos. Além disso, suas condições sanitárias e de urbanização eram precárias, mesmo situando-se em pleno Centro, ou seja, tendo grande potencial de valorização imobiliária (ver figura 2).

No momento em que se anunciou a possibilidade de se realizarem em São Paulo obras de grande impacto, comparáveis às da Reforma Pereira Passos e da abertura da avenida Central no Rio de Janeiro – oportunidade surgida a partir do sucesso da política de valorização do café proposta pelo Convênio de Taubaté em 1906 –, as atenções voltaram-se para o Vale do Anhangabaú, formando conjunto com a rua Líbero Badaró; o entorno da rua de São João, no bairro de Santa Ifigênia; a Várzea do Carmo; e a região da Sé.

A região da Sé tinha a peculiaridade de englobar vários bens de propriedade da Igreja, além de próprios estaduais, como o Quartel de Linha. Assim, o programa de intervenção teve de passar por um acordo entre a Prefeitura, ainda na gestão Antônio Prado, o governo estadual, então presidido por Albuquerque Lins (1908-1911), e a Cúria Metropolitana. Isso tudo fazia prever uma transformação ambiciosa. As antigas igrejas da Sé e de São Pedro seriam demolidas, assim como vários quarteirões de casinhas ao redor. Financiador principal, o governo paulista construiria ali o Congresso Estadual, que então carecia de uma sede condigna; a Prefeitura ergueria o Paço Municipal; o arcebispado de São Paulo, por sua vez, ganharia uma imponente catedral, à altura da importância assumida pela cidade.

De início, previu-se a implantação dos novos edifícios – catedral, Congresso, Paço – em fila, simplesmente alinhados um atrás do outro (ver figura 3). As deficiências urbanísticas dessa proposta não passaram em branco pelos técnicos da Prefeitura, chefiados por Vítor Freire, que priorizou o tema da reurbanização da área em sua conferência na Escola Politécnica em fevereiro de 1911.

Quando o arquiteto francês Joseph-Antoine Bouvard foi contratado como consultor para opinar sobre os "melhoramentos de São Paulo", em 1911, a região da Sé ganhou logo destaque em seu

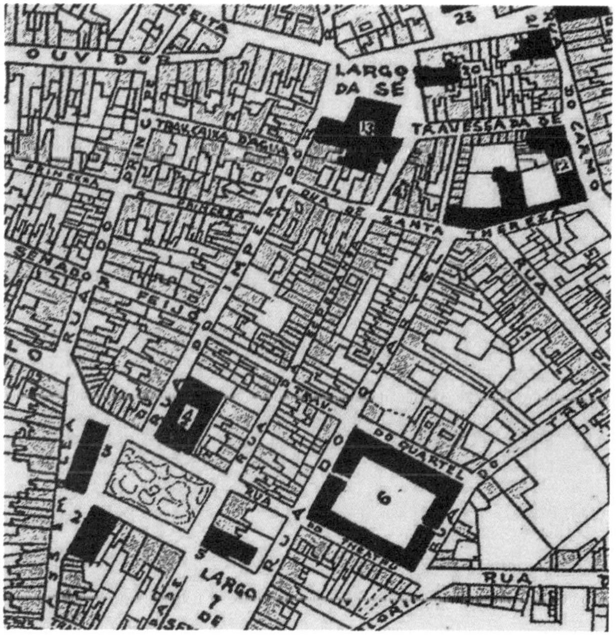

Figura 2. Região da Sé, em detalhe da planta da Companhia Cantareira, de 1881, com marcação das edificações.

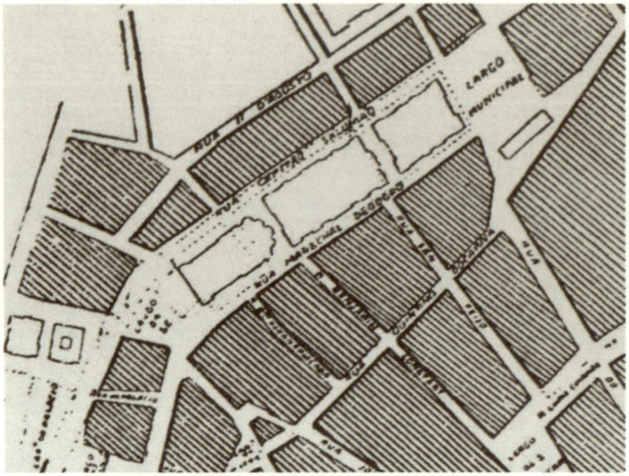

Figura 3. Detalhe do projeto Freire-Guilhem, de 1911, com a proposta para a região da Sé.

relatório.[1] Bouvard propôs a construção de um centro cívico no local (ver figura 7 do capítulo 1, na pág. 31), recuando o Congresso e agrupando os três edifícios em torno de uma praça, que seria articulada, por meio de uma série de espaços livres cuidadosamente planejados, ao largo do Palácio (atual Pátio do Colégio), ao Palácio da Justiça, que seria erguido no local do antigo Quartel, e ao largo de São Francisco.

A despeito de suas qualidades, o plano não vingou. Sem recursos para construir o Paço, a Prefeitura acabou – em virtude de outro acordo de cavalheiros, celebrado em torno da reurbanização do Vale do Anhangabaú e intermediado pelo próprio Bouvard – alugando um dos palacetes Prates, erguido na rua Líbero Badaró. O governo estadual optou por transferir o projeto do Congresso para o terreno do Convento do Carmo, na atual avenida Rangel Pestana (onde ergueria posteriormente a Secretaria da Fazenda). Assim, restaram do projeto inicial somente a praça e a catedral.

[1] Joseph-Antoine Bouvard, "Relatório apresentado ao senhor prefeito Raymundo Duprat", *apud* "Os melhoramentos de São Paulo: o relatório do senhor Bouvard", em *Revista de Engenharia*, 1 (2), julho de 1911.

Após os anos em que as obras na área ficaram paralisadas, a catedral sofreu um recuo sobre o local destinado aos outros edifícios, e a praça foi aumentada com a utilização dos terrenos remanescentes. Embora a idéia básica do projeto tenha sido criticada por Vítor Freire – que denunciou a incoerência de situar uma catedral gótica em espaço aberto, com uma perspectiva linear clássica –, esse novo e amplo logradouro se configuraria como o maior espaço público da colina histórica, tornando-se o núcleo simbólico do Centro Velho (ver figura 4).

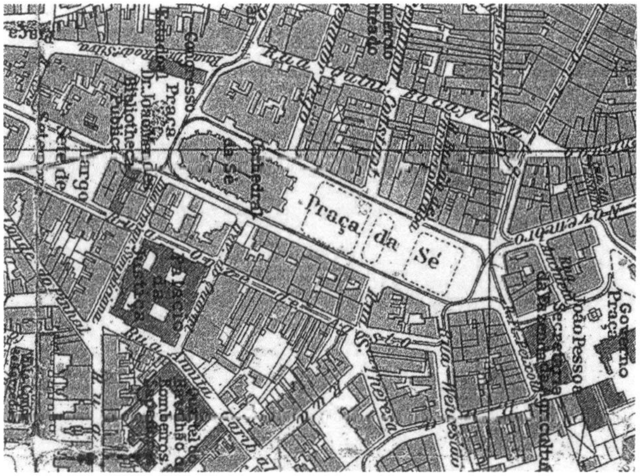

Figura 4. Trecho do levantamento aerofotogramétrico realizado pela Sara-Brasil, mostrando a região da Sé em 1929.

Para a nova catedral, a Cúria encomendou os desenhos ao arquiteto alemão Maximilian Hehl, lente da Escola Politécnica e responsável pelo projeto da Igreja da Consolação. Hehl adotou o estilo neogótico, considerado, de acordo com os cânones do ecletismo vigente, a linguagem mais adequada para edifícios religiosos do gênero – consagrada nas grandes catedrais medievais européias e reinstaurada no século XIX com o *revival* do gótico eclesiástico, as restaurações de Viollet-le-Duc na França e as obras de término da Catedral de Colônia. Curiosamente, o projeto incluiu uma cúpula sobre o transepto, elemento renascentista que rompeu a integridade estilística do conjunto e trouxe outra espacialidade ao interior. Iniciadas nos anos 1910, as obras se arrastariam por décadas, ao sabor da falta de recursos para completar o vasto e intrincado edifício de pedra.

A nova praça, por sua vez, logo se tornaria uma referência central na cidade, nela se localizando o Marco Zero para o cálculo da quilometragem das estradas municipais e estaduais. Ali também desembocavam a elegante rua Quinze de Novembro, emergente centro bancário, e a recém-alargada rua Benjamin Constant. Tudo favorecia, portanto, a substituição das casas simples que permaneciam nas quadras lindeiras por edifícios comerciais de padrão esmerado, comparáveis àqueles que passavam a ornar ruas como Líbero Badaró, Boa Vista, Quinze de Novembro, Barão de Itapetininga e avenida São João.

Promoção imobiliária e verticalização

Não pode ser coincidência o fato de que grande parte das casas da face norte da praça, no trecho correspondente ao lado ímpar da antiga rua Capitão Salomão, tenha sido adquirida por Manuel Joaquim de Albuquerque Lins, presidente do estado à época em que se definiram os acordos, os projetos e as desapropriações para a reurbanização da área. Alagoano de nascimento, formado pela Faculdade de Direito de Recife e estabelecido em São Paulo desde 1880, Albuquerque Lins (1852-1926) não era apenas uma liderança política de destaque no Partido Republicano Paulista (PRP), partido que organizava a dominação oligárquica no estado de São Paulo sob a República Velha; havia também se tornado membro de uma das mais ricas e tradicionais famílias da elite cafeeira, ao se casar com Helena, filha mais nova do barão de Sousa Queirós – o senador Queirós –, um dos maiores nomes do Partido Liberal em São Paulo sob o regime imperial.

A família Sousa Queirós, descendente do brigadeiro Luís Antônio, possuía vastas propriedades rurais e um dos maiores patrimônios fundiários da cidade, formado por parcela importante dos terrenos situados no entorno do núcleo urbano, entre a praça da República e o Bexiga, e entre a colina histórica e a Estação da Luz. A hegemonia associada a essas posses está registrada até hoje na denominação de vários e conhecidos logradouros paulistanos: além de filha do senador Queirós e neta do brigadeiro Luís Antônio, Helena de Sousa Queirós Albuquerque Lins era também neta do senador Vergueiro, sobrinha do barão de Limeira e do comendador Barros, e prima de dona Paulina de Sousa Queirós. Dois de seus irmãos eram genros do conselheiro Brotero e de José Bonifácio, o Moço; uma irmã, Angélica de Sousa Queirós Barros, deu nome à avenida Angélica.

Albuquerque Lins foi deputado provincial pelo Partido Liberal (1888-1889) e presidente da província do Rio Grande do Norte no gabinete do visconde de Ouro Preto (1889). Em 1891 participou do Congresso Constituinte de São Paulo. Foi vereador da Câmara Municipal de São Paulo entre 1899 e 1901, quando se tornou senador estadual pelo PRP. No governo Jorge Tibiriçá (1904-1907) ocupou a Secretaria da Fazenda, sendo eleito presidente do estado para o período 1908-1911; ainda foi senador estadual por três mandatos, entre 1913 e 1926, quando faleceu.

Além de figura política eminente, dirigiu a Companhia Mecânica e Importadora, e tinha fazendas e investimentos em vários campos – entre eles, como era a norma entre a elite agroexportadora, os imóveis urbanos. Fonte segura de renda e repositório de valor, as construções para aluguel traziam ainda a possibilidade de seu fomentador beneficiar-se da rápida valorização ocasionada pelo intenso crescimento da cidade. Assim, Albuquerque Lins, junto com sua esposa Helena, vislumbrou na intervenção promovida na área da Sé, e concebida durante seu governo, a oportunidade de realizar um investimento rentável e, ao mesmo tempo, contribuir para a requalificação da região do Centro Velho, por meio de uma iniciativa imobiliária de prestígio.

A aquisição das casas dos números 13 a 55 da rua Capitão Salomão permitiu a Albuquerque Lins compor um terreno com 60 metros de testada, dimensão inédita entre as propriedades particulares do Centro. Ali seria possível promover um empreendimento de grande visibilidade, dominando a praça e as obras da catedral e contribuindo decisivamente para o aspecto que iria tomar a face norte do importante logradouro. Nesse sentido, era imperativo que o edifício a ser erguido adotasse o requinte decorativo e simbólico adequado aos pontos de prestígio da capital agroexportadora.

Desde 1912, as construções situadas na praça da Sé, assim como nas ruas Líbero Badaró, Conceição (atual Cásper Líbero) e São João, deveriam seguir determinadas linhas mestras arquitetônicas, com cantos de quarteirão oitavados ou em arco de círculo, formando conjuntos homogêneos nas esquinas. Em vias de maior declividade, a massa construída seria dividida em blocos sucessivos, evitando-se quebras na continuidade horizontal e no coroamento das fachadas. De acordo com os princípios do urbanismo europeu de tom "haussmanniano", buscava-se a predominância de linhas horizontais, o tratamento unificado das fachadas, o alinhamento contínuo das edificações, os arremates nos cantos de quadra (como os obtidos com torreões) e o encobrimento de eventuais irregularidades topográficas (conforme prescrevia a Lei Municipal nº 1.585, de 3 de setembro de 1912).

Quanto aos usos, a demanda, em um momento em que o Centro se terceirizava, tinha seu foco nos espaços comerciais e de escritórios. Nadia Somekh considera esse período como o contexto inicial da verticalização, em que os edifícios se disseminam pelo Centro Velho de São Paulo, e o motor desse processo era o forte incremento da demanda por espaços que dessem abrigo a atividades do terciário.[2] A essa multiplicação do solo urbano correspondeu a produção de espaços comerciais e de serviços, acrescida de equipamentos que atendessem aos novos hábitos culturais urbanos, configurados por lazeres, viagens, espetáculos teatrais, expansão da produção cinematográfica, e assim por diante. Aos escritórios e repartições do centro da cidade acrescentavam-se, portanto, cinemas, teatros, restaurantes, salões de festas, bilhares, frontões, confeitarias e hotéis.

Os padrões rentistas caracterizavam a promoção imobiliária na época. Por esses padrões, os edifícios, cuja construção era financiada pelo próprio dono, tinham suas unidades alugadas em um mercado livre e permaneciam como importante fonte de renda para as famílias proprietárias. Esse sistema favorecia a oferta, nessas novas construções, de um grande número de salas que pudessem ser alugadas isoladamente ou em conjunto, e levava à previsão de lojas no térreo com acesso direto à rua. Ocasio-

---

[2] Nadia Somekh, *A cidade vertical e o urbanismo modernizador* (São Paulo: Nobel, 1997).

nalmente, a inclusão de espaços de lazer, como salões, restaurantes e teatros, permitia diversificar as fontes de renda e oferecia mais um atrativo ao empreendimento.

Inovação recente, os elevadores permitiam a superposição de cinco ou mais pavimentos, no lugar dos dois ou três que prevaleceram até o início do século XX. Estruturas metálicas ou de concreto armado facilitavam a construção em escala maior e a multiplicação dos andares. No caso excepcional de o terreno apresentar grande testada, a presença de vários eixos de circulação vertical possibilitava a organização do prédio como uma seqüência de unidades semi-autônomas – unificadas, porém, pela fachada, que conferia a indispensável monumentalidade ao conjunto, como ocorria no Edifício Chantecler, em Recife.

A modernidade construtiva aliava-se, portanto, ao pragmatismo na exploração imobiliária dos espaços internos e a um tratamento do exterior nos moldes acadêmicos então predominantes. Tal combinação resultava em uma série de peculiaridades, visíveis em edifícios comerciais construídos até meados do século XX em cidades brasileiras: atrás de fachadas elaboradas, até suntuosas, perfilavam-se ambientes pequenos, muitas vezes mesquinhos; por outro lado, as possibilidades abertas pela tecnologia das estruturas metálicas e, principalmente, pelo concreto armado, em vez de motivar maior liberdade espacial, foram exploradas inicialmente apenas em função da multiplicação de pavimentos, mantendo-se as massas compactas e os vãos limitados típicos da tradição construtiva com emprego de alvenaria. Exceções eram os espaços representativos que compunham, eventualmente, a parte nobre dos edifícios, como saguões, salões e teatros, nos quais grandes vãos e pés-direitos altos faziam-se indispensáveis. O caso do Santa Helena, com seu teatro e sua profusão de salinhas, ilustra essas particularidades.

O papel do concreto armado

A partir da documentação levantada sobre o Palacete Santa Helena, podemos fazer algumas observações sobre as práticas construtivas e de projeto dos anos 1920 e levantar algumas hipóteses sobre suas relações com a produção imobiliária da época. Tomando como base a produção desse edifício, temos condições de contribuir para o entendimento das operações de projeto, que envolviam definições econômicas, técnicas e artísticas, ao mesmo tempo identificando padrões arquitetônicos presentes no início do processo de verticalização da área central de São Paulo.

Esse incremento imobiliário tornou-se possível graças ao desenvolvimento dos recursos e conhecimentos da construção civil, notadamente na utilização do concreto armado – uso que, quer pelo barateamento da construção (em relação às estruturas metálicas importadas), quer pelo domínio das técnicas, quer pela adequação às disponibilidades de mão-de-obra, tornou-se corriqueiro a partir dos anos 1920.

Dois estudos permitem avaliar o ambiente da cultura técnica da época. Augusto Vasconcelos, em seu trabalho sobre o concreto no Brasil, registra como primeiro edifício de concreto armado calculado no país (em 1908) o prédio de três pavimentos situado na rua São Bento, esquina com a atual praça do Patriarca, sob responsabilidade do arquiteto Francesco Notaroberto.[3]

O segundo estudo, de André Caram, relata o esforço de formação dos engenheiros arquitetos para suprir as demandas sociais.[4] O curso de engenheiro arquiteto da Escola Politécnica formou, entre 1899 e 1917, vinte profissionais. Esses, além de receber uma sólida formação técnica, tinham acesso ao aprendizado de um conjunto de matérias no campo das ciências humanas. Assim,

> [...] o aluno formado pelo curso de engenheiro arquiteto possuía uma visão humanista que lhe conferia maiores oportunidades de disputar cargos públicos e até cargos ligados à política. Tratava-se de uma elite dentro da escola. Pode-se dizer que de 1894 a 1917 ocorre a institucionalização do curso de arquitetura em São Paulo. Em 1917, já funcionava na Escola de Engenharia do Mackenzie College o curso de engenheiro arquiteto.[5]

---

[3] Augusto C. de Vasconcelos, *O concreto no Brasil*, vol. 1 (São Paulo: Copiare, 1985).

[4] André L. B. Caram, *Pujol: concreto e arte* (São Paulo: Banco do Brasil, 2001).

[5] *Ibid.*, p. 55.

A formação de engenheiros no Mackenzie College iniciou-se em 1896, e nesse ano

> [...] a primeira turma do curso de engenharia, composta por sete alunos, já acompanhava as aulas [...] Os diplomas eram expedidos pela Universidade de Nova York, o que igualava o curso aos mais renomados dos Estados Unidos. A faculdade surgiu no momento certo. A urbanização de São Paulo já era fato consumado, e as construções, sejam residenciais, comerciais ou industriais, surgiam a cada minuto. Portanto, a cidade necessitava de um grande número de bons engenheiros.[6]

A formação de engenheiros arquitetos, a exemplo do que ocorreu no caso de Hipólito Gustavo Pujol Júnior, revela como foi possível projetar, calcular e executar, em 1912, o Edifício Guinle, primeiro grande edifício de concreto armado construído em São Paulo, com oito pavimentos. Edifício eclético, sua verticalidade é definida pelos pilares que marcam o corpo principal e emolduram os caixilhos altos, definidores das divisões dos pavimentos. Os motivos utilizados são basicamente florais, tratando com bastante delicadeza os detalhes da fachada. A composição desta é tripartite: uma base que inclui térreo e sobreloja, construídos no limite do terreno; um corpo com volume central avançado, composto de cinco pavimentos encimados por um friso; esse destaca e dá origem ao pavimento superior, tratado como ático. O projeto do Edifício Guinle, elaborado por um engenheiro arquiteto, mostra-nos quanto o conhecimento técnico construtivo se aliava ao entendimento de um conjunto de regras compositivas acadêmicas.

Tudo indica que no início dos anos 1920 as estruturas de concreto já haviam conquistado a preferência dos construtores. Seguiu-se a edificação do primeiro verdadeiro arranha-céu paulistano, o Sampaio Moreira, em 1924, com catorze pavimentos. Esse projeto, de Cristiano Stockler das Neves, organizador e diretor do curso de arquitetura do Mackenzie College, veio afirmar a tendência de uso desse material. Em 1926, iniciaram-se as obras do Edifício Martinelli, que, definitivamente, levou à

---

[6] Universidade Presbiteriana Mackenzie, *Mackenzie: tradição e pioneirismo em educação* (São Paulo: Editora Mackenzie, 2000), p. 40.

utilização habitual do concreto na execução e na retórica dos arranha-céus como símbolos da cidade. O Martinelli, inicialmente projetado para catorze pavimentos, foi alterado sucessivamente para dezoito, depois para vinte e finalmente para 26 andares. Combinava o requinte decorativo característico das construções da Capital do Café com uma ambiciosa operação imobiliária que rompia a volumetria contida da São Paulo de então.

O caso do Palacete Santa Helena

A análise do Santa Helena deve ser cuidadosa por dois motivos: primeiro, pela impossibilidade de um contato direto com a obra; segundo, porque nosso estudo depende de uma discussão do posicionamento da crítica arquitetônica em relação ao ecletismo tardio.

É extremamente penoso tentar compreender qualquer obra de arquitetura sem dela ter uma experiência direta. Ao referir-nos aos documentos pesquisados, como via indireta de compreensão, sejam eles desenhos, textos, memoriais, fotos sejam reportagens, deparamos com um conjunto de dúvidas, registramos uma grande falta de informações mais precisas. Estariam os materiais de acordo com os memoriais? As proporções e a escala do edifício seriam coerentes com o espaço da praça? Os espaços de circulação internos seriam extensos, estreitos e confusos, como a leitura das plantas parece indicar?

Bruno Zevi, em livro fundamental para a compreensão da arquitetura, adverte:

> Quem quiser iniciar-se no estudo da arquitetura deve, antes de mais nada, compreender que uma planta pode ser abstratamente bela no papel, quatro fachadas podem parecer bem estudadas pelo equilíbrio de cheios e dos vazios, dos relevos e das reentrâncias, o volume do conjunto pode ser mesmo proporcionado, e no entanto o edifício ser arquiteturalmente pobre. O espaço interior, o espaço que não pode ser representado em nenhuma forma, que não pode ser conhecido e vivido a não ser por experiência direta, é o protagonista do fato arquitetônico. [...] Os estudos e as investigações limitar-se-ão às contribuições filológicas – os dados sociais, isto é, da função; os dados construtivos, isto é, da técnica; os dados volumétricos e decorativos, isto é, plásticos e pictóricos –

> decerto bastante úteis, mas ineficazes para fazer entender o valor da arquitetura, uma vez que se esqueça sua essência, o substantivo que é o espaço.[7]

Em relação aos possíveis preconceitos contra o projeto eclético, procuramos destrinchar com atenção as operações de projeto utilizadas e imaginadas para o Santa Helena, com o cuidado definido por outra observação de Zevi:

> A cultura dos arquitetos modernos está muito freqüentemente ligada à sua crônica polêmica. Lutando contra o academicismo enganoso e voltado a um simples trabalho de cópia, eles têm declarado muitas vezes, ainda que inconscientemente, o seu desinteresse pelas obras autênticas do passado, e renunciaram desta forma a extrair delas o elemento condutor vital e perene sem o qual nenhuma nova posição de vanguarda se desenvolve numa cultura.[8]

Portanto, nossa análise procurará, mais do que uma crítica, uma tentativa de explicação das práticas de projeto utilizadas na época, as quais, possivelmente, envolveram a concepção e a execução do edifício.

O TERRENO

O conjunto de lotes sobre o qual se implantou o Santa Helena caracterizava-se por ter o formato de um "T" de cabeça para baixo, com ampla testada de 63,50 metros voltada para a praça da Sé (antiga rua Capitão Salomão). Do outro lado, o terreno utilizado no projeto final fazia frente com a antiga rua Onze de Agosto, com uma testada de 31,75 metros. O formato do "T" era irregular, com as abas de diferentes dimensões e formatos não perfeitamente retangulares. A profundidade do

---

7 Bruno Zevi, *Saber ver a arquitetura* (São Paulo: Martins Fontes, 1992), p. 19.

8 *Ibid.*, p. 3.

terreno era de aproximadamente 44 metros, de rua a rua, tendo as abas do "T" cerca de 25 metros de profundidade. Inicialmente a frente para a rua Onze de Agosto era menor, sendo ampliada pela aquisição de mais dois imóveis, um de cada lado do terreno original, o que o fez adquirir a configuração final (ver figura 5).

Esse formato irregular, juntamente com o alinhamento da construção nas testadas e nas laterais do lote (padrão de ocupação já usado no período colonial, mas que na época desse projeto era exigido pela legislação municipal, em consonância com seus modelos europeus), impôs, como se verá, a adoção de artifícios compositivos para gerar a ordenação da fachada e sintonizá-la com os requisitos de axialidade e simetria próprios da herança acadêmica.

Outras dificuldades foram observadas no que diz respeito à dimensão do terreno, em relação aos ambientes internos, exigindo a criação de poços de iluminação, denominados "áreas" nas plantas. A circunstância de o terreno ter duas frentes também implicou dificuldades de projeto, quer na proposição dos acessos, quer pela definição de hierarquia das fachadas. Essas encontram o terreno em níveis e declividades que impuseram aos projetistas considerável esforço para resolver os acessos às lojas, aos halls e às entradas do térreo nas duas ruas (ver figura 6).

Análise do programa

Na época de sua construção, o Edifício Santa Helena exprimiu em grande parte as características dos empreendimentos imobiliários presentes no centro de São Paulo. Tratava-se de um prédio originalmente destinado ao comércio e aos serviços, constituído basicamente por lojas no térreo, sobrelojas e pavimentos superiores contendo salas de escritórios (ver figuras 7 a 10). O primeiro projeto previa, como se observa no desenho inicial para a fachada, um hotel, depois substituído por escritórios, e um cine-teatro (ver figura 11). As lojas situadas no térreo, quatro no total, tinham subsolo que abrigava suas próprias instalações sanitárias, arejadas por meio de poços de ventilação mais ou menos centrais.

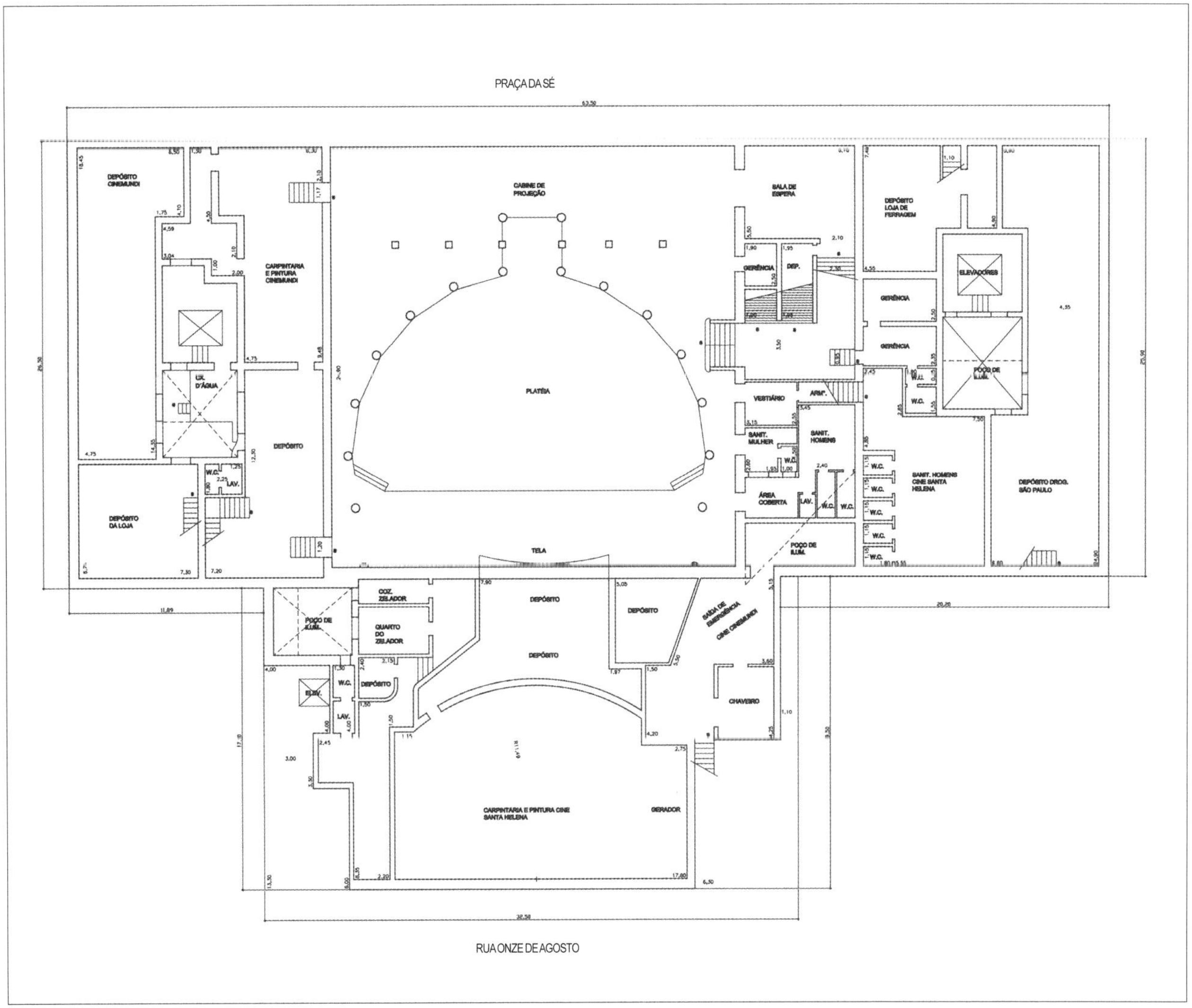

Figura 5. Planta do subsolo do Palacete Santa Helena, mostrando o formato do terreno.

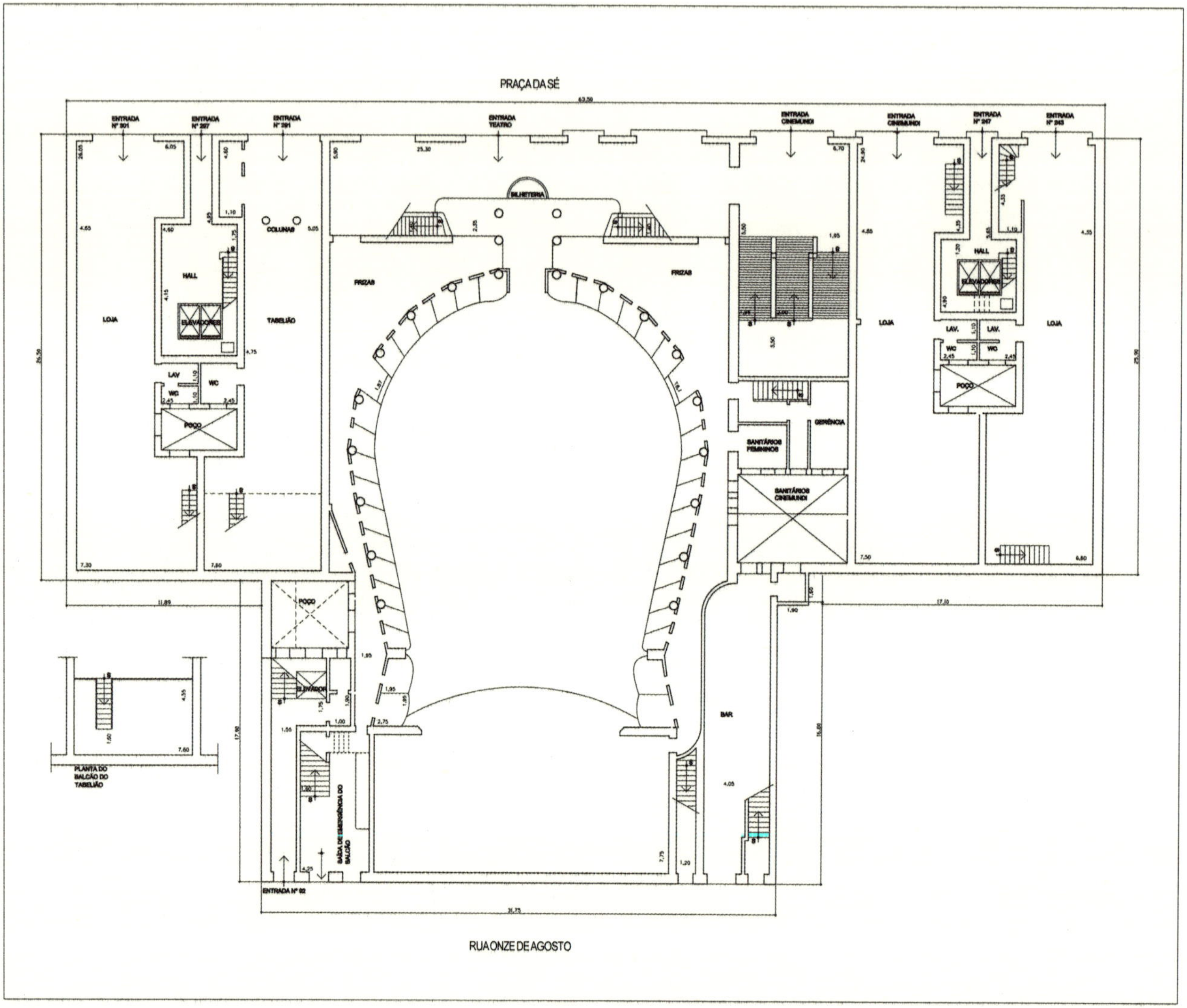

Figura 6. Planta do pavimento térreo.

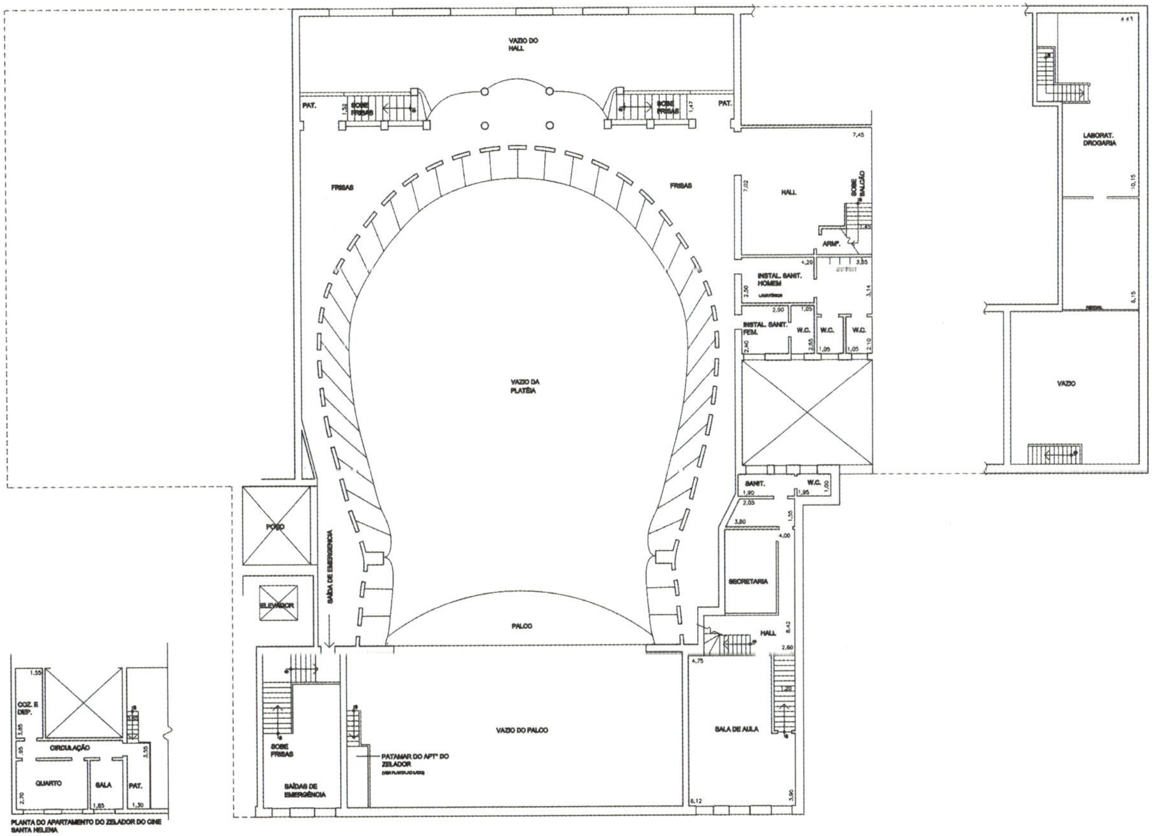

Figura 7. Planta do nível intermediário (acesso às frisas do teatro).

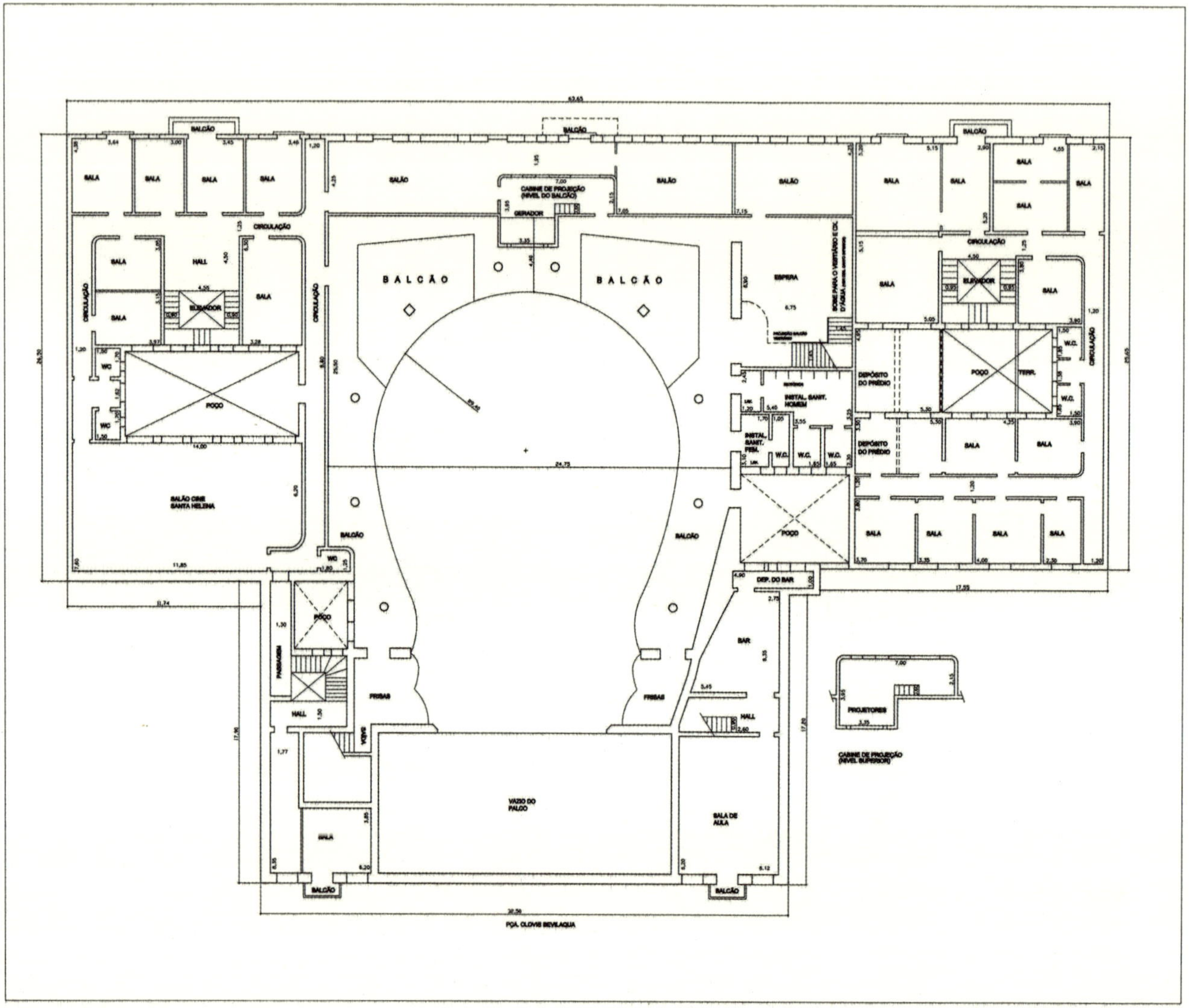

Figura 8. Planta da primeira sobreloja.

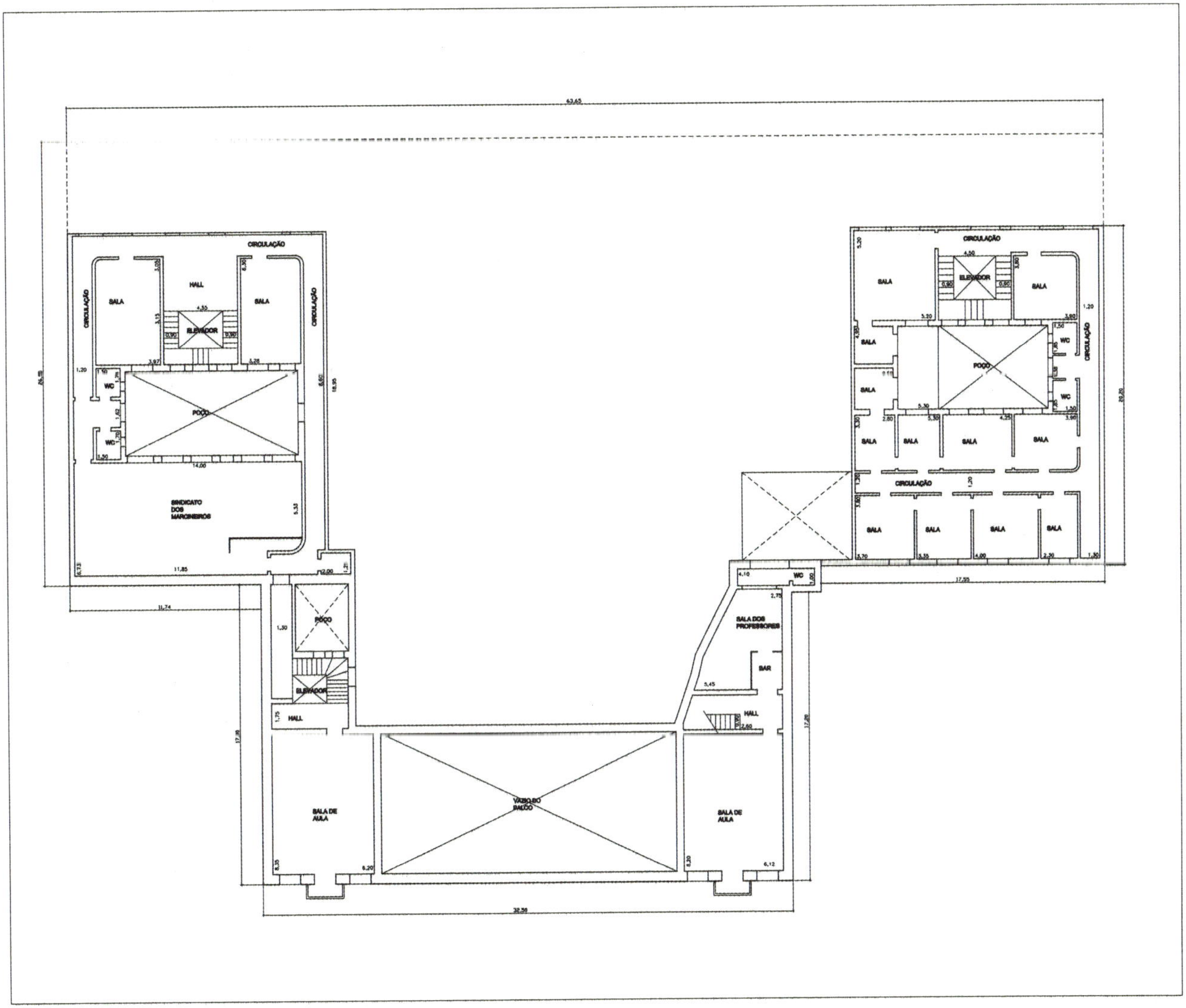

Figura 9. Planta da segunda sobreloja.

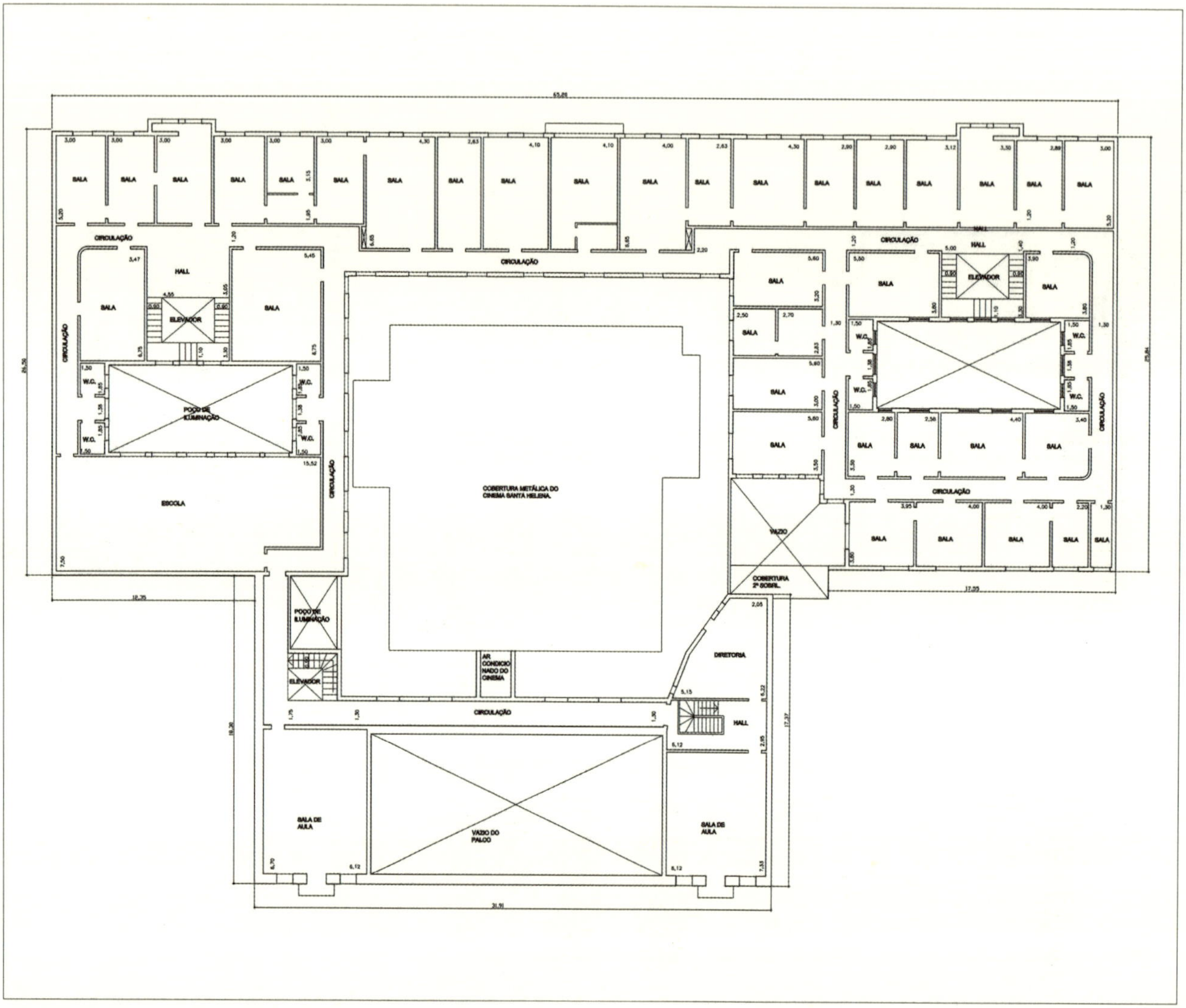

Figura 10. Planta do primeiro andar.

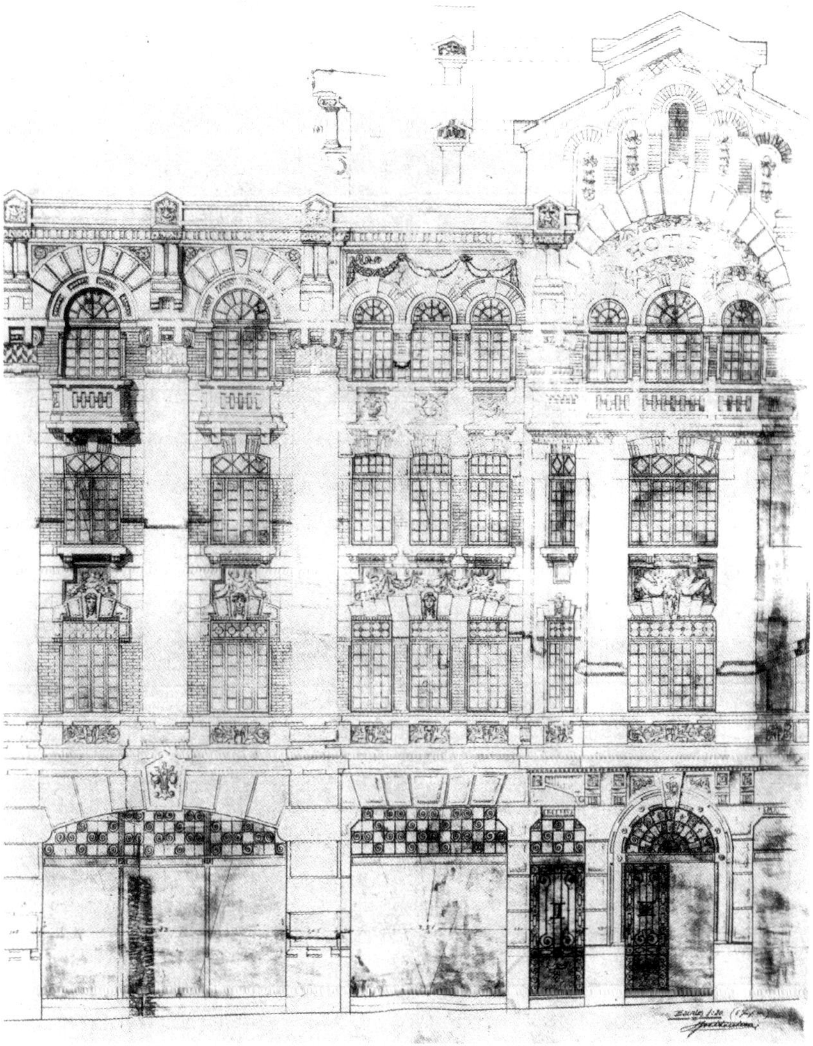

Figura 11. Primeira fachada do Santa Helena, desenhada por Giacomo Corberi.

Acima das lojas e sobrelojas, os pavimentos do primeiro ao quarto andar eram desenhados como tipo, contendo um conjunto de salas de escritório de dimensões mais ou menos homogêneas, tendo sanitários independentes situados nos corredores ou nas circulações existentes em áreas comuns do prédio (ver figuras 12 a 14). Os escritórios tinham, na maior parte, áreas de 15 a 20 metros quadrados, havendo no projeto original poucos salões com maior metragem. Nesse sentido, as definições programáticas são muito semelhantes às de outros edifícios com a mesma finalidade construídos na época.

Os pavimentos superiores, do quinto ao sétimo andar, não constavam do projeto original, tendo sido acrescentados durante as obras, e vieram ampliar o número de escritórios. O quinto pavimento mantinha a mesma distribuição dos andares-tipo, mas ganhou uma loggia, por meio do recuo da parede do alinhamento do corpo central do edifício. No sexto e no sétimo pavimentos não existia mais o corpo central, sendo as plantas desenvolvidas em dois corpos laterais simétricos que vieram emoldurar a composição da fachada (ver figuras 15 a 17).

Não previsto inicialmente, o projeto de um "cine-teatro" completou o programa do prédio, sendo o Santa Helena um dos pioneiros na incorporação desses equipamentos em edifícios de uso misto. Próximo a esse período, em 1925, registra-se na Cinelândia, no Rio de Janeiro, a construção de um edifício de dez pavimentos de apartamentos, tendo no nível térreo um cinema, o Capitólio.

O Cine-teatro Santa Helena ocupava os três primeiros pavimentos do bloco central, oferecendo a seus espectadores platéia com frisas no térreo, uma área com camarotes no mezanino e uma galeria no piso superior. Na planta original era previsto um salão de festas no subsolo (sob a platéia); nessa área foi instalado posteriormente um outro cinema, o Cinemundi (ver figuras 18 e 19).

O teatro era dotado de uma platéia com 27 metros de vão, coberto por uma estrutura semi-elipsoidal, de componentes metálicos (ver figura 20). A capacidade da platéia era de 680 lugares; as frisas para 5 assentos eram, em projeto, 24; e os camarotes para 5 assentos eram 30. As acomodações eram, no total, de 950 assentos, sem contar os lugares da galeria superior. Notícias da época dão conta de que a

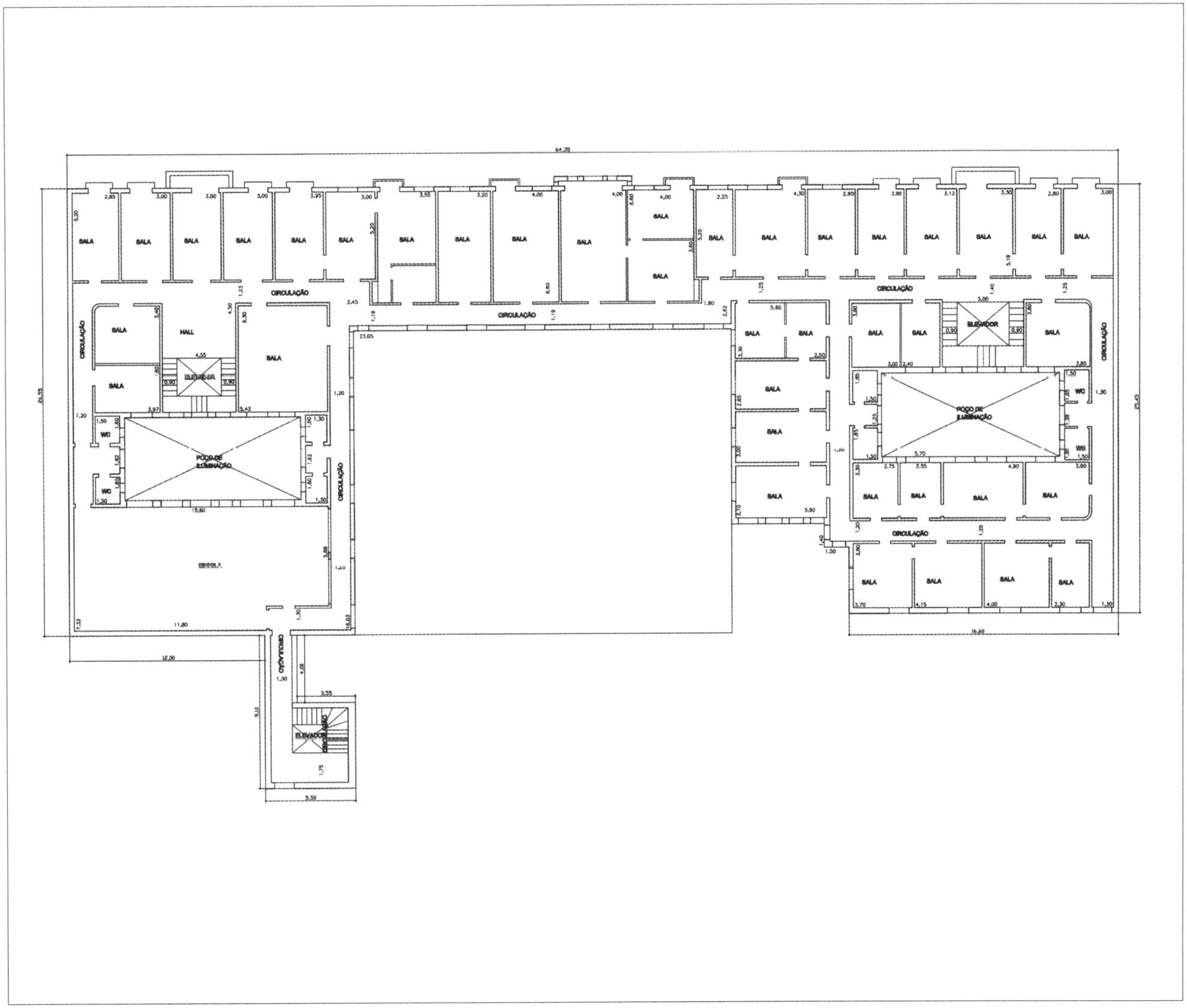

Figura 12. Planta do segundo andar.

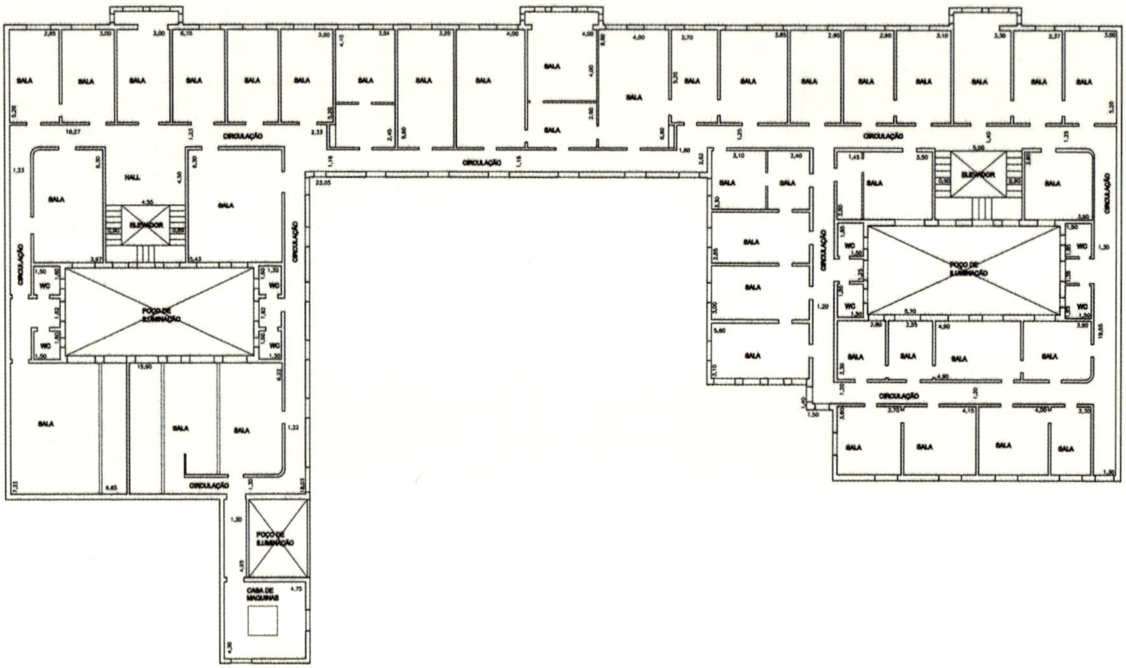

Figura 13. Planta do terceiro andar.

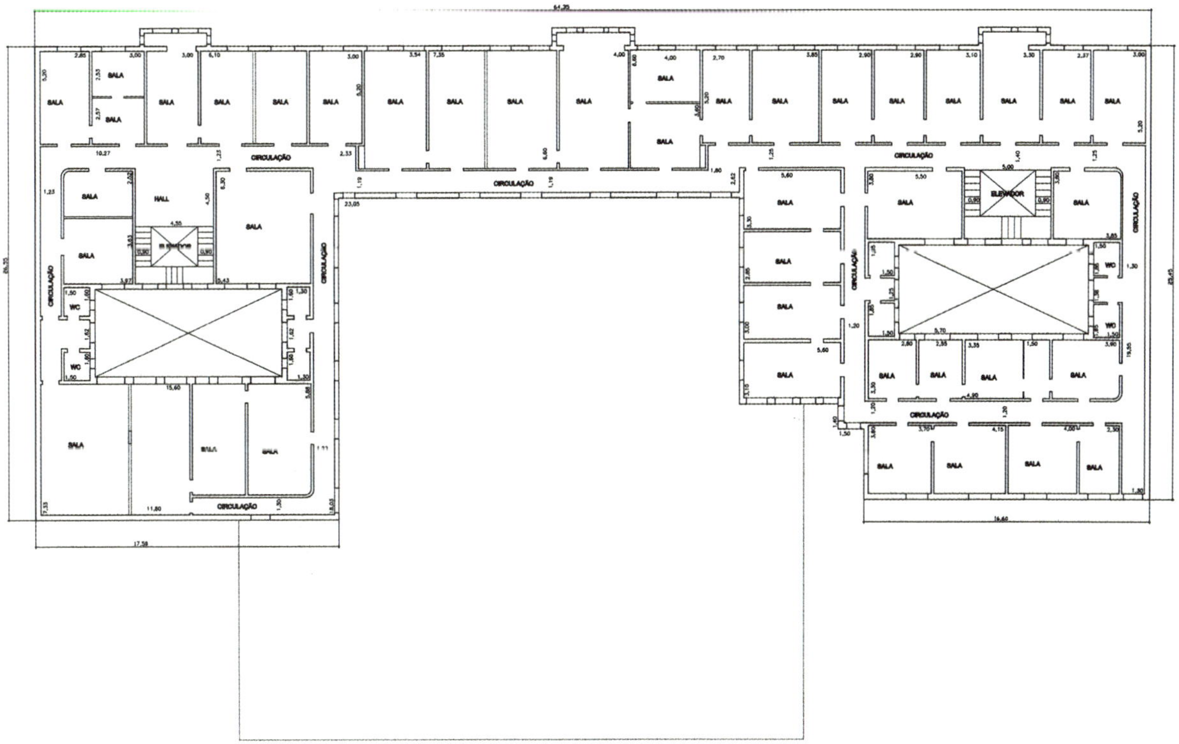

Figura 14. Planta do quarto andar.

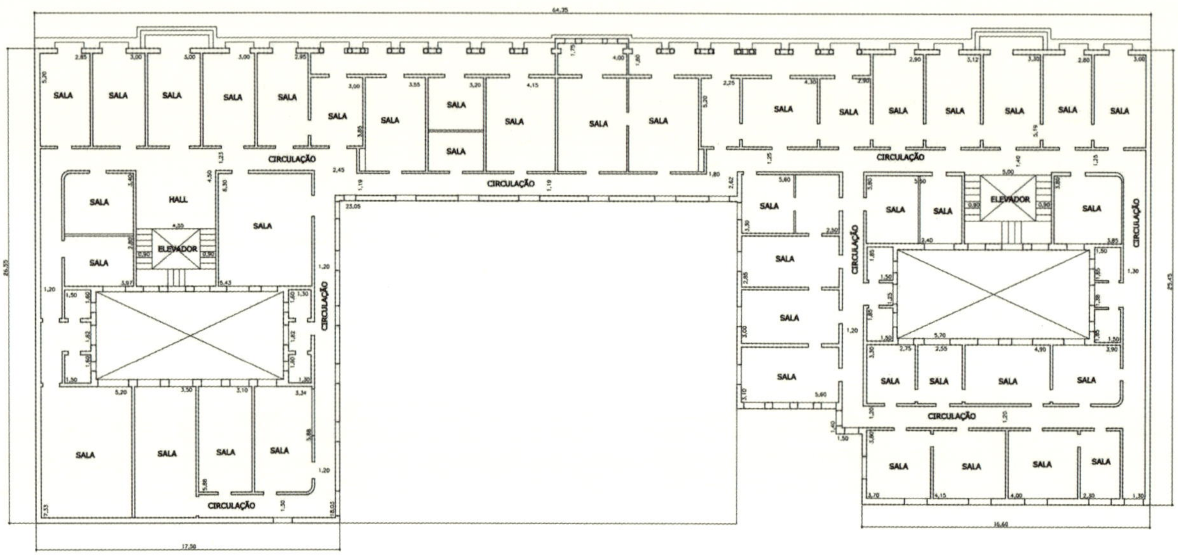

Figura 15. Planta do quinto andar com a loggia.

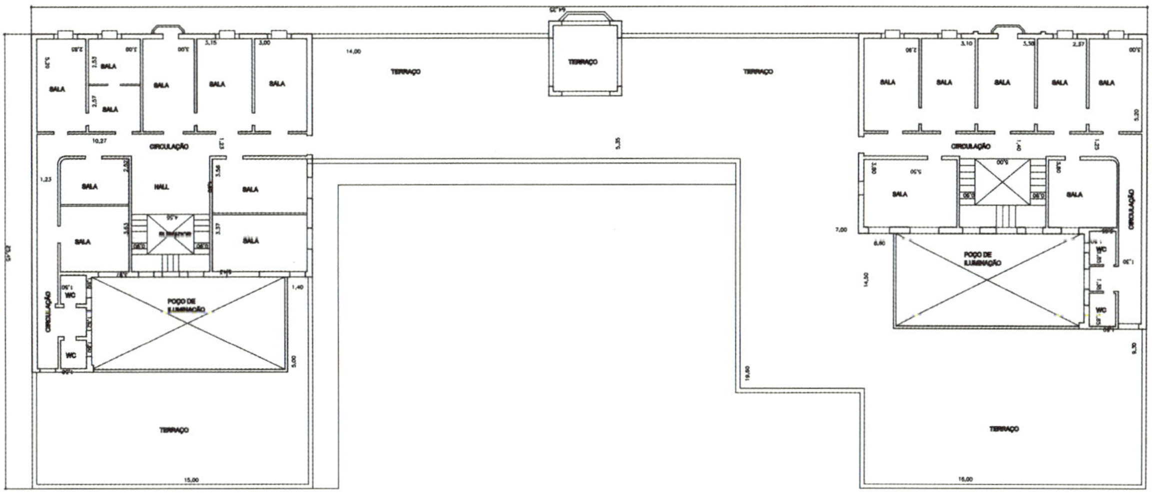

Figura 16. Planta do sexto andar.

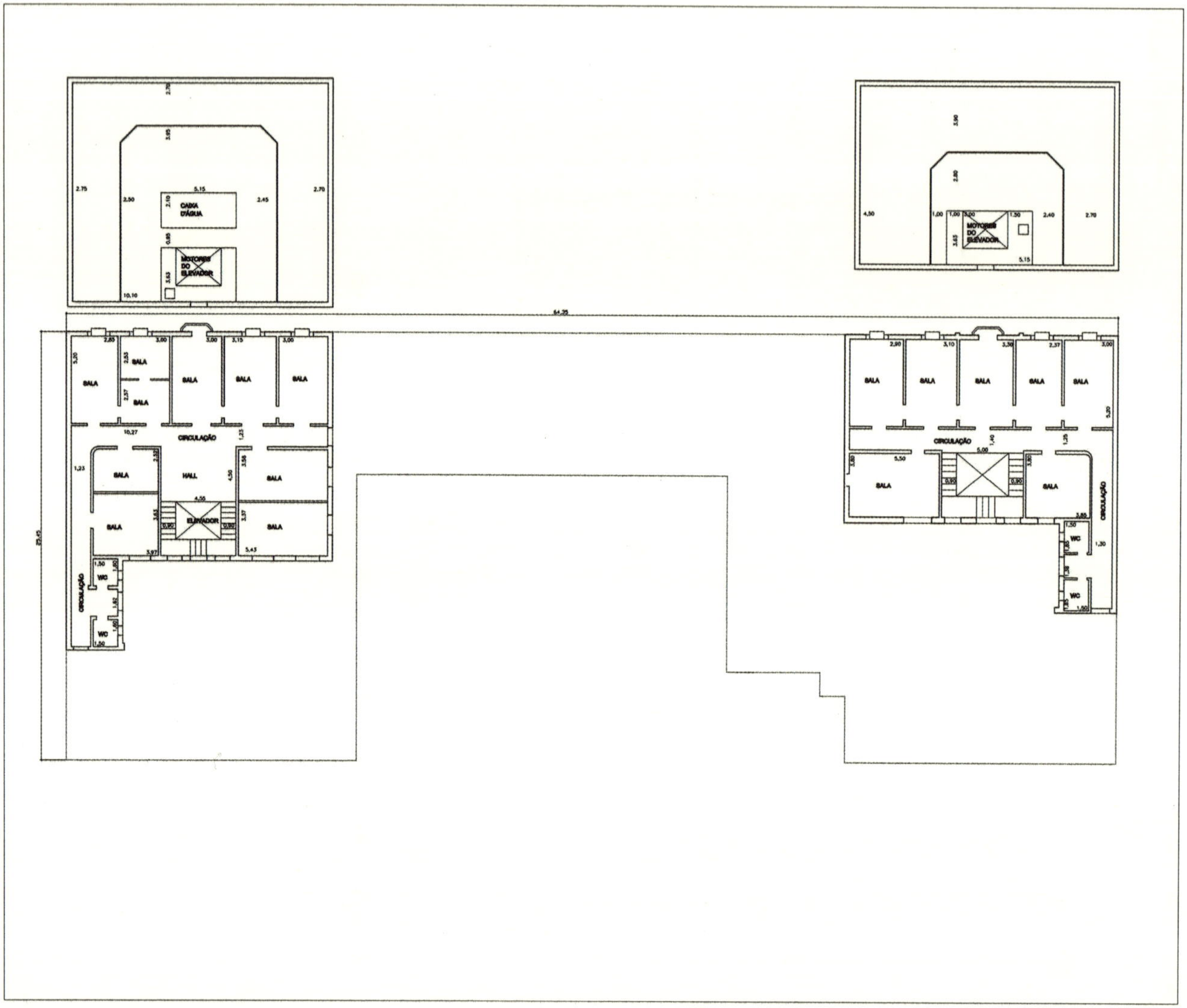

Figura 17. Planta do último pavimento.

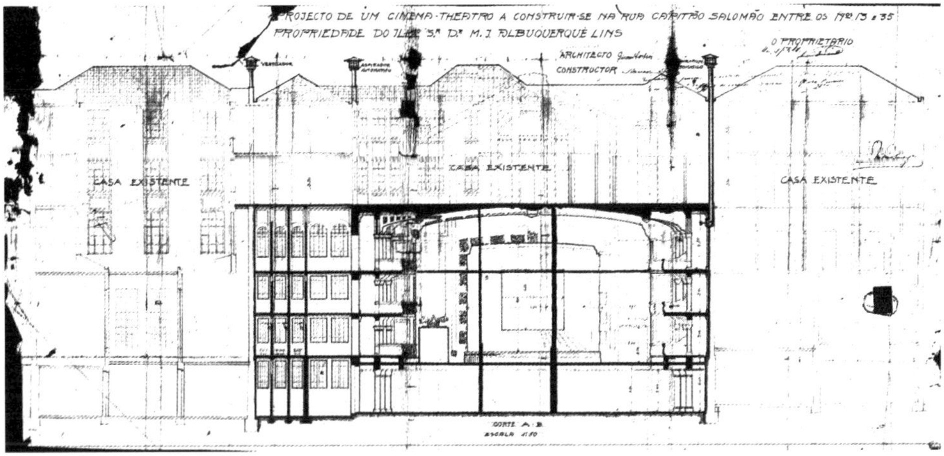

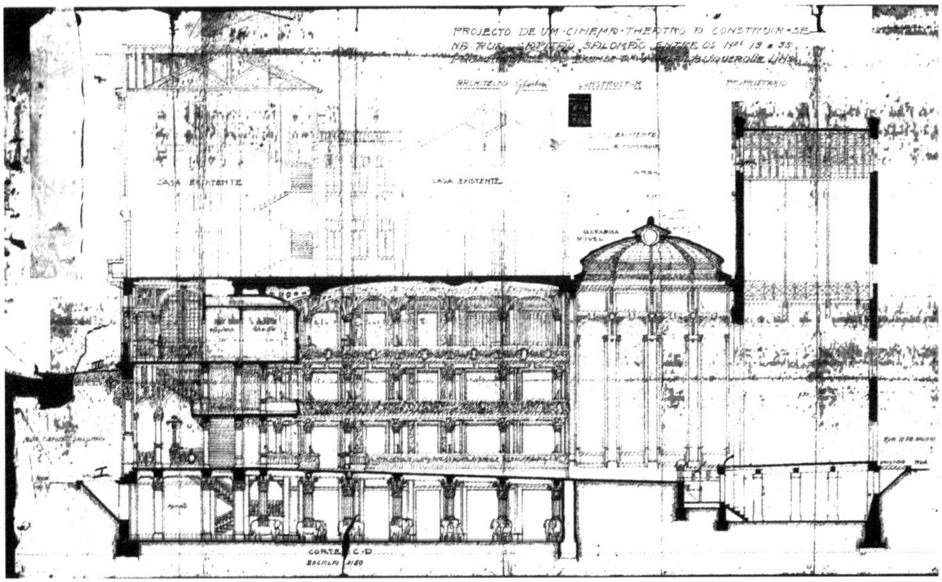

Figuras 18 e 19. Cortes longitudinal e transversal com inclusão do teatro.

lotação correspondia à ocupação de 1.500 lugares: a revista *L'Illustrazione Italiana*[9] comenta a inauguração do prédio, cujos construtores e arquitetos eram italianos, trazendo várias informações, entre elas, a capacidade do teatro.[9]

Supõe-se ter havido alterações que ampliaram a capacidade da sala, pois as plantas de levantamento do Instituto de Aposentadoria e Pensões dos Industriários (IAPI), datadas de 1959 – usadas pela Companhia do Metropolitano de São Paulo por ocasião da avaliação do prédio, tendo em vista sua desapropriação e demolição em 1971 –, revelam que a construção final tinha 36 frisas e 42 camarotes (ver figuras 21 e 22). De qualquer maneira, o Santa Helena era uma sala de espetáculos grande, com capacidade total próxima à do Teatro Municipal, que fora inaugurado em 1911 e tinha a lotação de 1.816 assentos.

Outra sala de cinema, como foi visto, ocupou a área abaixo da platéia do teatro, no subsolo. Sua denominação na planta para a Prefeitura era de "salão-porão da platéia". Esse salão estava anexado a um "vestíbulo" que funcionou como sala de espera e cuja ventilação no projeto seria realizada por uma clarabóia, do tipo "fosso inglês", prevista para ser instalada na calçada da praça da Sé.

O teatro, que não fazia parte do primeiro projeto enviado à Prefeitura, foi incorporado ao projeto inicial logo em seus primeiros modificativos. Esse fato, juntamente com as demais modificações e ampliações por que passou o projeto, demonstra a volatilidade dos interesses imobiliários e a crescente agitação cultural de São Paulo nas décadas iniciais do século XX. Desde os anos 1910, os paulistanos tinham a curiosidade despertada por um invento recente: o cinematógrafo. O sucesso inicial do cinema foi tanto que já em 1907 se abriu a primeira sala montada especificamente para a exibição regular de filmes – o Bijou Palace, na rua Boa Vista. No primeiro pós-guerra começam a surgir salas mais luxuosas, como o Cinema Central, no Anhangabaú, o exótico Cine Santa Cecília e o próprio Santa Helena.

---

[9] *L'Illustrazione Italiana*, nº 29, São Paulo, 18-7-1926.

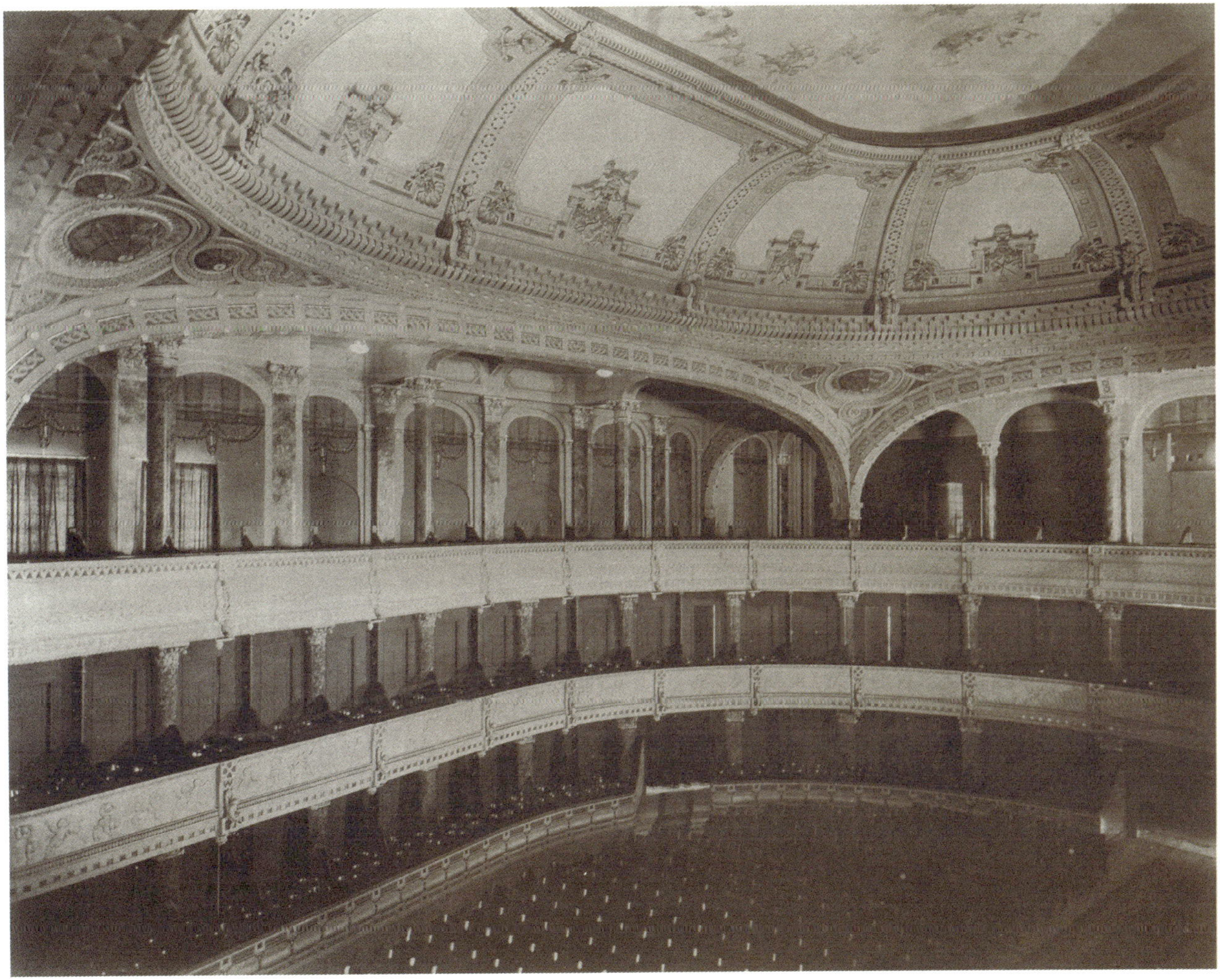

Figura 20. Imagem interna do teatro.

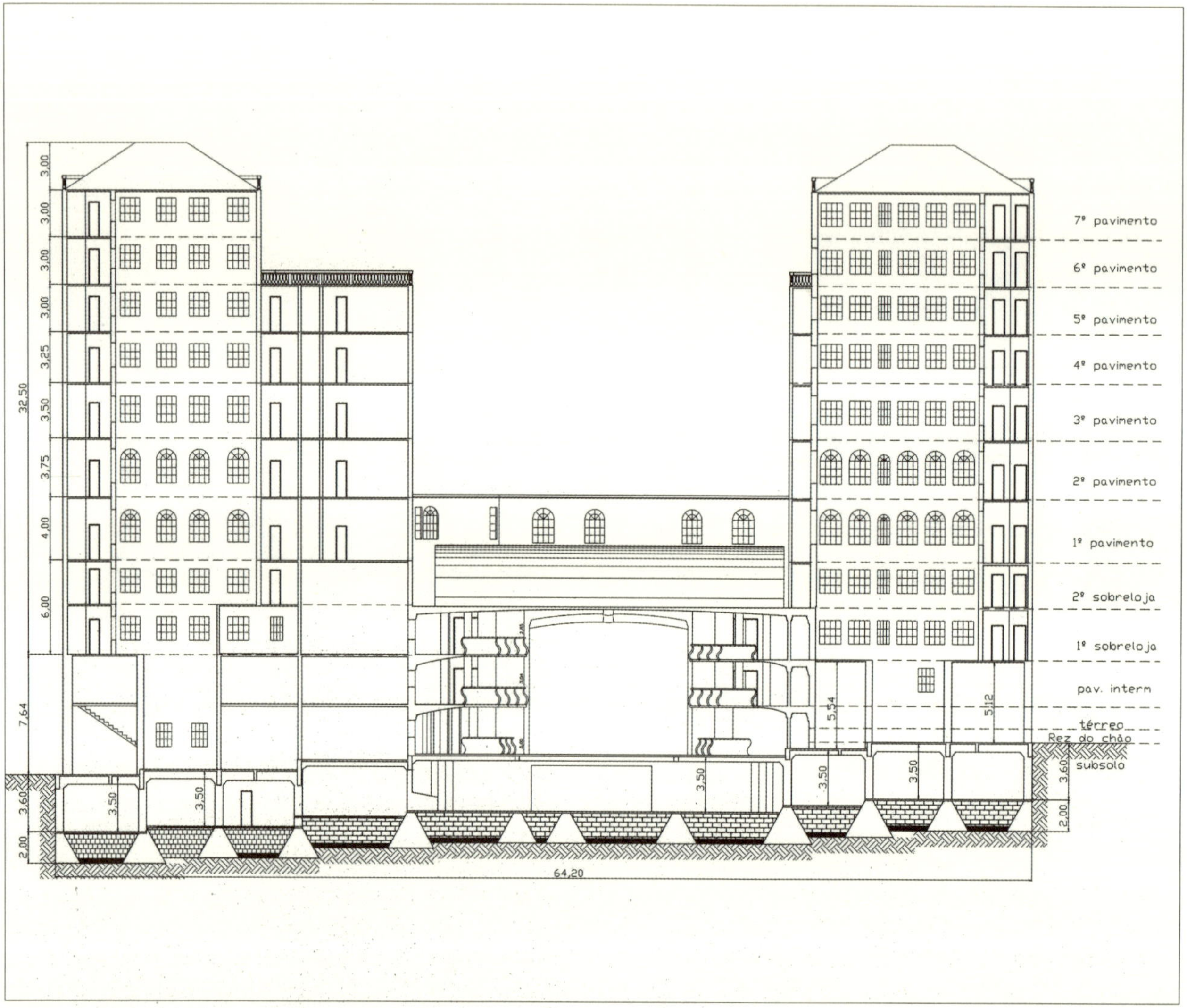

Figura 21. Corte transversal passando pelo teatro.

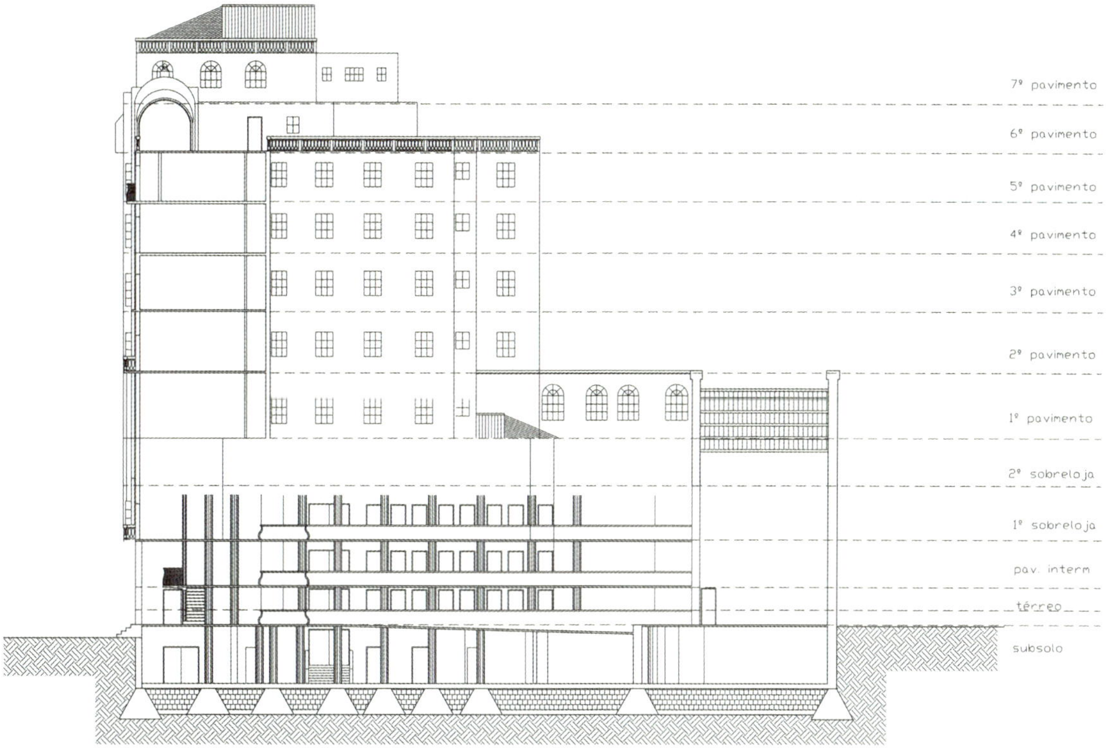

Figura 22. Corte longitudinal passando pelo teatro.

As instalações do cine-teatro, do cinema, das lojas e dos escritórios caracterizam o Santa Helena como o primeiro edifício multifuncional (denominação que hoje se dá a essa tipologia) da cidade de São Paulo. Além de exigir atenção no agenciamento das várias funções e ambientes, isso demandou um número de recursos técnicos bastante significativo para a época: elevadores, sistemas de iluminação e telefonia, áreas internas do teatro com máquinas para renovação do ar com capacidade de 160 metros cúbicos por minuto. Assim, o edifício revelava-se pioneiro em diversos aspectos, trazendo desafios a seus realizadores.

Os construtores

O Santa Helena pode ser considerado um exemplo significativo do panorama da construção e da indústria imobiliária paulistanas nos anos 1920. Seu proprietário, como vimos, era Manuel Joaquim de Albuquerque Lins, ex-presidente do estado de São Paulo. Seu nome, uma homenagem a sua esposa, Helena, nascida Sousa Queirós. Como nos demais empreendimentos da área de construção no Centro, os agentes imobiliários envolvidos pertenciam às elites econômicas e políticas da época. Isso era atestado pelos casos dos palacetes Prates, no Anhangabaú, do Edifício Dom Luiz (1928), propriedade do conde Luís de Toledo Lara, do Palacete Chavante (1930), propriedade do senador Peixoto Gomide, do Prédio Martinico e do Edifício Guatapará, ambos da família Prado, e do Edifício Martinelli, pertence ao empresário comendador Giuseppe Martinelli.

A construção do Palacete Santa Helena foi encomendada à família Asson. No início, a obra foi dirigida por Emmanuele (Manuel) Asson (1869-1922). Sabe-se que Manuel

> [...] era um construtor arquitetônico de elevada dose artística [...] levantou belíssimas residências em todos os bairros finos da metrópole bandeirante, além de palacetes de requintado conforto à avenida Paulista, em Higienópolis, notadamente na avenida Angélica.[10]

[10] *Gazeta Penhense*, São Paulo, 27-2-1982, p. 4.

Logo no primeiro ano da obra, Manuel Asson faleceu. Coube então aos seus filhos Adolfo Asson (1891-1925) e Luís Asson (1898-1971) levar a cabo a construção por meio da firma Irmãos Asson, na qual também trabalhava Leonino Lembo (ver figuras 23 a 28 e 30 a 32). Os irmãos Asson também ergueram o Palacete Riachuelo, outra propriedade da família Sousa Queirós, situado junto ao Vale do Anhangabaú, com projeto de Samuel e Cristiano Stockler das Neves (ver figuras 33 e 34). Adolfo também faleceu quando as obras do Santa Helena ainda estavam em andamento, as quais foram concluídas por Luís Asson. Segundo consta nas plantas, o projeto estrutural foi assinado por um engenheiro "construtor para cimento armado", de primeiro nome Arthur e sobrenome estrangeiro (ilegível), cujo escritório ficava na rua Alfredo Pujol, número 29. As plantas apresentadas por ocasião da aprovação do projeto indicavam apuro técnico no desenho das ferragens e das fôrmas (ver figura 29).

A estrutura projetada, analisada com base em seus desenhos e fotos, tinha engrossamento das vigas e lajes junto a seus apoios, em desenho muito parecido com os de François Hennebique, engenheiro francês que foi um dos pioneiros, na Europa, no desenvolvimento de estruturas de

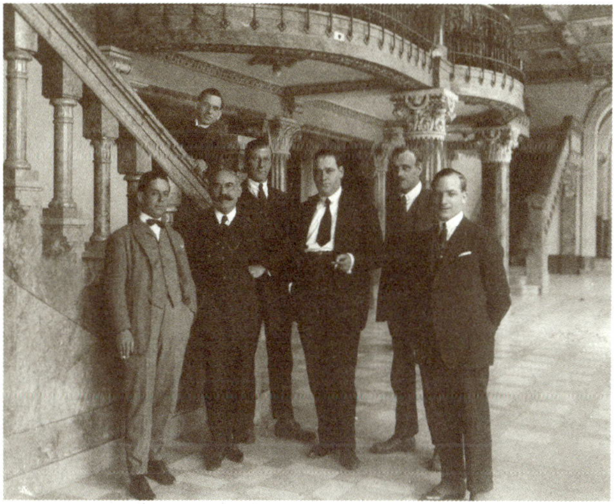

Figura 23. Os construtores em fotografia tirada no saguão do Santa Helena, com Giuseppe Sacchetti (de óculos) e Luís Asson (ao centro, de gravata e paletó aberto).

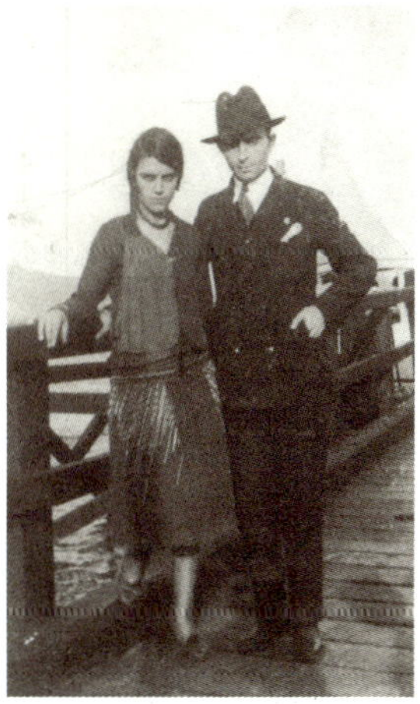

Figura 24. Leonino Lembo e esposa.

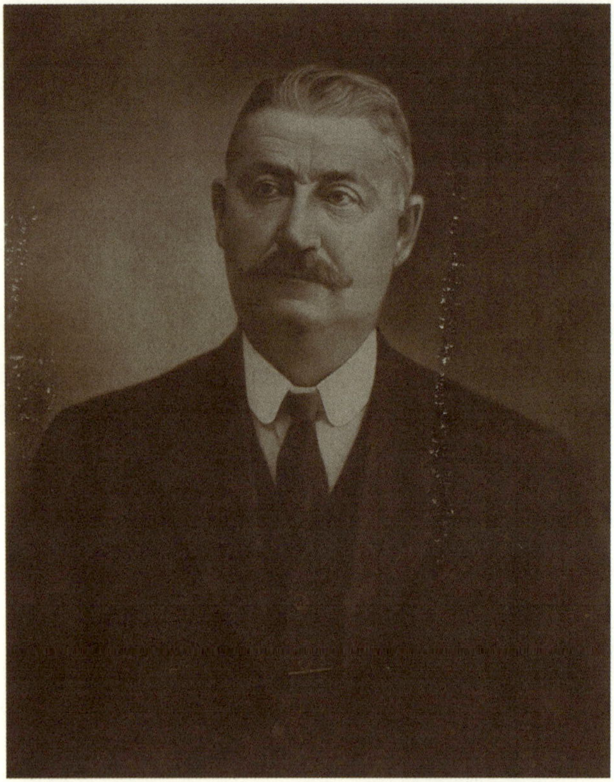 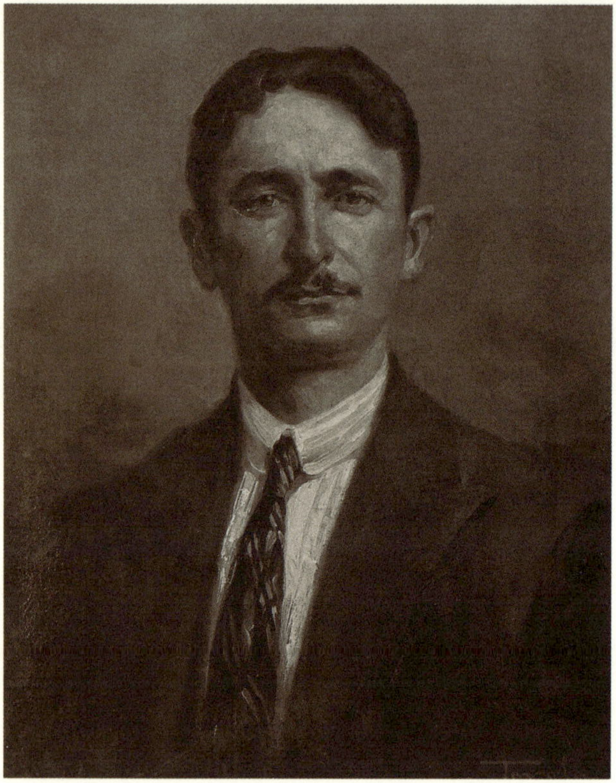

Figuras 25 e 26. Os construtores: Manuel e Adolfo Asson.

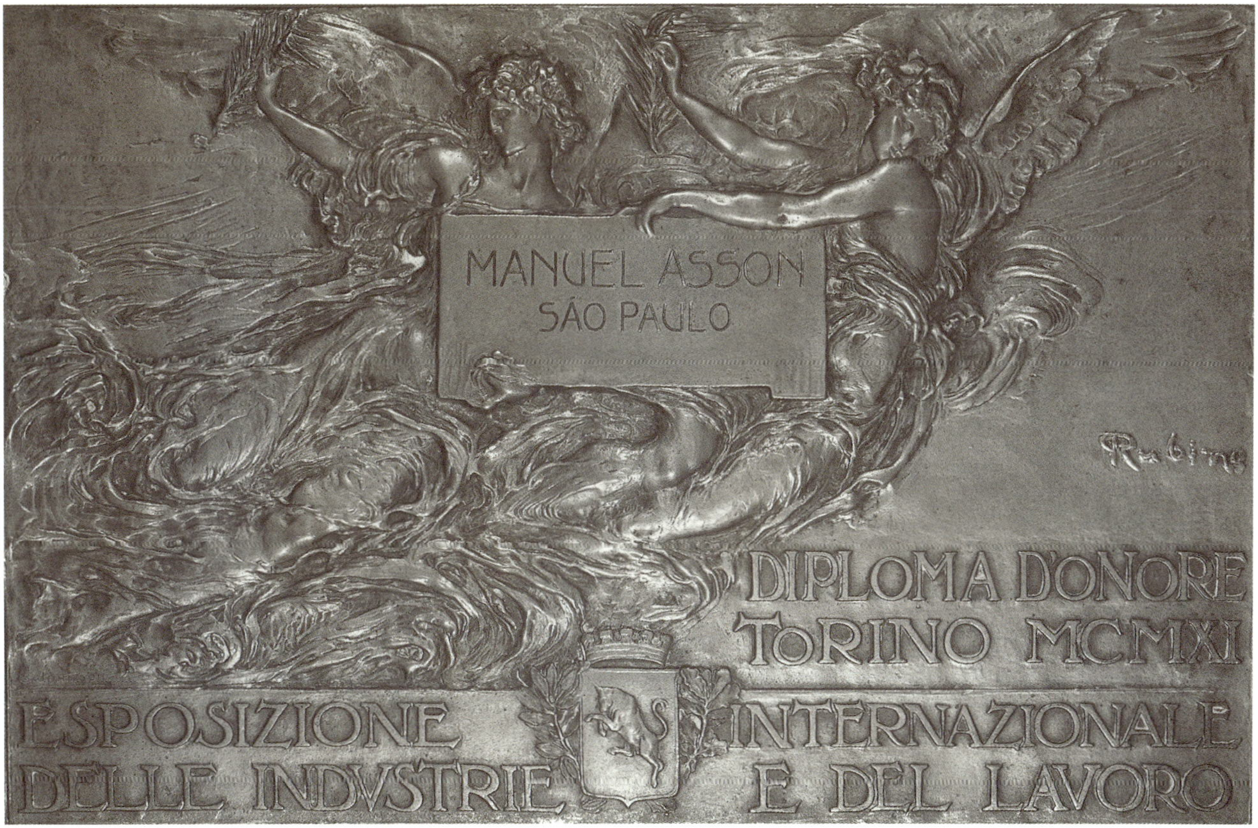

Figura 27. Diploma obtido por Manuel Asson na Exposição Internacional da Indústria e do Trabalho, em Turim, 1911.

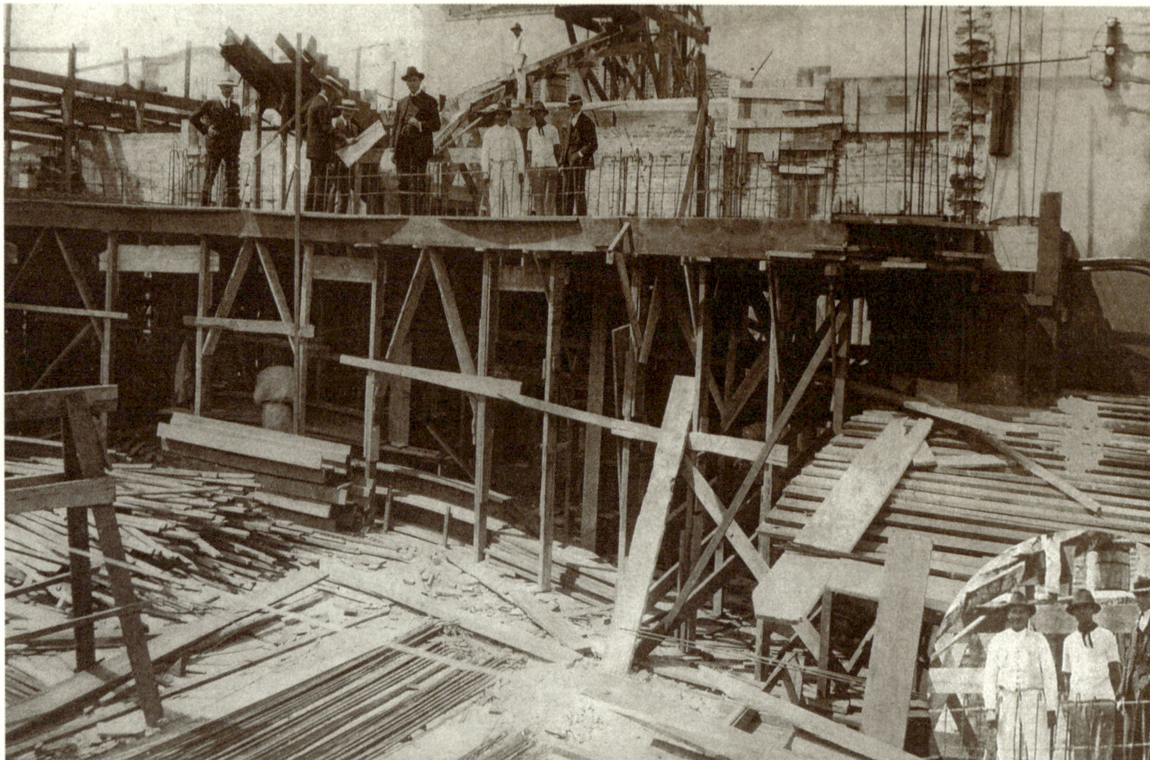

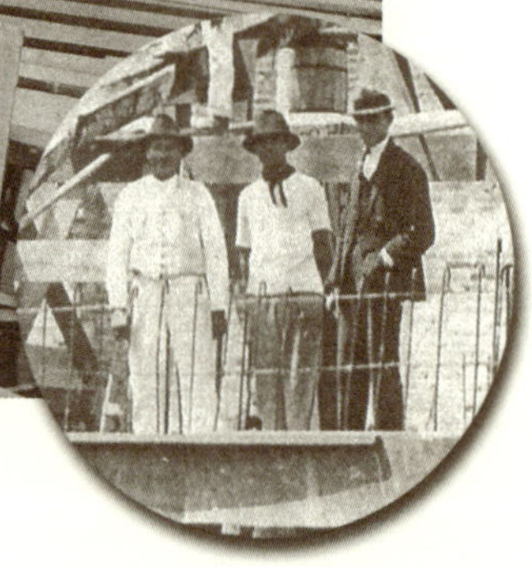

Figura 28. Obra dos Irmãos Asson em concreto armado (no detalhe, à direita, Leonino Lembo).

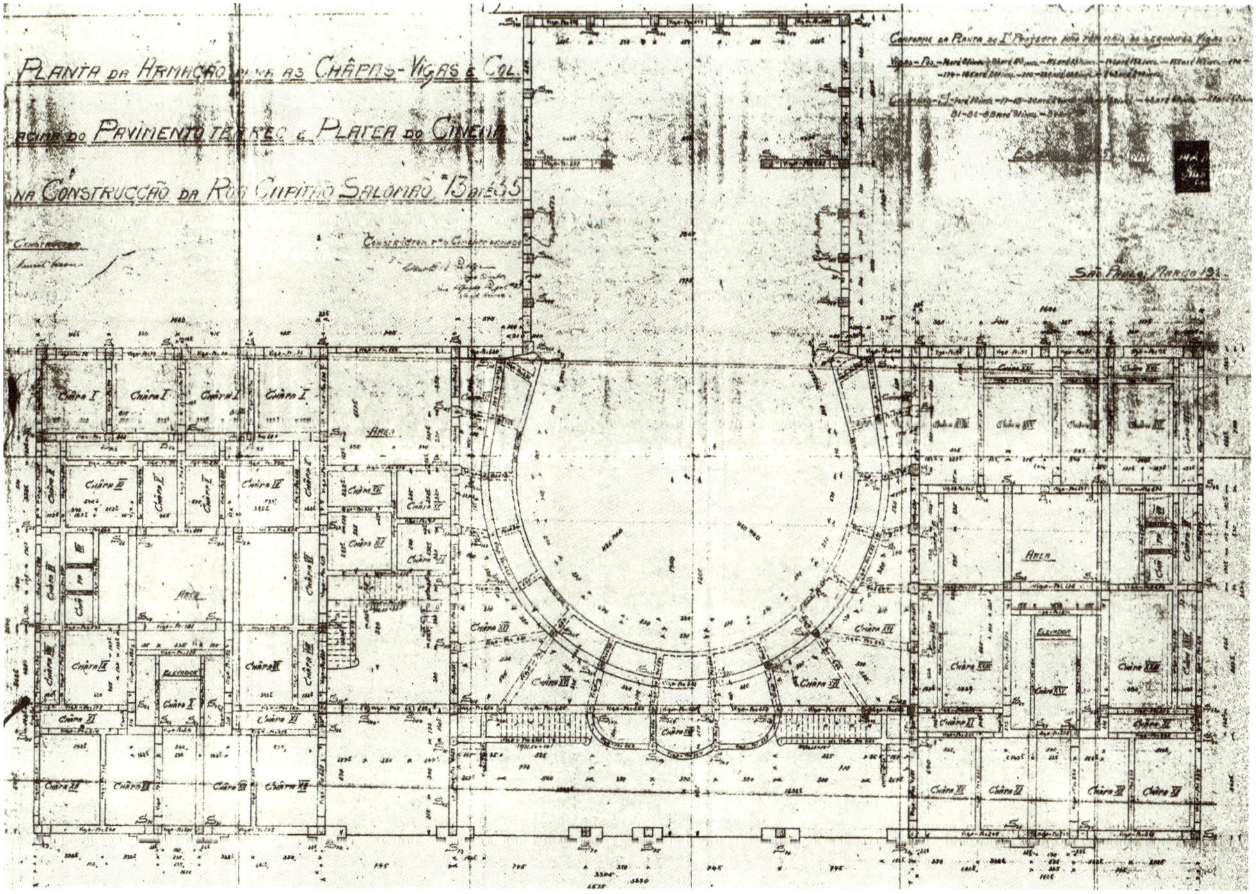

Figura 29. Planta do desenho do "cimento armado" apresentada à Prefeitura.

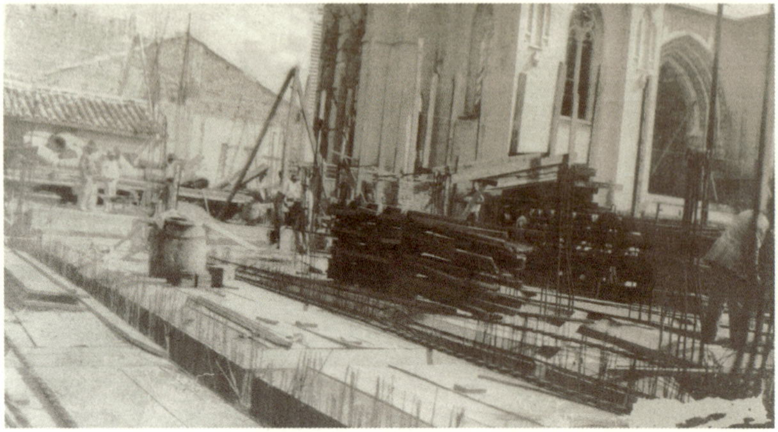

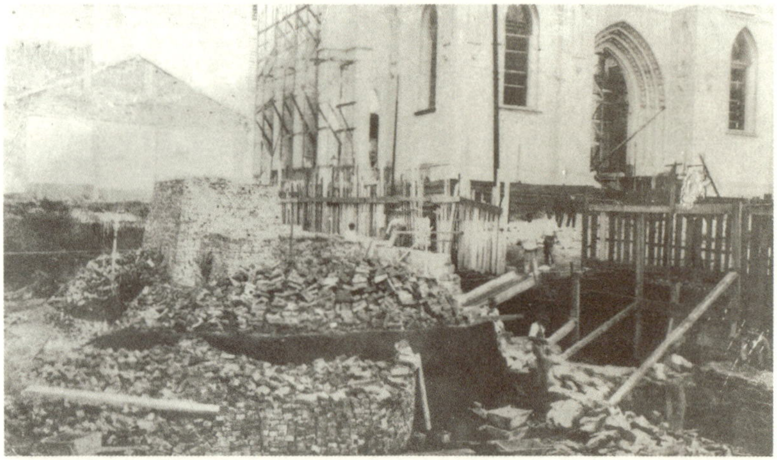

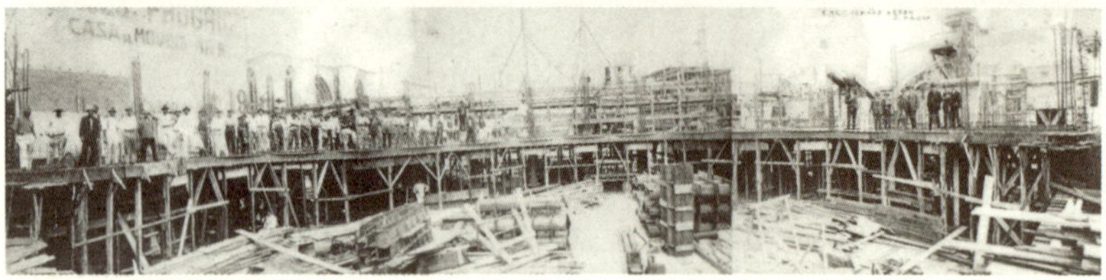

Figuras 30, 31 e 32. Fôrmas e armações na obra do Santa Helena; a mesma obra com a catedral inacabada ao fundo; e com os construtores em volta do vão do teatro.

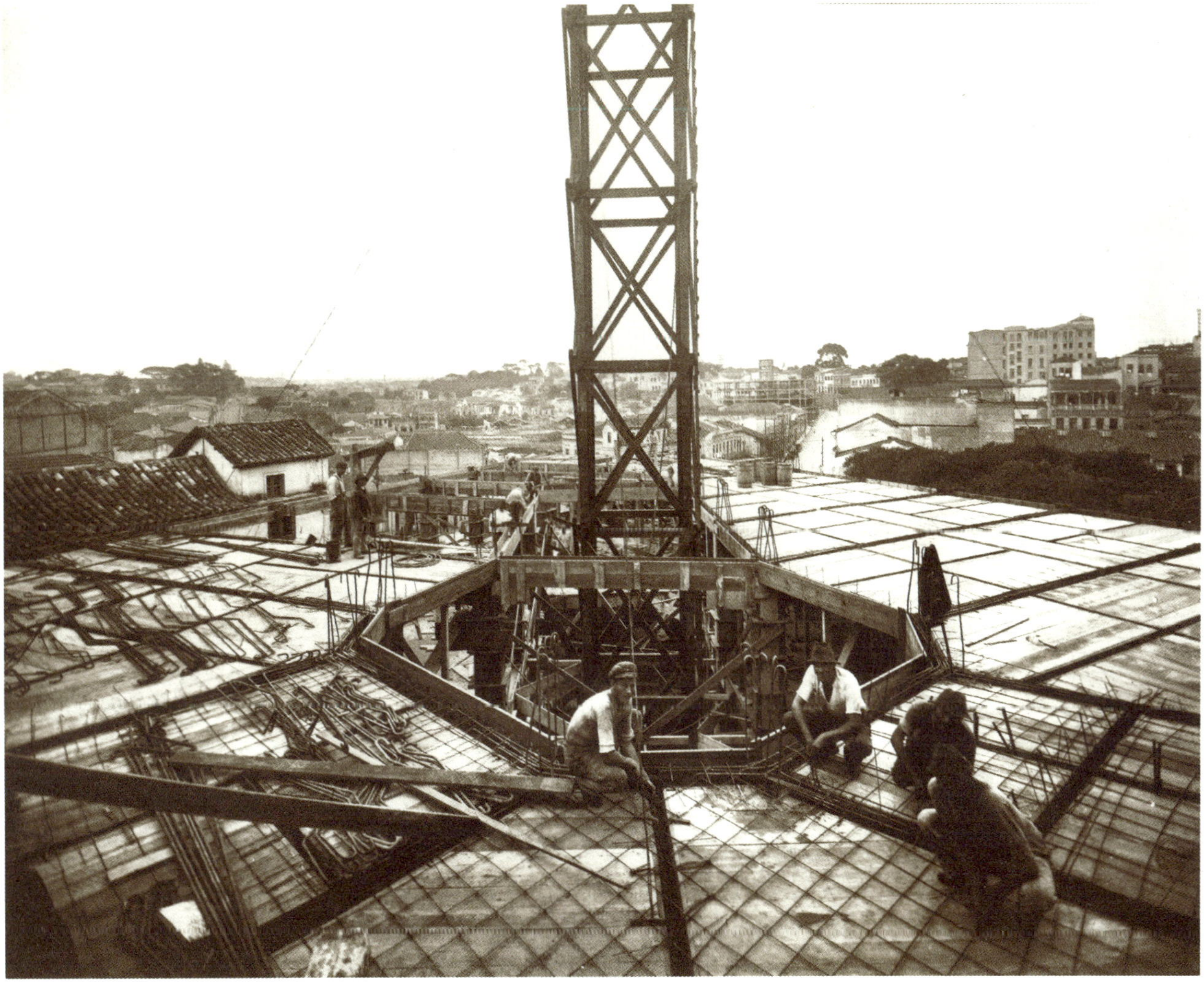

Figura 33. Foto da obra do Palacete Riachuelo, no Vale do Anhangabaú.

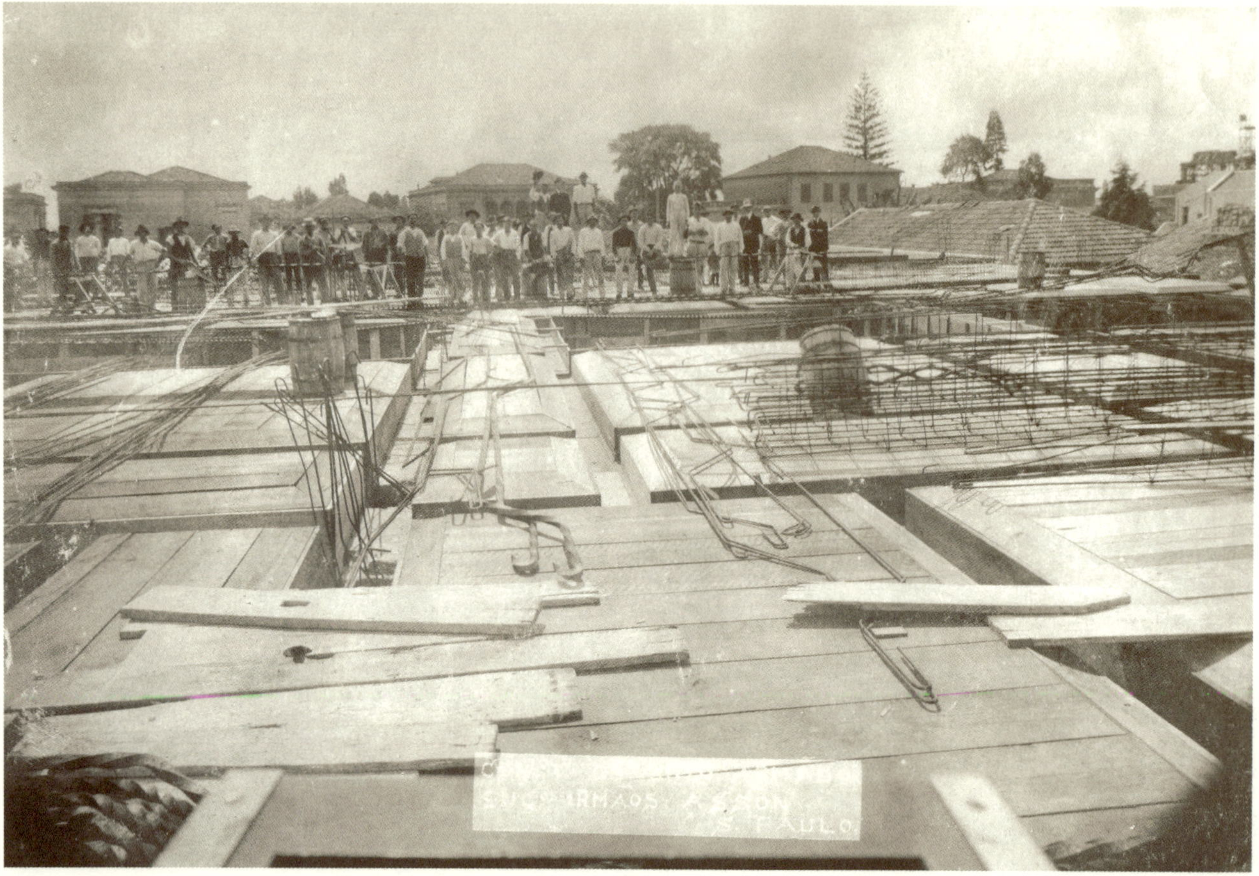

Figura 34. Foto da obra do Palacete Riachuelo, no Vale do Anhangabaú.

concreto armado. Criador das vigas "T", foi o primeiro a colocar estribos para evitar as forças cortantes. Esses aumentos de seção certamente eram realizados para absorver tensões nas regiões em que os momentos fletores atingiam seus pontos mais altos (ver figura 35).

É interessante notar que, externamente, o desenho da fachada não tem nenhum compromisso com os vãos e pilares de concreto; internamente, porém, o desenho do encontro chanfrado das vigas com as lajes era disfarçado e, ao mesmo tempo, aproveitado por meio de um requintado uso de frisos, sancas e ornatos de gesso (ver figura 36).

O arquiteto que originalmente idealizou o projeto foi Giacomo Corberi, também responsável pelas primeiras alterações: redesenho da fachada, com aumento do quarto andar e inserção do cineteatro (ver figuras 37 e 38). Posteriormente, o Santa Helena teve alterações realizadas pelo arquiteto Giuseppe (José) Sacchetti, referentes essencialmente ao desenho da fachada e aos três pavimentos adicionais. Podemos identificar pelo menos quatro etapas no projeto: inicialmente, previam-se apenas cinco pavimentos, com lojas no térreo, sobreloja e três andares de salas de escritórios.

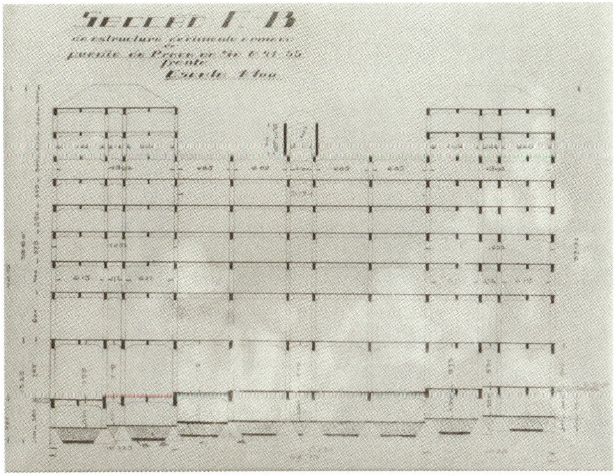

Figura 35. Corte transversal da estrutura, mostrando o aumento da seção das vigas próximo aos pilares.

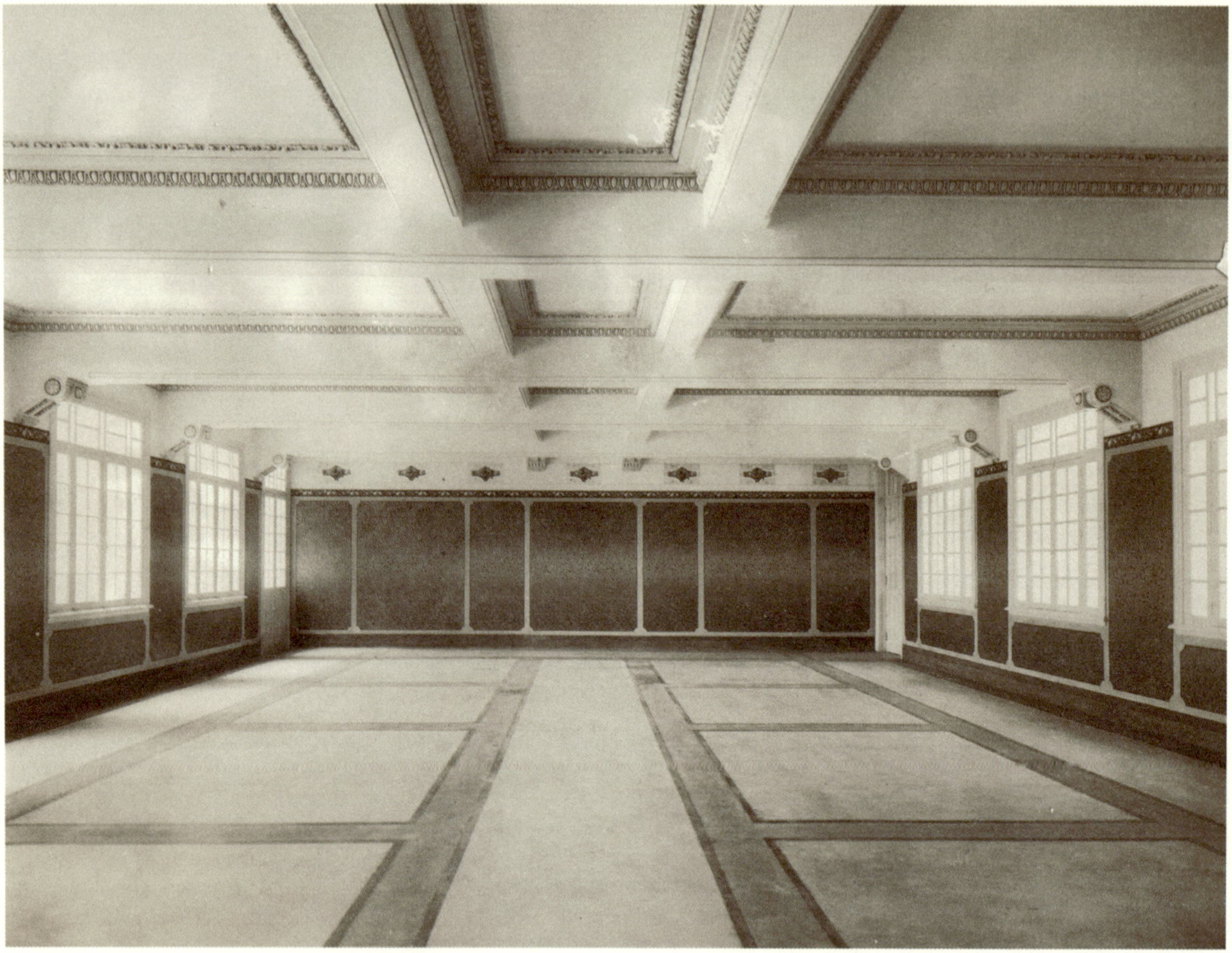

Figura 36. Teto de um dos salões do Santa Helena.

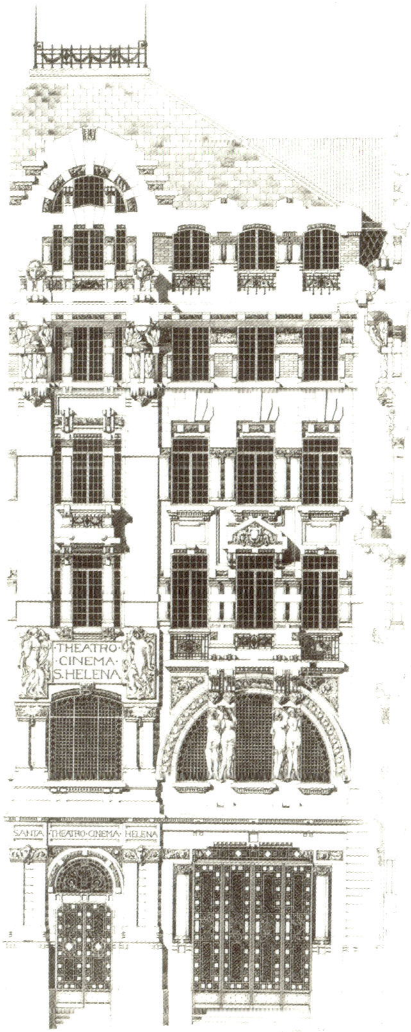

Figura 37. Detalhe da segunda fachada, desenhada por Giacomo Corberi, com a inclusão do teatro.

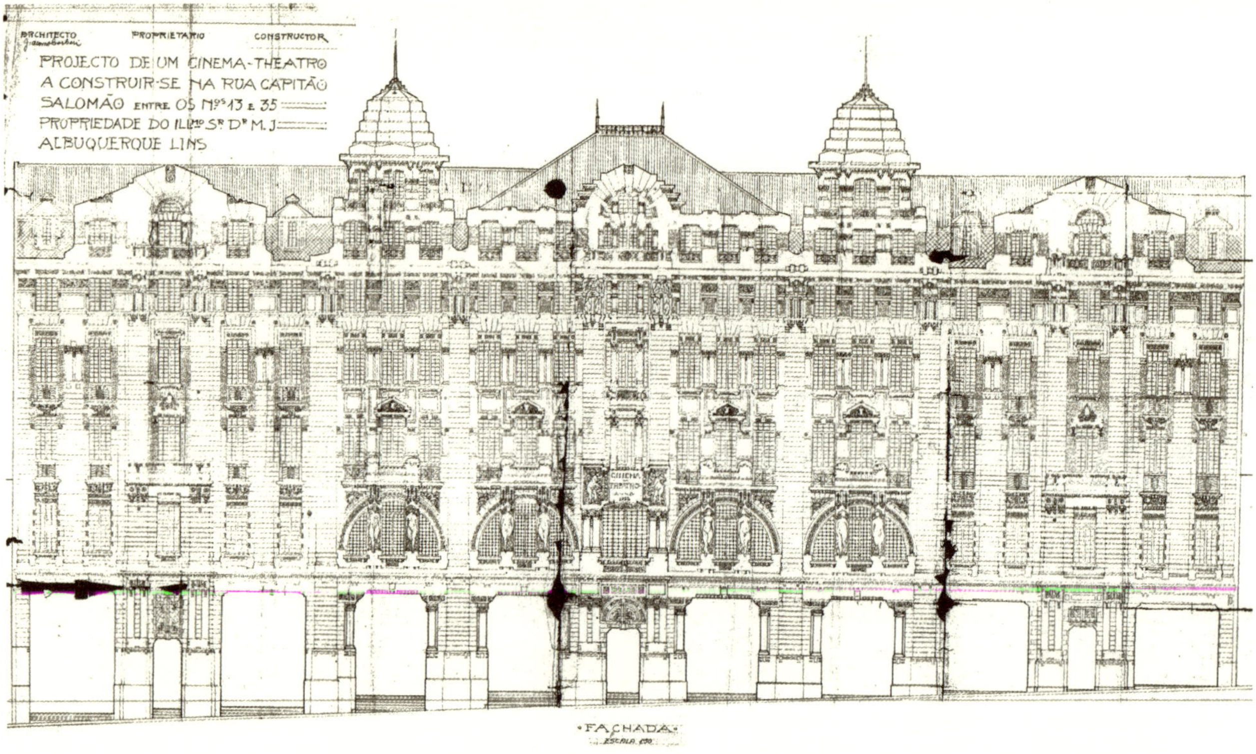

Figura 38. Segunda fachada do Palacete Santa Helena.

O coroamento se daria na forma de um teto em mansarda, de ar parisiense, e o volume resultante acompanharia o gabarito presente em outros prédios erguidos na época, na praça da Sé.

Entre o final de 1921 e o início de 1922, supostamente com as obras das fundações já iniciadas, o proprietário requereu à Prefeitura autorização para o acréscimo de um quarto andar, o que exigiu o recálculo da estrutura, apresentado na forma de um detalhado memorial manuscrito. Logo em seguida, novo modificativo: solicitou-se aprovação para a inclusão de um cine-teatro.

Essa inserção foi requerida como se envolvesse a derrubada de paredes construídas até aquela data, mas parece pouco provável que a obra já tivesse atingido tal ponto naquele momento. Possivelmente a demolição era virtual, significando apenas uma alteração na planta antes aprovada. Outra característica curiosa desse pedido é o fato de os corpos laterais do edifício serem representados como "casas existentes", dando a entender que se tratava de imóveis independentes (ver figura 39).

A inclusão do cine-teatro representava um novo patamar para o empreendimento, que ga-

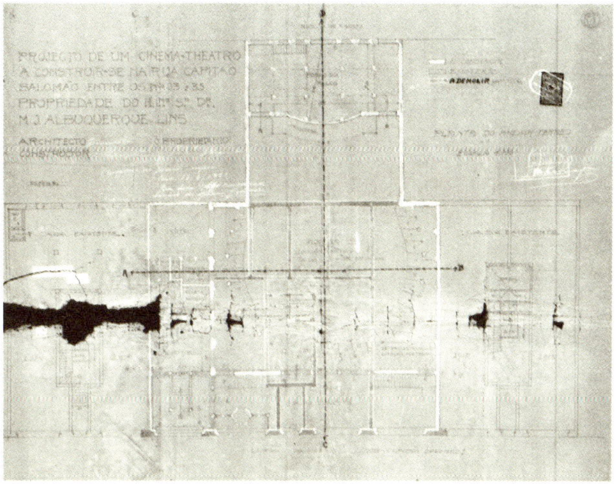

Figura 39. Planta do projeto modificativo apresentado à Prefeitura em 1921.

nhava prestígio e tornava-se, além de uma operação imobiliária, uma aposta na movimentação cultural de São Paulo, coincidindo exatamente com a Semana de Arte Moderna de 1922. Não apenas o edifício tornava-se multifuncional, de forma pioneira, mas o novo elemento da paisagem urbana destacava-se pelo luxo da decoração prevista e pela modernidade das instalações, que incluía maquinaria de projeção de filmes, ventilação mecânica e todos os equipamentos de bastidor de um grande teatro.

Finalmente, já com a obra quase terminada, foram acrescentados mais três pavimentos: o quinto, o sexto e o sétimo andares, formando dois corpos laterais sobrelevados, unidos por uma loggia em que se destacava o pavilhão central. Essa mudança (da qual não foi encontrado registro de aprovação no Arquivo Municipal) significou um outro perfil para o edifício e uma nova configuração para a fachada. No lugar do coroamento em mansarda e da horizontalidade como diretriz do projeto original, ganhou um aspecto mais arrojado, vertical e com perfil quebrado, gerando um elemento de maior impacto na paisagem urbana. Decididamente, o Santa Helena pretendia marcar época (ver figura 40).

Como explicar essas sucessivas alterações? Sabe-se que a prática de elevar o número de pavimentos com a obra em curso era corrente naqueles anos, motivada por uma corrida às alturas que envolvia não apenas crescentes oportunidades de lucro imobiliário, mas também uma afirmação de prestígio – princípio que culminaria nos casos do edifícios Sampaio Moreira e Martinelli, já citados.

Mesmo incipiente para os padrões atuais, tal verticalização já preocupava os urbanistas, e levou o diretor de Obras Vítor Freire a propor em 1918 uma rigorosa regulamentação, que previa gabaritos diferenciados de acordo com a largura das ruas. Incluídos na proposta do Instituto de Engenharia para o novo Código de Obras ("Regulamento para construções particulares", 1919),[11] esses limites foram derrubados pela Câmara, que instituiu, no Padrão Municipal de 1920, um sistema que permitia aos

[11] Instituto de Engenharia, "Regulamento para construções particulares", em *Boletim do Instituto de Engenharia*, II (5), janeiro de 1919.

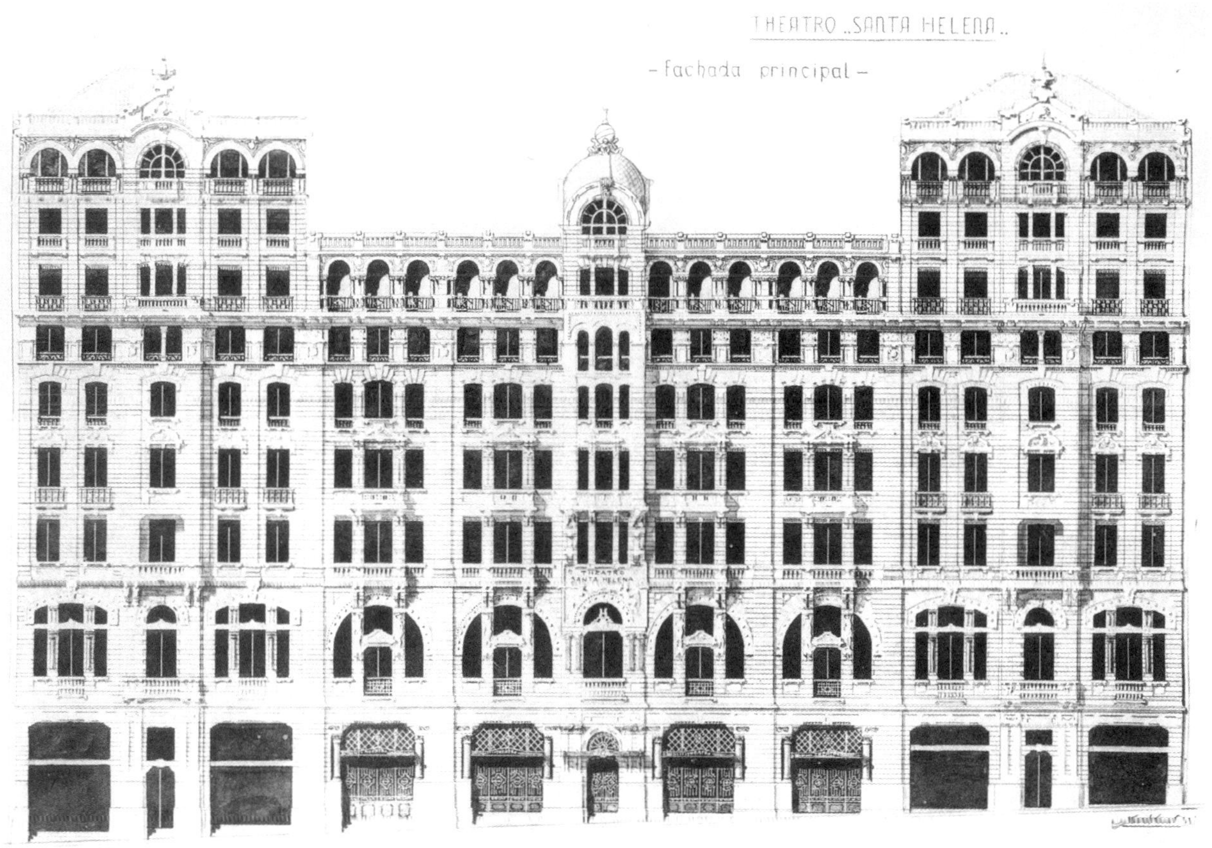

Figura 40. Terceira fachada, desenhada por Giuseppe Sacchetti.

prédios elevar-se até três vezes a largura da rua em vias maiores que doze metros (artigo 67 da Lei Municipal nº 2.332, de 9 de novembro de 1920).

No caso da praça da Sé, uma vez superada a denominação anterior do local como rua Capitão Salomão, e relevadas as exigências de continuidade horizontal da Lei nº 1.585 de 1912, a largura do logradouro permitiria uma altura considerável, bem superior à que afinal foi atingida pelo Santa Helena. A legislação especial de 1912, contudo, destinada a conferir ar "europeu" aos pontos mais prestigiosos na remodelação da área central – Líbero Badaró, São João, Sé –, exigia que todas as construções mantivessem uma padronização volumétrica, dando prosseguimento às linhas horizontais definidas pelos vizinhos. Tendo isso em vista, o Santa Helena deveria, em princípio, adotar altura semelhante à do prédio levantado na esquina, com seus cinco pavimentos (ver figura 41).

Não há como saber que recursos foram utilizados para contornar esse requisito na versão final do projeto. Mesmo assim, é interessante observar que, enquanto o projeto inicial seguia os padrões do urbanismo haussmanniano, que recomendava alturas equivalentes a entre uma e uma vez e meia a largura da via, a versão construída de dez pavimentos quase correspondia ao padrão máximo proposto por Vítor Freire, que tinha previsto nove pavimentos nos pontos mais privilegiados do Centro Velho.

Sobre os arquitetos pouco se sabe. As pesquisadoras Anita Salmoni e Emma Debenedetti, em seu livro *Arquitetura italiana em São Paulo*, citam os dois arquitetos dessa forma:

> [...] outros engenheiros e arquitetos italianos trabalharam, pelo contrário, naqueles anos, seguindo o estilo floreal, assim como aparece nos trabalhos de Micheli anteriores ao Banco Francês e Italiano, mas sua obra é menos significativa. A Corberi deve-se o edifício do Teatro Santa Helena, a Giuseppe Sacchetti a igreja da rua Treze de Maio.[12]

[12] Anita Salmoni & Emma Debenedetti, *Arquitetura italiana em São Paulo* (São Paulo: Perspectiva, 1981), p. 113.

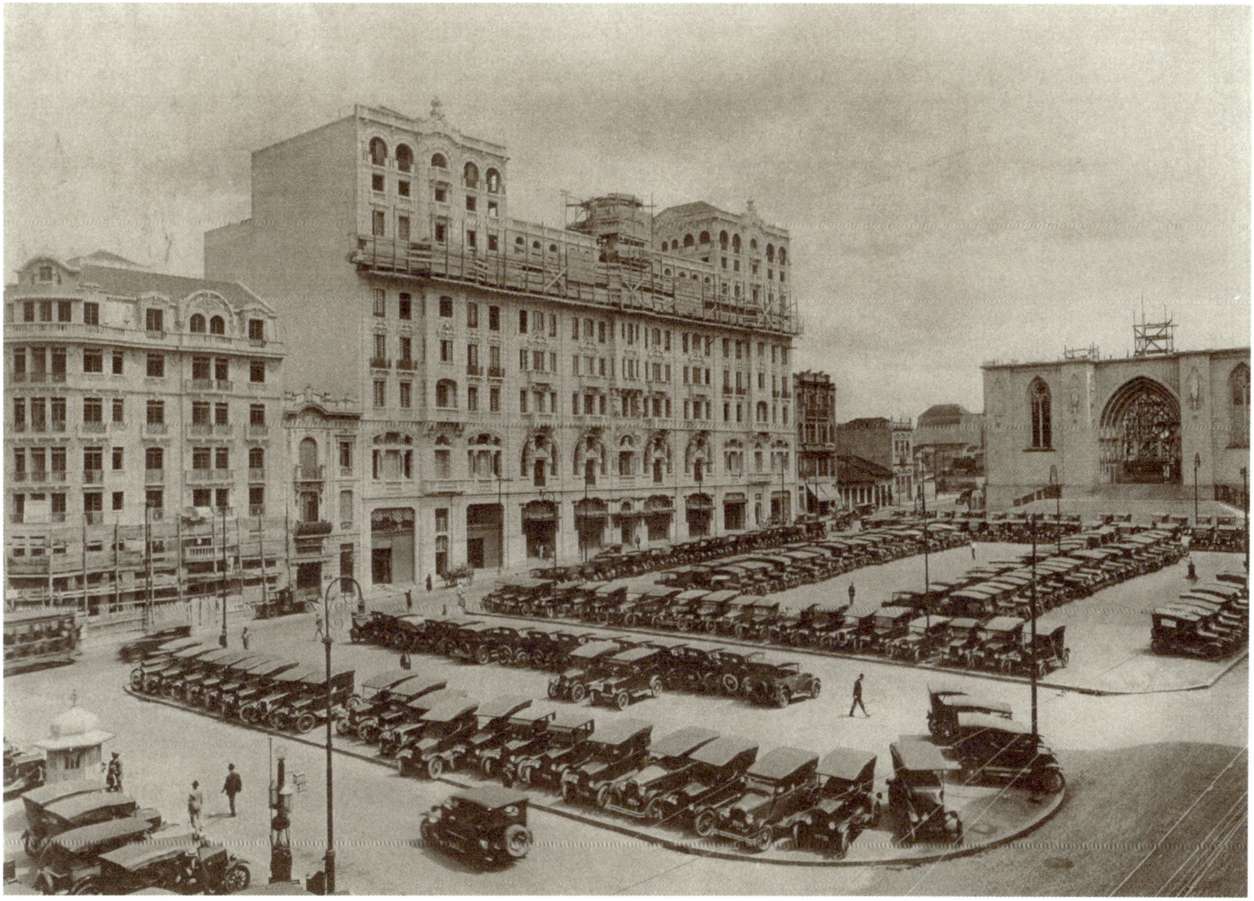

Figura 41. Vista do Santa Helena entre seus vizinhos. Esse aspecto da praça, com a catedral inacabada, permaneceria ainda por décadas.

Em relação à decoração interna do teatro e à pintura de seu teto, houve a identificação do responsável, o artista, também italiano, Adolfo Fonzari (ver figura 42). Fotos da época revelam o requinte dos detalhes, o apuro da execução e a qualidade técnica das pinturas e elementos utilizados.

As técnicas construtivas de então podem ser observadas no livro do engenheiro arquiteto Alexandre Albuquerque, cuja primeira edição é de 1938.[13] Ressaltava, além da estrutura de concreto, a refinada execução da fachada, com elementos de rusticação suave em relevo de cemento lucidato com tonalidades, escura e clara, de amarelo-canário.

Os elevadores utilizados foram de fabricação Graham, e nota-se, pela divulgação da época, a preocupação de transmitir a imagem do prédio como fruto da mais avançada tecnologia. A revista *L'Illustrazione Italiana* de 1926, já citada, destacava que os edifícios laterais contavam com aproximadamente 260 ambientes de escritórios, dotados de modernas instalações de eletricidade, telefones diretos, elevadores e assim por diante.

O material gráfico de divulgação obtido mostra que os desenhos de pormenores executados para a construção eram bastante precisos e detalhados. Desenhos de detalhamento, como os da marquise e das portas do teatro, o da janela central da galeria, o das musas e o dos atlantes, indicam com precisão materiais, procedimentos e dimensões, orientando execução primorosa da construção (ver figuras 43 a 50).

É fato que a mão-de-obra necessária a essas tarefas de serralharia, cantaria, revestimentos de fachada e internos deveria ser altamente qualificada para as operações de execução. A qualidade gráfica e técnica dos desenhos indica, porém, um grande controle dos arquitetos sobre as definições de obra, não deixando margem à interpretação e à decisão sobre os detalhes por parte dos executores.

Nesse sentido, também deve ser lembrada a profusão de materiais que correspondia à diversidade dos "estilos" adotados. Há nos desenhos da fachada indicações para revestimento de granitos naturais

[13] Alexandre Albuquerque, *Construções civis* (São Paulo: Revista dos Tribunais, 1952).

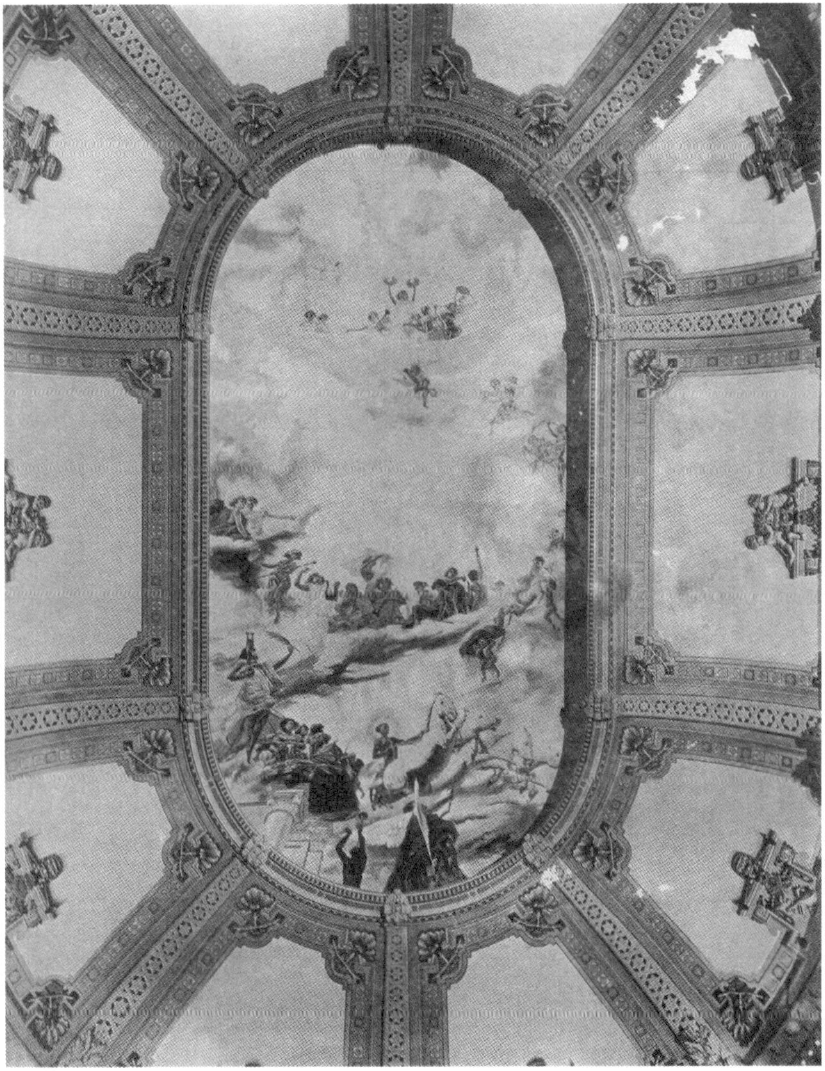

Figura 42. Cúpula do teatro, com pintura de Adolfo Fonzari.

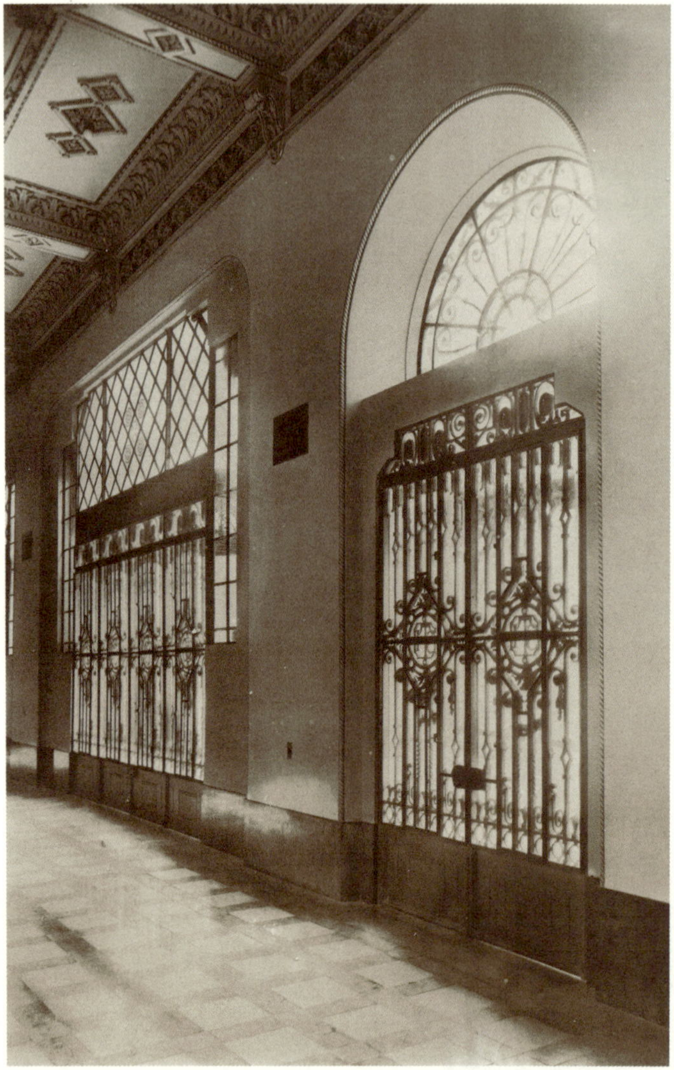

Figuras 43. Foto da porta vista do interior do teatro.

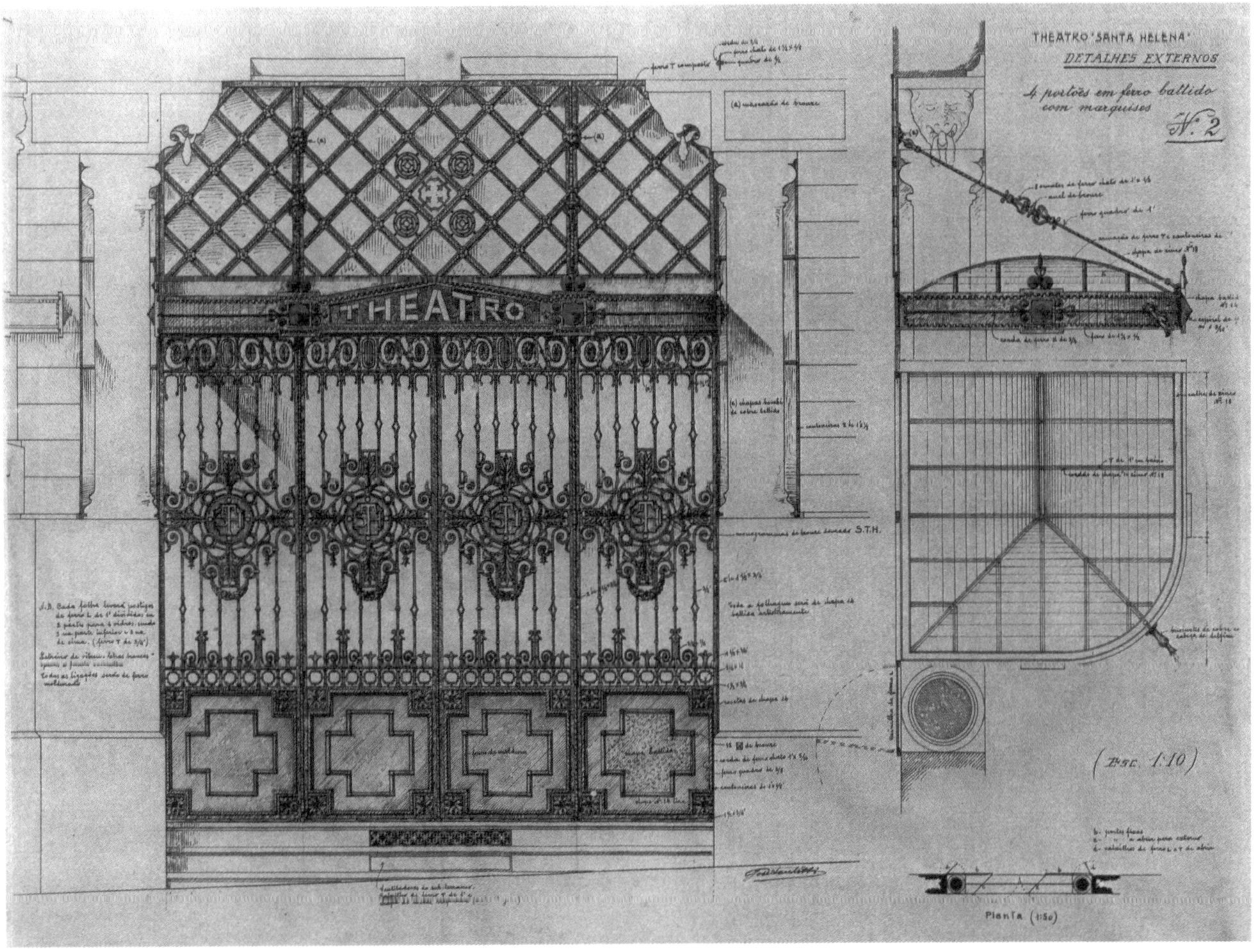

Figura 44. Detalhes externos: portões laterais e marquises em ferro batido.

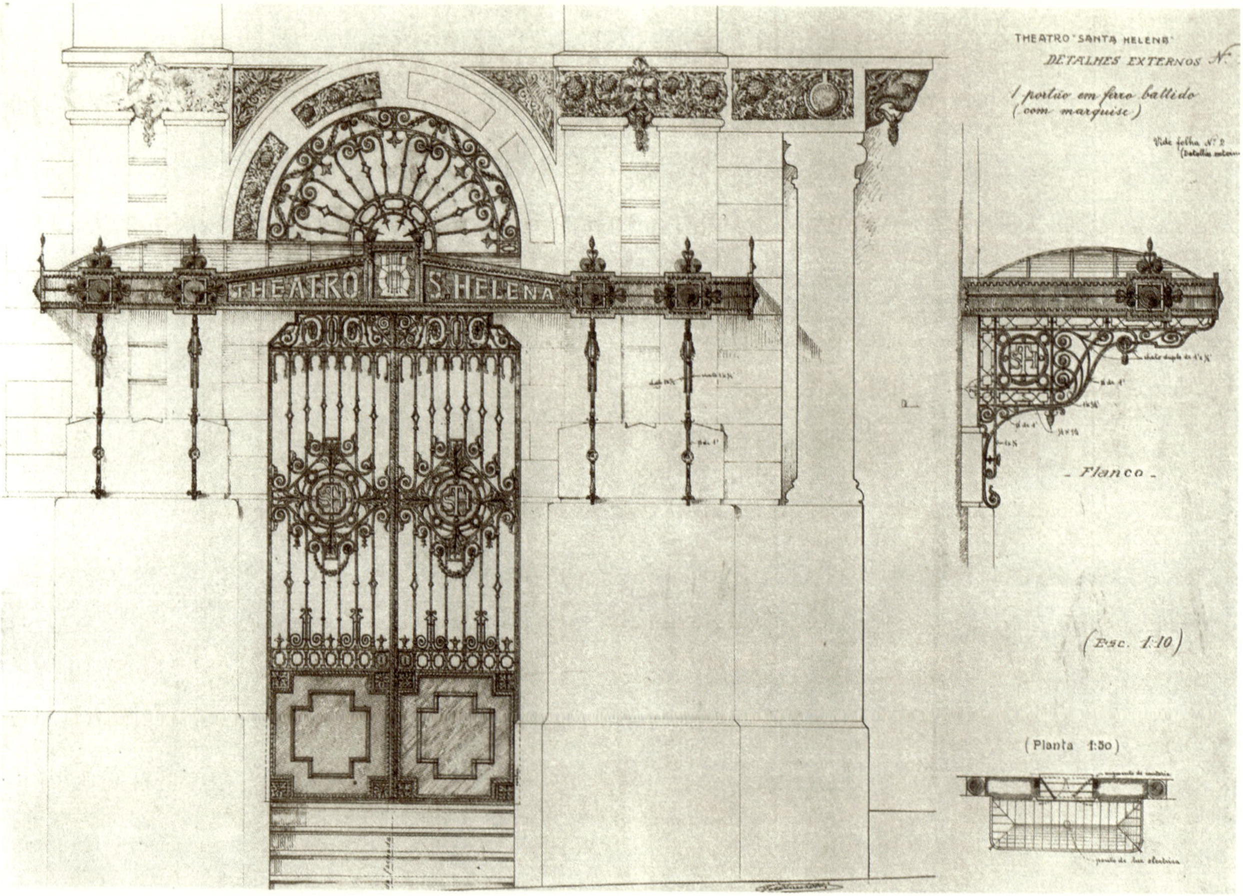

Figura 45. Detalhes externos: portão central e marquise em ferro batido.

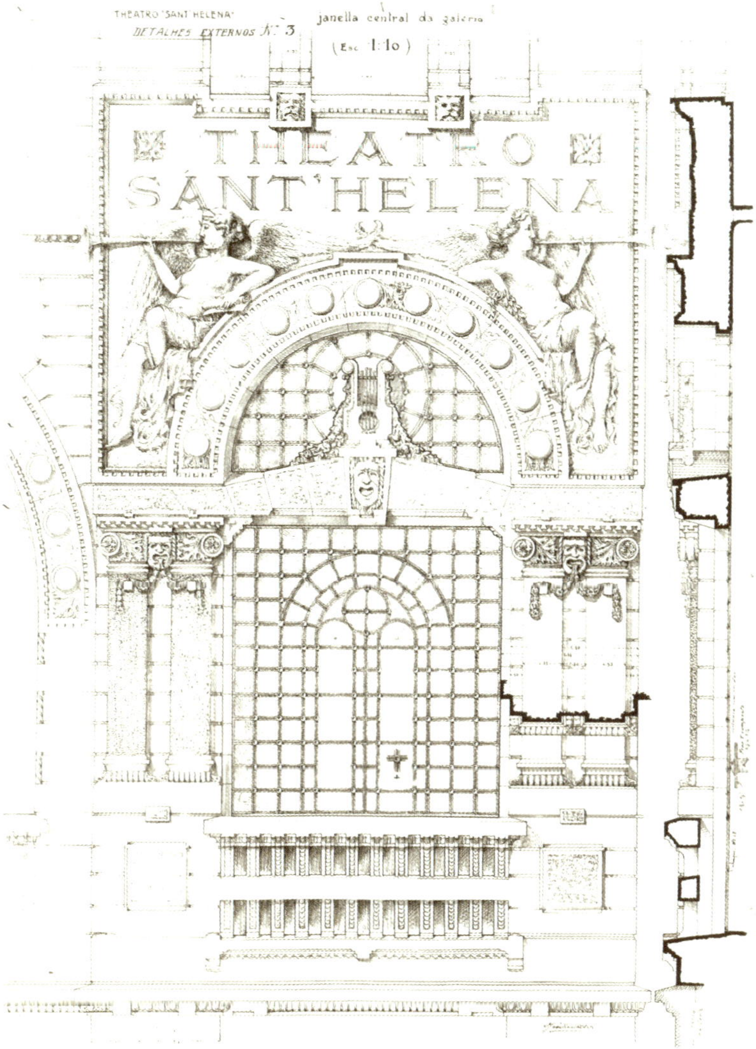

Figura 46. Detalhes da fachada: janela central da galeria com imagens esculpidas da Glória e da Fama.

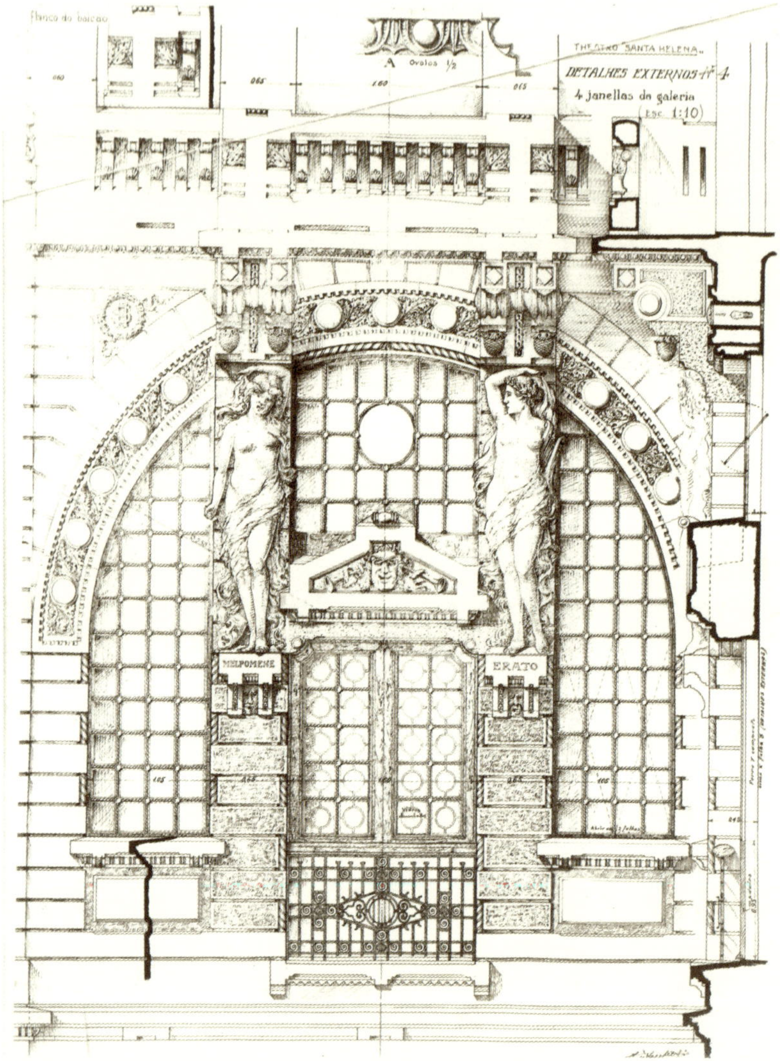

Figura 47. Detalhes da fachada: janela lateral da galeria com as musas Melpômene e Erato.

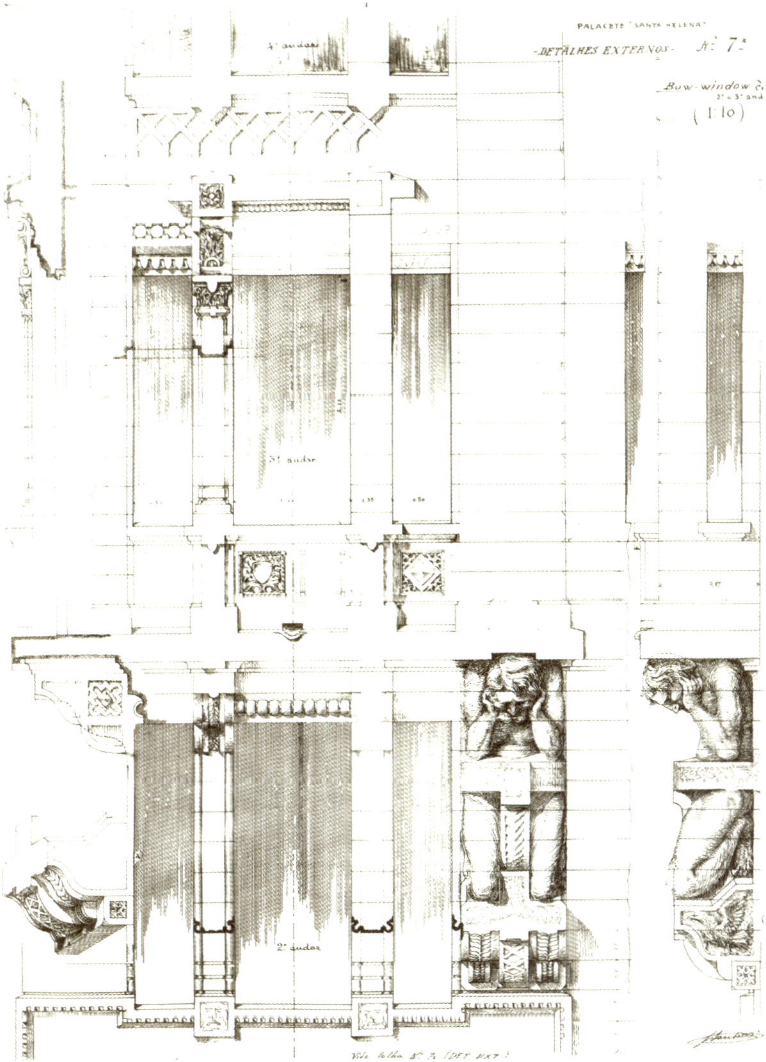

Figura 48. Detalhes da fachada: janela central do primeiro andar com atlantes.

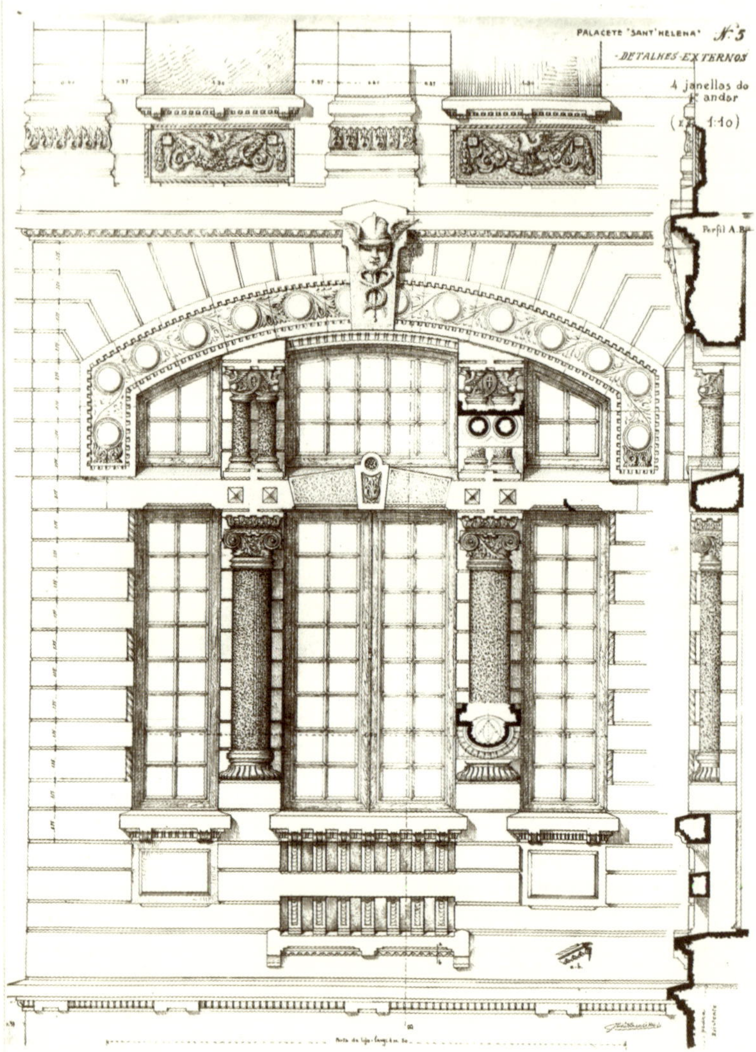

Figura 49. Detalhes da fachada: janelas dos corpos laterais, com a figura de Mercúrio, deus protetor do comércio.

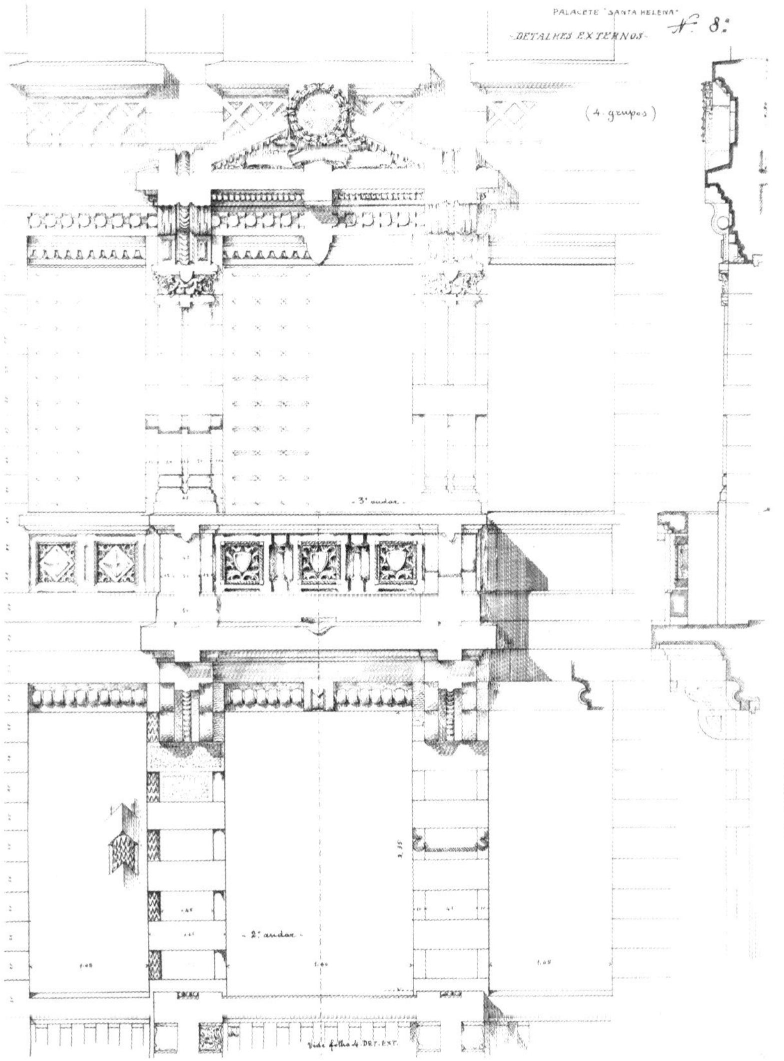

Figura 50. Detalhes da fachada: janelas do segundo andar.

brancos, colunas de granito vermelho, capitéis e incrustações de bronze, balaústres de cimento, relevos de argamassa, gradis de ferro batido e inúmeras esculturas, indicando o grande número de profissionais que colaboraram para o resultado final.

A solução arquitetônica

Os problemas e soluções de projeto do Palacete Santa Helena serão abordados por meio do estudo de alguns elementos da retórica e da metodologia da arquitetura. A solução de projeto, realizada pelo método acadêmico e suas decorrências no ecletismo, que parece ter orientado os procedimentos de delineação do Santa Helena, deriva da definição de três elementos básicos: "ordem", "tipo" e "caráter".

Para essa análise, o estudo sobre a seleção das características de cada um desses elementos pode sugerir pistas para o entendimento do projeto desse prédio. Em primeiro lugar, imaginemos como escolher a ordem, e qual o critério de sua definição.

As ordens no classicismo eram cinco, como ficou perpetuado graficamente no tratado de Sebastiano Serlio (1475-1554): toscana, dórica, jônica, coríntia, compósita. Com a ampliação do repertório greco-romano, esse número de ordens foi multiplicado, e, sobretudo durante o século XIX, com o desenvolvimento dos estudos arqueológicos e historicistas, as ordens passaram a ser muito mais numerosas e variadas:

> O específico do historicismo do século XIX, comparado com os renascimentos anteriores, é que reviveu vários tipos de arquitetura ao mesmo tempo, sem que nenhuma tivesse autoridade suficiente para desbancar suas competidoras, ou para superar a arquitetura que se havia construído anteriormente.[14]

Assim sendo, de modo simplificado, o ecletismo decorrente do historicismo acredita não só nos estilos revelados pela prospecção histórica, mas, por definição, em seu aprimoramento. Isso se dá pela

---

[14] Peter Collins, *Los ideales de la arquitectura moderna: su evolución (1750-1950)* (Barcelona: Gustavo Gili, 1988), p. 57.

crença na possibilidade da conciliação advinda da criação de um sistema de pensamento constituído por pontos de vista de outros e diversos sistemas. André Lalande, em seu *Vocabulário técnico e crítico da filosofia*, define o ecletismo como método filosófico caracterizado pela "reunião de teses conciliáveis retiradas de diferentes sistemas de filosofia e que são justapostas, negligenciando-se pura e simplesmente as partes não conciliáveis desses sistemas".[15] Transpondo a questão para o campo da arquitetura, isso significa que ninguém deveria, em princípio, limitar-se à utilização de um único repertório, podendo decidir, com base em determinados parâmetros, quais, dentre o leque de formulações arquitetônicas do passado, poderiam ser utilizadas em determinado projeto.

Se a ordem fixava as regras e proporções, o tipo era de origem taxonômica e funcional, e derivava da experiência histórica na construção de modelos, como os de templo, torre, palácio, mercado, igreja. Seu emprego constituía um fundamento para a definição espacial de cada edifício. Entretanto, o que seria, nesse sentido, um edifício de escritórios e um prédio multifuncional? Em que tipo histórico enquadrá-los?

A criação de edifícios verticais de vários pavimentos, principalmente dos arranha-céus, por princípio já rompia com a noção histórica do tipo, pois deles não havia registro de precedentes históricos. A multiplicação dos andares trouxe aos arquitetos temas que não poderiam ser abordados pelos modelos prefixados. O problema do empilhamento de pavimentos sempre foi significativo, desde o Coliseu, a mais clássica das superposições de ordem sobre ordem, abordada por John Summerson,[16] até os princípios da arquitetura vertical, enfrentados pela escola de Chicago no final do século XIX, formulados por Louis Sullivan e seus contemporâneos e comentados por Leonardo Benevolo.[17]

Em virtude de inexistir um claro enquadramento do edifício em alguma classificação, a seleção do tipo para o Santa Helena foi fixada pela utilização de elementos derivados de diferentes tipos: teatro,

---

15 André Lalande, *Vocabulário técnico e crítico da filosofia* (São Paulo: Martins Fontes, 1999), p. 280.

16 Ver John Summerson, *A linguagem clássica da arquitetura* (São Paulo: Martins Fontes, 1982), p. 32.

17 Ver Leonardo Benevolo, *Introdução à arquitetura* (São Paulo: Mestre Jou, 1972), pp. 233 e 254.

palacete urbano, arranha-céu. O prédio resultou, assim, de uma combinação de elementos derivados dessas tipologias preexistentes.

No caso do Palacete Santa Helena, como na maior parte das obras ecléticas, não há a definição de uma única ordem. Convivem nele colunas da ordem coríntia, cariátides, colunas destacadas, meias-colunas, pilastras. O princípio da profusão substituiu o da justeza. As relações entre coluna e arco são também diversas. Há arcos plenos na loggia da cobertura apoiados em colunas duplas, aparentemente de interpretação pessoal, pois não se baseiam em Andrea Palladio (1508-1580), nem se fixam nos parâmetros de Vignola (1507-1573).

O sentido geral da indefinição na seleção da ordem revela a operação no interior do repertório historicista, que, mesmo tendo como base o conhecimento dos elementos e regras dos estilos do passado, advindo do estudo dos monumentos antigos, lhes nega sua utilização plena. Reparte-se esse repertório em sua diversidade, mesmo sabendo-se que cada estilo pode ser considerado unitário, por apoiar-se em documentação científica dos respectivos modelos. Mas, segundo Benevolo, "os estilos são muitos, contemporaneamente presentes na mente do projetista, logo, o repertório do historicismo é, no seu conjunto, absolutamente descontínuo e carente de unidade".[18]

Se a seleção da ordem e do tipo se utilizou da crença no convívio das várias proposições estilísticas, como foi dado caráter ao edifício? O caráter repousa na definição dos elementos que proporcionam a expressão da obra. Segundo Harbeson:

> Edifícios servem para variados propósitos, são construídos por diversos materiais e por homens de pensamentos diferentes. Estruturas de certa categoria de edifício vieram, contudo, a ter muita coisa em comum com outros edifícios da mesma categoria, então nós podemos sentir a necessidade de definir o "Caráter" em todos esses conjuntos de edifícios similares. Uma igreja precisa criar uma atmosfera de "Reverência", um edifício

[18] *Ibid.*, p. 193.

doméstico de "Intimidade", uma fortificação de "Vigor", e isso deve ser realizado à parte do cumprimento de todas as condições estipuladas pelo programa.[19]

Qual seria o caráter de um edifício multifuncional? No caso do Santa Helena, percebe-se que a escolha de alguns elementos de caráter derivou também da agregação dos diversos componentes significativos. A composição da fachada final é constituída por três corpos: dois laterais e um central. Os laterais são mais altos, alcançando nove pavimentos, com lojas e a porta de acesso aos escritórios no térreo. O corpo central, com sete pavimentos, era ocupado em sua parte inferior pelo cine-teatro e, do quarto pavimento ao sétimo, por outras salas de escritórios.

A clássica composição tripartite da fachada – base, corpo e ático – comparece nos primeiros desenhos assinados pelo arquiteto Giacomo Corberi (ver figura 11, na p. 93). Nesses desenhos não havia uma diferenciação plástica dos três corpos: o edifício era tratado como um conjunto homogêneo, em que a organização tripartite realizava-se tendo como base o térreo com pé-direito duplo (com lojas de acesso); como corpo, destacavam-se três pavimentos com janelas retangulares e o quarto pavimento com janelas menores; o quinto pavimento correspondia ao ático, que era desenhado por meio de composição simétrica com três frontões e dois torreões.

Uma segunda proposta de fachada ainda veio a ocorrer, provavelmente devido à inclusão do projeto do cine-teatro no corpo do prédio (ver figura 37, na p. 117). Nessa segunda fachada, ainda definida por Corberi, aparece a primeira sugestão de divisão do edifício em três blocos, pois no nível da base, na área central, aparecem quatro arcos plenos (simétricos dois a dois) e um portal central em arco abatido. Essas áreas da fachada correspondem aos pisos dos camarins e à platéia superior do teatro. A predominância do eixo central ainda existia, uma vez que os torreões e o frontão central continuam a ser os elementos proeminentes na composição.

[19] J. F. Harbeson, *The Study of Architectural Design* (Nova York: Pencil Points, 1927), p. 91.

A solução final de fachada, entretanto, foi outra (ver figura 40, na p. 121). A área construída do Santa Helena foi ampliada por meio do acréscimo de mais andares. Essa prática de ampliação foi observada também em outros edifícios da época, como o Martinelli e o Edifício Glória.

Essa ampliação é fácil de ser verificada, mas não está registrada nas plantas disponíveis no Arquivo Municipal. As fotos da obra mostram, também, que no prédio em construção os acabamentos dos andares de baixo já estavam prontos, enquanto os andares superiores apresentavam tapumes que escondiam lajes e alvenarias em andamento (ver figuras 51 e 52). Isso indica que as ampliações ocorreram em fase posterior da obra, uma vez que essa forma de construir contraria a boa técnica de se realizarem os arremates finais de cima para baixo.

Assim, a fachada final resulta de uma sucessiva operação de adições. A solução que utiliza três corpos é encontrada em desenho assinado pelo arquiteto Giuseppe Sacchetti, que deve ter assumido a finalização da concepção das obras do Santa Helena. Uma foto publicada na revista *L'Illustrazione Italiana* (ver figura 23, na p. 107) mostra Sacchetti, no saguão do Santa Helena, ao lado dos irmãos Asson, sabidamente construtores do prédio, indicando sua participação na solução que prevaleceu ao término. A fachada final, embora realizada com muita habilidade, teve como resultado a negação dos princípios clássicos da composição tripartite, retirando do prédio, tal como concebido inicialmente, as relações entre ático, corpo e base.

A adoção da solução de três corpos tornou mais importantes os eixos dos corpos laterais, outorgando-lhes o caráter de verticalidade apropriado a um edifício de escritórios. O pavimento acrescentado ao corpo central como uma loggia procurou resolver o ático que vinha sendo preparado pelo andar inferior. Uma cúpula foi instalada no eixo central para reforçar a axialidade do conjunto (ver figura 40, na p. 121).

Entretanto, ao analisar a composição, percebe-se que no andar da transição do projeto de Corberi para o de Sachetti existe um friso de arremate contendo mútulos que, por origem, deveriam pertencer à cornija, indicando com nitidez o artifício de disfarce arquitetônico da operação imobiliária de sobrelevação do prédio.

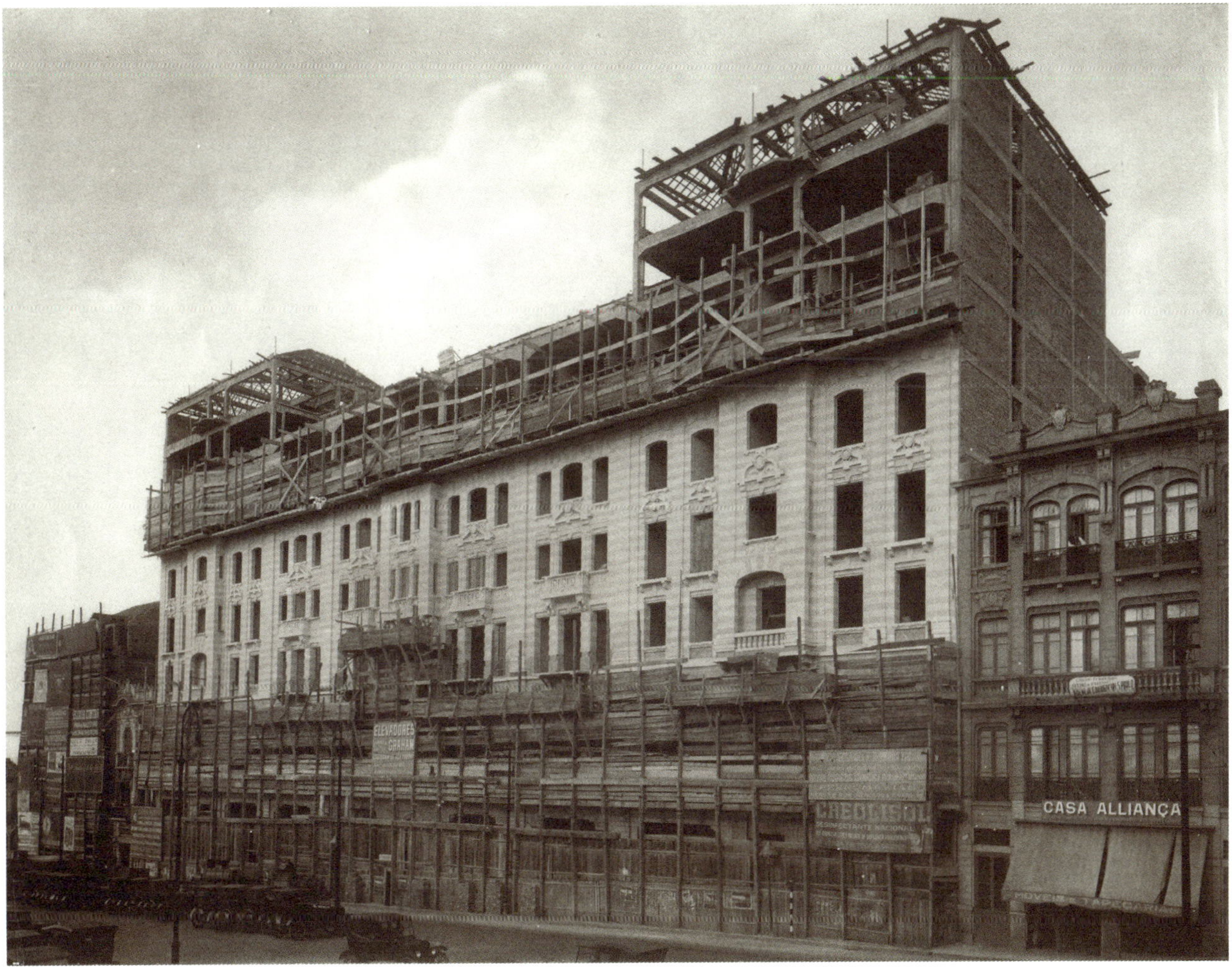

Figura 51. Foto da fachada em construção. Note-se a adição dos andares superiores.

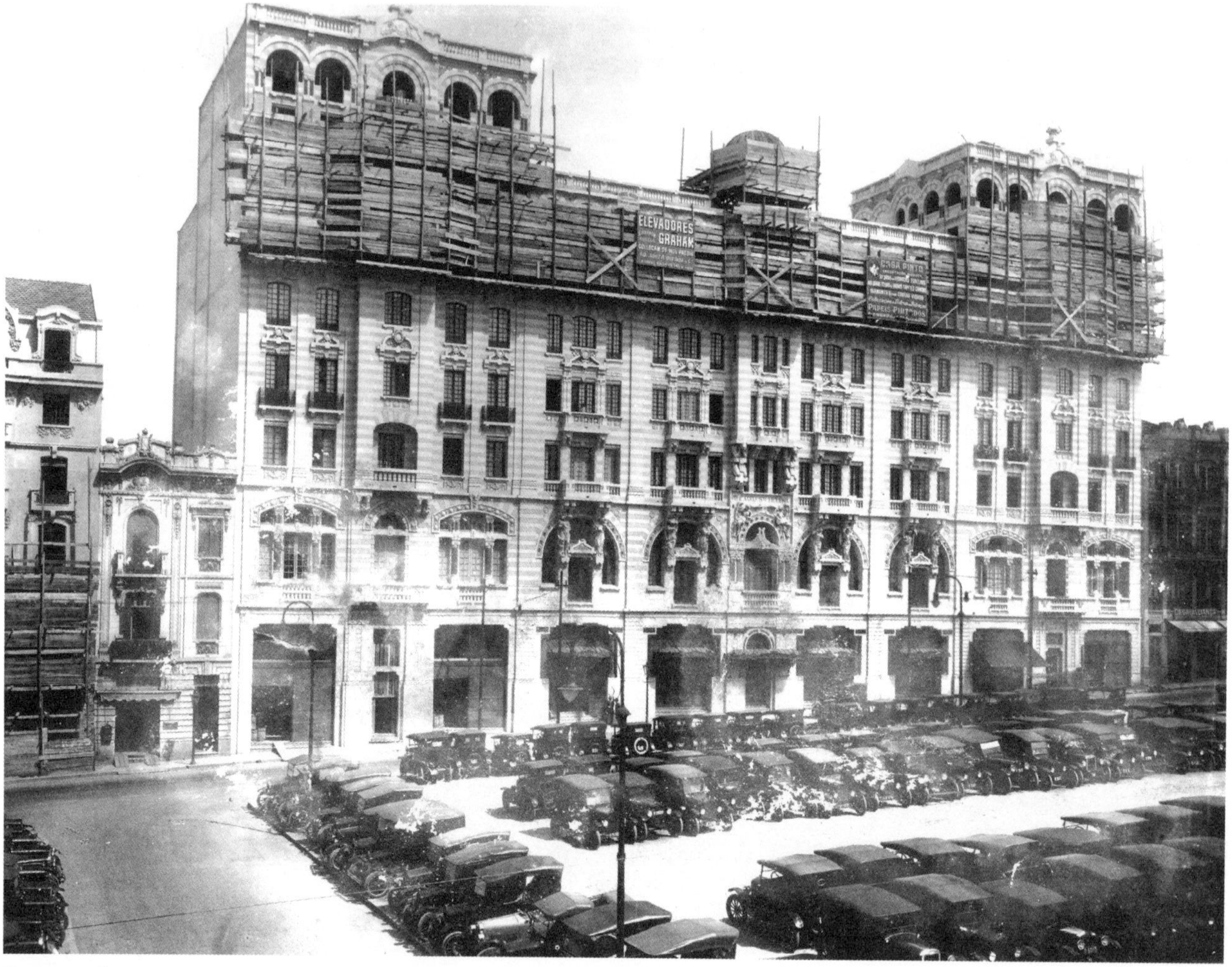

Figura 52. Foto da fachada em construção. Acabamento dos andares superiores realizado no final da obra.

Essas observações interessam-nos por instrumentarem uma visão da postura eclética de organização da composição dos edifícios. Ao que parece, a crítica dos "historicistas" aos modernos – de que não se poderiam empilhar andares repetidamente sem que se perdessem as proporções dos elementos postos em jogo pela arquitetura – não resultou de um discurso a respeito de regras. Revelou que o procedimento historicista foi mais usado como artifício de concessões do que em sua pureza doutrinária. Assim, com base em critérios de composição, ou seja, com a utilização de recursos como a sucessão de cornijas, era possível acrescentar pavimentos aos edifícios verticais, esquecendo-se da divisão entre base, corpo e ático.

As definições decorrentes da utilização do tipo e do caráter também podem ser observadas na fachada. A solução do caráter de dois edifícios do tipo arranha-céu de escritórios que ladeiam um volume do tipo teatro, indicado pelos arcos plenos, revela a etimologia empregada pelo pensamento de composição arquitetônica no ecletismo.

O mecanismo da composição pode ser interpretado por meio dos arranjos internos das plantas. Durante a segunda metade do século XIX, conforme notou Zanten, "composição" significava não só o projeto dos ornamentos e das fachadas, mas de todo o edifício, concebido como reunião de entidades tridimensionais vistas juntas em planta, corte e elevação.[20]

Na organização das plantas, o raciocínio de projeto baseia-se em dois procedimentos: nos andares de escritório, segue-se uma ordenação seqüencial do tipo salas enfileiradas; mas no bloco central as fileiras são distribuídas ao longo de um corredor, como em um prédio laminar. E nos dois blocos laterais a circulação obedece à forma de um quadrado, com salas voltadas para a frente, para o fundo e para as áreas (poços) de iluminação interna.

[20] Ver D. Van Zanten, "Architectural Composition at the École des Beaux Arts from Charles Percier to Charles Garnier", em A. Drexler (org.), *The Architecture of the École des Beaux Arts* (Nova York: Moma/MIT, 1977), p. 113.

As irregularidades do terreno acarretam adaptações das salas de escritórios lindeiras aos terrenos vizinhos, o que indica como o esquema rígido da composição esbarra nas imperfeições do desenho do lote (ver figuras 53 e 54). É interessante notar, contudo, que nenhuma das irregularidades perturba as simetrias das fachadas, que assumem sua função na subdivisão lógica dos alinhamentos.

O teatro, concebido com base na divisão entre palco romano e platéia, em formato de ferradura, assume sua tipologia encaixando-se muito bem na perna do "T". Nessa implantação há um artifício que revela uma astúcia de projeto. De que modo uma forma como a de ferradura, usada no teatro, sempre simétrica, pode ser encaixada em um "T" de dimensões assimétricas?

As plantas de Corberi já indicam o artifício utilizado (ver esquemas 1 e 2). A modulação da fachada é composta por oito portas grandes, que correspondem a duas em cada corpo lateral e quatro no corpo central. As três portas pequenas correspondem aos acessos dos escritórios, e o "acesso central" ao cine-teatro. As duas portas grandes dos corpos laterais destinam-se à abertura das lojas; das outras quatro portas grandes restantes, três correspondem ao corpo do teatro e uma, que resolve a assimetria, corresponde às circulações, aos sanitários e às áreas de apoio ao cinema e ao cine-teatro. Assim, há dois eixos de simetria: um interno, o da platéia, e outro externo, o da fachada. Na sala de espera do teatro, a porta de entrada central não coincide com o eixo das escadarias. Tudo foi previsto para que a composição de cada parte mantivesse o princípio da axialidade.

Um último critério deve ser estudado: o da escolha dos ornamentos e sua temática. Nessa escolha podemos entender o método e as soluções adotadas para a expressão do caráter e dos tipos de edifícios contidos no Santa Helena.

Para exprimir o caráter do cine-teatro foram utilizados, em seus quatro arcos, pares de musas. Sabemos da seleção de Melpômene (musa da tragédia) e Erato (musa da poesia amorosa), conforme vemos na figura 47 (p. 130). As musas, como nos mostra a mitologia greco-romana, são as protetoras das artes, e portanto foram agraciadas com estátuas postas na fachada do cine-teatro. Funcionavam como cariátides colocadas nos arcos plenos do teatro, sustentando os balcões dos pavimentos superiores.

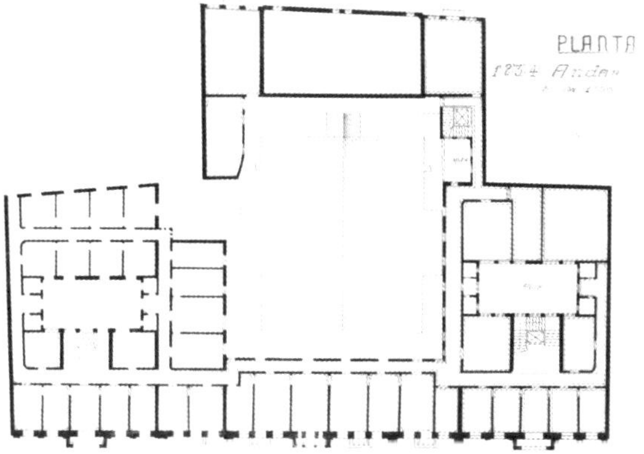

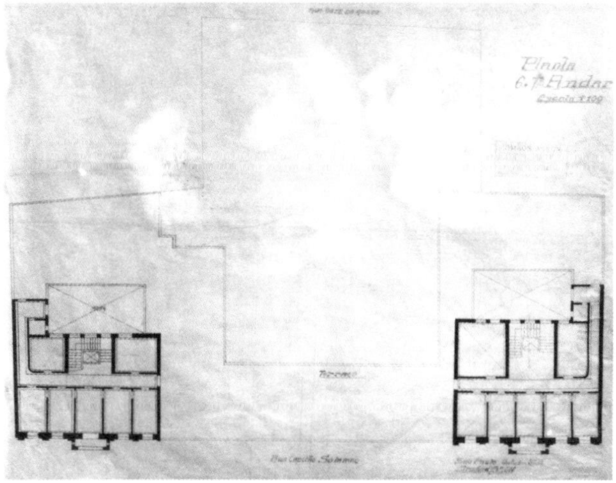

Figuras 53 e 54. Planta de um andar-tipo e do pavimento superior, com terraço entre os torreões.

A escolha era apropriada para o caráter do cine-teatro, entendido como local das artes, mas não se pode saber se nos demais arcos foram usadas reproduções das musas citadas ou se foram colocadas oito musas diferentes. Sendo assim, se existiam nove musas, qual teria sido descartada? Urânia, musa da astronomia, ou Clio, musa da história, seriam as mais cotadas a não comparecer.

São interessantes também outros elementos significativos para a expressão do edifício, como, por exemplo, o uso de dois atlantes para suportar o balcão central (ver figura 48, na p. 131). Atlas era uma divindade grega que, por ter tomado o partido dos titãs contra os deuses olímpicos, foi condenada por Zeus a carregar nos ombros a abóbada celeste. Com a utilização de sua figura, reafirmava-se a importância do "piso" do balcão central para reforço do eixo do prédio na composição.

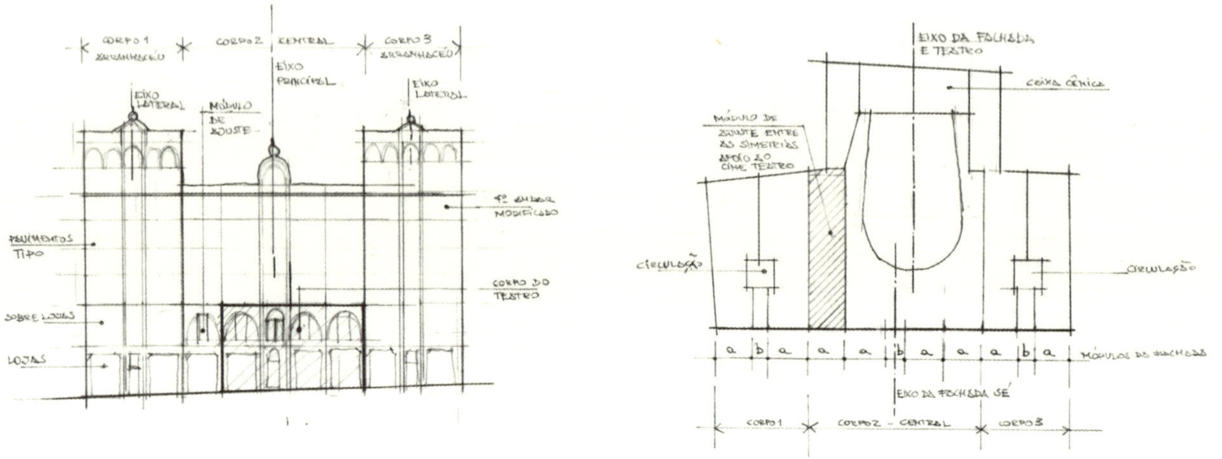

Esquemas 1 e 2. Fachada e planta mostrando a divisão dos corpos principais do edifício.

Nos corpos laterais, os balcões eram suportados por cabeças de touro, cuja referência não é de compreensão imediata. Na porta central do teatro foram postas as figuras que representam a Glória e a Fama, anunciando por meio de trombetas a entrada triunfal dos visitantes (ver figura 46, na p. 129).

Os três corpos da fachada da praça da Sé eram arrematados por platibandas com balaústres, recurso que, além de unificar a solução do arremate, escondia o telhado dos dois corpos verticais laterais. Nos eixos de simetria principal e secundários foram colocadas acrópoles para acentuar a verticalidade.

A fachada dos fundos manteve, na maior parte, a solução do projeto original de Corberi. Como se tratava, basicamente, de um fechamento da caixa cênica, em que não há necessidade de aberturas, exigia-se a simples criação de relevos e elementos para puro tratamento decorativo da fachada (ver figura 55). A acrópole do frontão do fundo, tanto no desenho original como na construção final, continha a imagem de uma lira, instrumento que representava a dança, o canto e a poesia. As laterais eram caracterizadas como dois edifícios simétricos, com cinco pavimentos cada.

As musas também foram tema da pintura realizada na cúpula do forro do teatro (ver figura 42, na p. 125). O imenso painel interno, pintado pelo italiano Adolfo Fonzari na abóbada do teatro, conforme texto da época, trazia, em um céu, "a História e a Fama no carro de Apolo, puxado por cavalos fogosos. No alto, musas e outras figuras simbólicas, grupos de cupidos e a Glória, que empunhava uma coroa de louros".[21]

O caráter da decoração interna, pode-se dizer, era de "luxo" (ver figuras 56 a 63). Luxo propiciado pelos acabamentos e detalhes, que buscaram caracterizar o ambiente como o interior dos grandes teatros europeus, cuja réplica já havia sido realizada pelo prédio do Teatro Municipal de São Paulo. O caráter de luxo também era próprio de várias salas de cinema da época:

> O Santa Helena, na praça da Sé, era dos mais luxuosos. Exibia as maiores produções americanas e realizava vesperais exigindo que os cavalheiros usassem "smoking". Seus concorrentes tinham nomes que evocavam pompa: Capitólio, Palácio, Imperial, Odeon, Roxy, Rex e assim por diante.[22]

Assim, observa-se que a organização arquitetônica do caráter definiu-se pela incorporação de vários elementos: as referências greco-romanas à cultura e às artes, a associação às tipologias do "palacete" e do arranha-céu e as características do luxo exigido pelas imagens e funções que o edifício pretendia conter.

O requinte das técnicas construtivas e a qualidade artesanal de sua execução enquadram-se na profusão dos elementos absorvidos pela solução eclética (ver figuras 61 a 63). Abrigavam-se, assim, as diversas e às vezes confusas seleções e agregações de vários elementos de ordem, tipo e caráter. Tudo

---

21 *L'Illustrazione Italiana*, cit., p. IX.

22 Okky de Souza, *São Paulo anos luz* (São Paulo: Cultura, 2003), p. 97.

isso dá ao Santa Helena a condição de exemplar naquilo que caracterizou a fisionomia da arquitetura paulistana no início do século XX: um ecletismo praticado por imigrantes italianos, quer engenheiros e arquitetos, quer mestres-de-obras, artesãos ou oficiais.

Essa arquitetura delineou-se em feitio próprio, do qual o Santa Helena era representante expressivo, pelo seu significado social e sua contribuição ao desenvolvimento de técnicas construtivas. Ou na formulação das pesquisadoras Salmoni e Debenedetti, em seu comentário sobre a arquitetura produzida pela imigração italiana:

> É natural formular essa hipótese, na verdade um pouco pessimista, quando se refletir que a obra dos construtores italianos, em fins do século XIX e início do século XX, deve ser julgada antes como fenômeno histórico e social que como um acontecimento de grande significação artística. Mas a questão apresenta um ponto positivo [...] Do ponto de vista construtivo, arquitetos e mestres-de-obras italianos introduziram e ensinaram aos paulistas uma técnica de construções bastante experimentada, famosa há séculos no mundo inteiro.[23]

Um destino paradoxal

A fachada do palacete, como as de mais alguns edifícios ecléticos, antes mesmo de a catedral neogótica adquirir suas torres, passou a configurar o espaço da praça da Sé, dando-lhe os ares de cidade européia. Completado por volta de 1925 – pouco antes da morte do proprietário, Albuquerque Lins –, o edifício viu seu cine-teatro ser inaugurado já no ano seguinte. Apresentava produções hollywoodianas, além de espetáculos cênicos e musicais. Nos anos seguintes, o Teatro Santa Helena destacou-se por sediar apresentações dos grandes nomes da música caipira: Cornélio Pires e seus "causos", o duo Jararaca e Ratinho, a trupe na qual se destacaria mais tarde o comediante Mazzaropi. Nele também estreou o jovem violonista Garoto, *virtuose* que faleceria precocemente.

---

[23] Anita Salmoni & Emma Debenedetti, *Arquitetura italiana em São Paulo*, cit., p. 100.

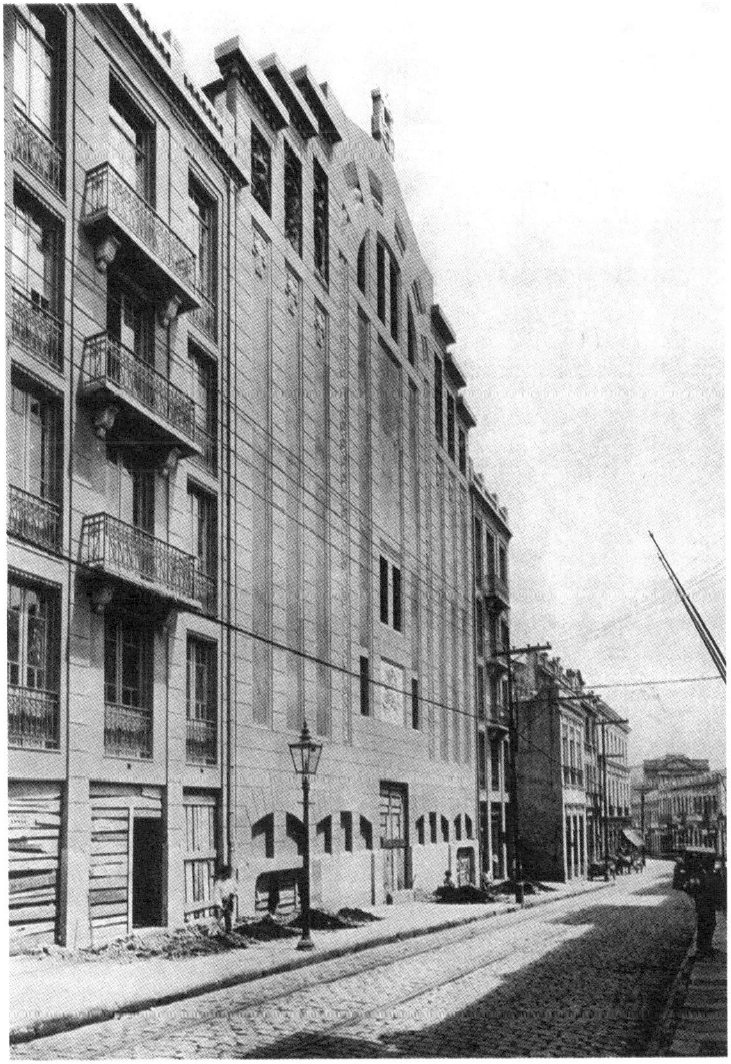

Figura 55. Fachada dos fundos do Palacete Santa Helena, na antiga rua Onze de Agosto.

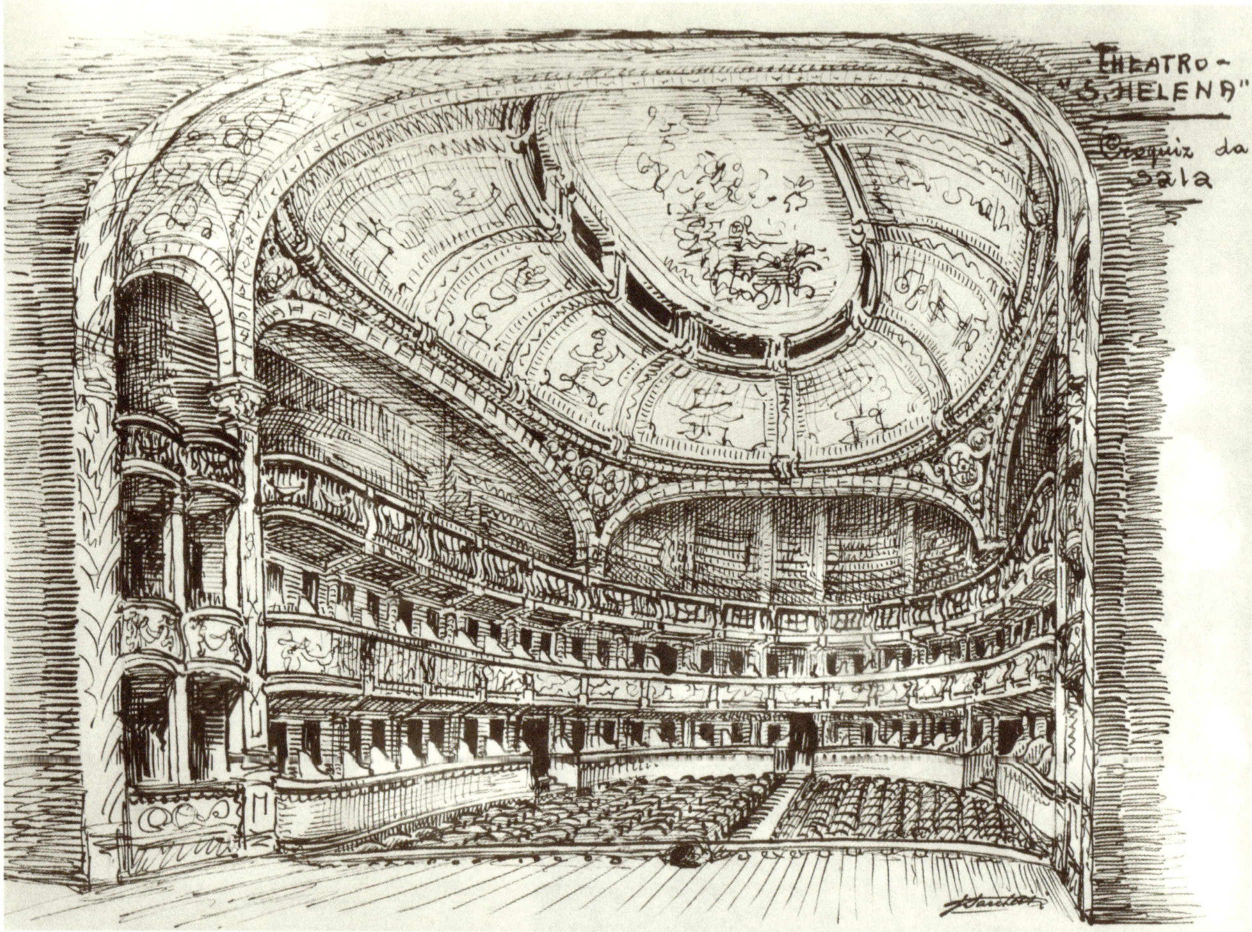

Figura 56. Croqui com perspectiva do Cine-teatro Santa Helena, de Giuseppe Sacchetti.

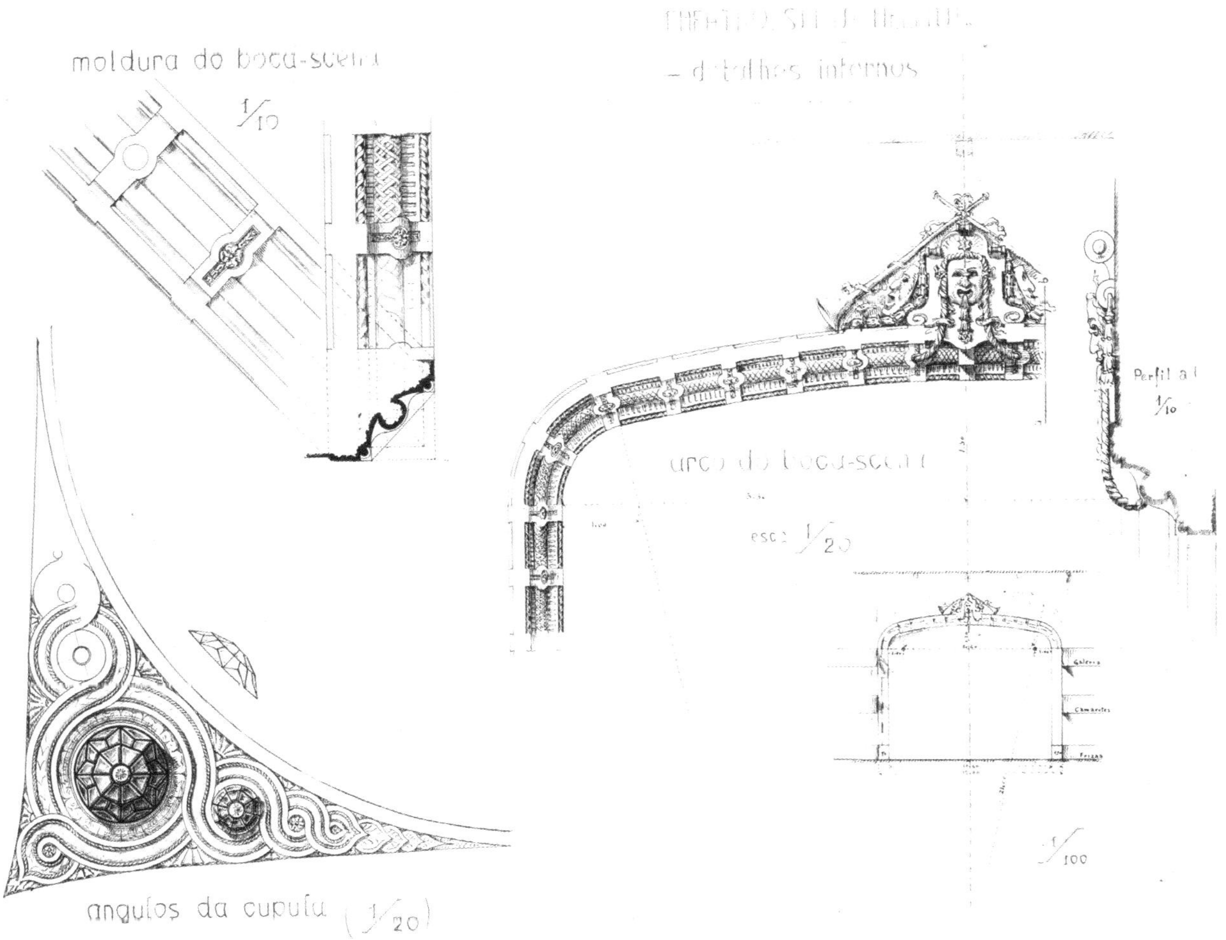

Figura 57. Detalhes do cine-teatro: moldura e arco da boca de cena e ângulos da cúpula.

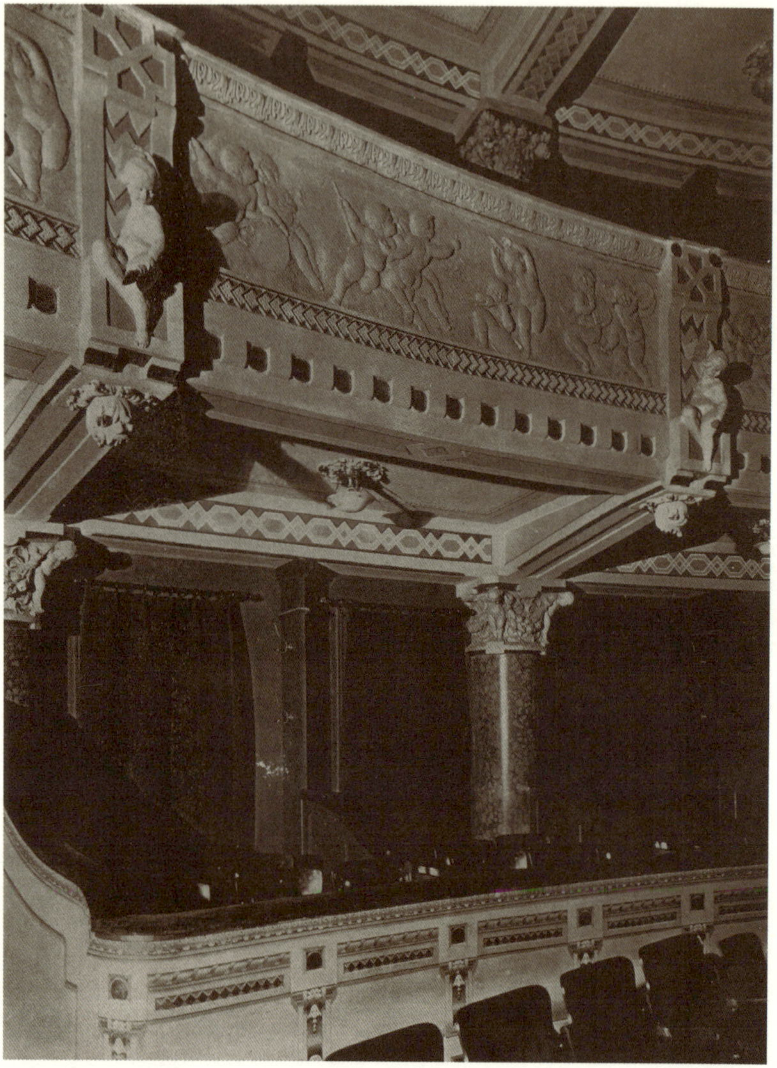

Figura 58. Detalhes do cine-teatro: frisas.

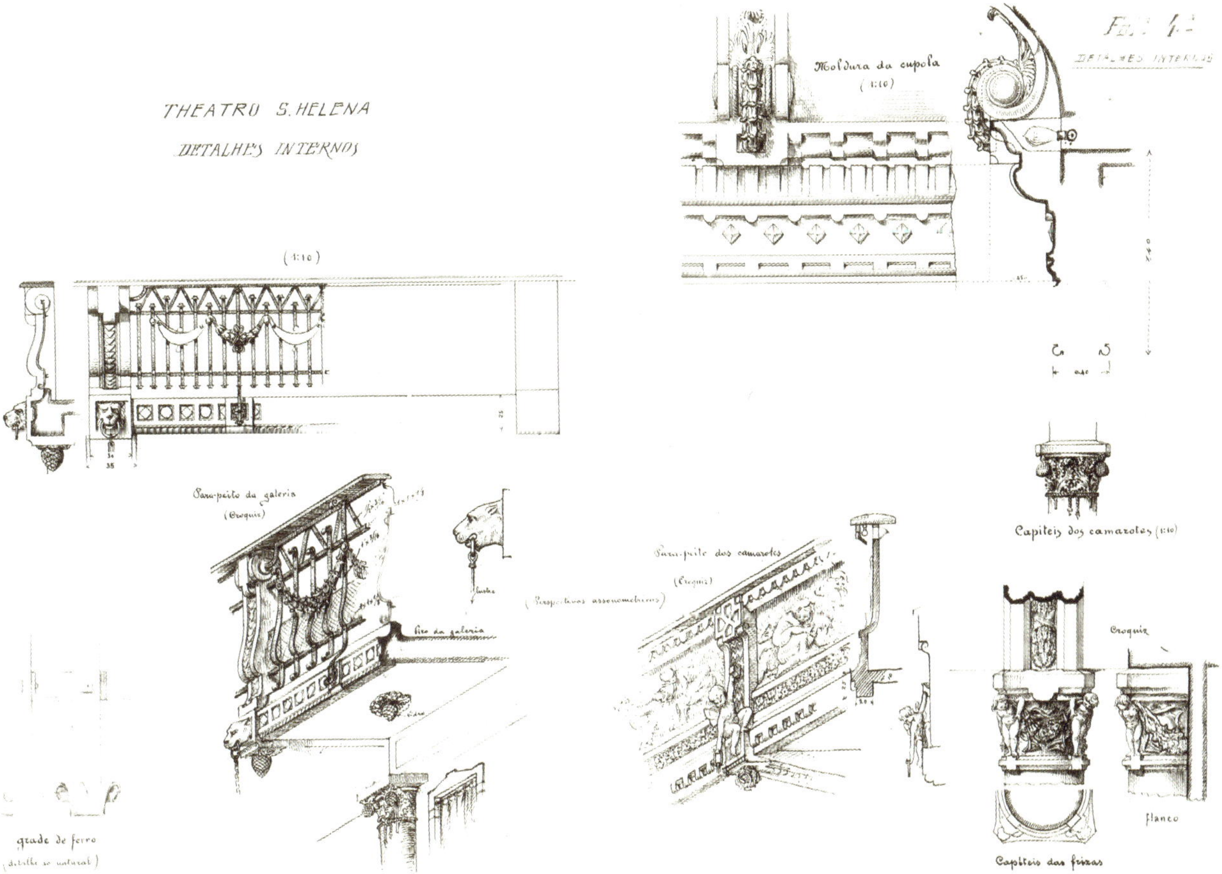

Figura 59. Detalhes do cine-teatro: parapeitos, capitéis e moldura da cúpula.

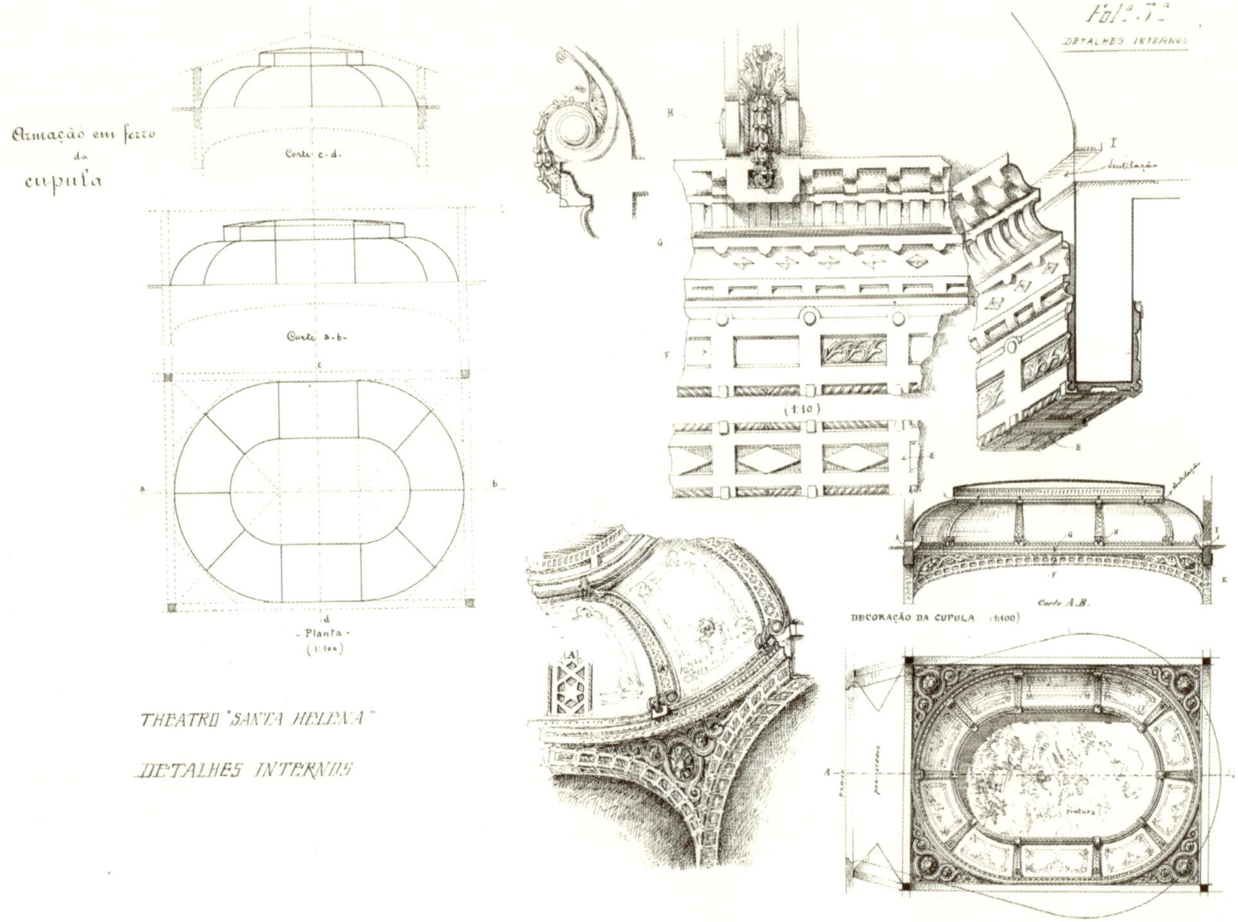

Figura 60. Detalhes do cine-teatro: armação e decoração da cúpula.

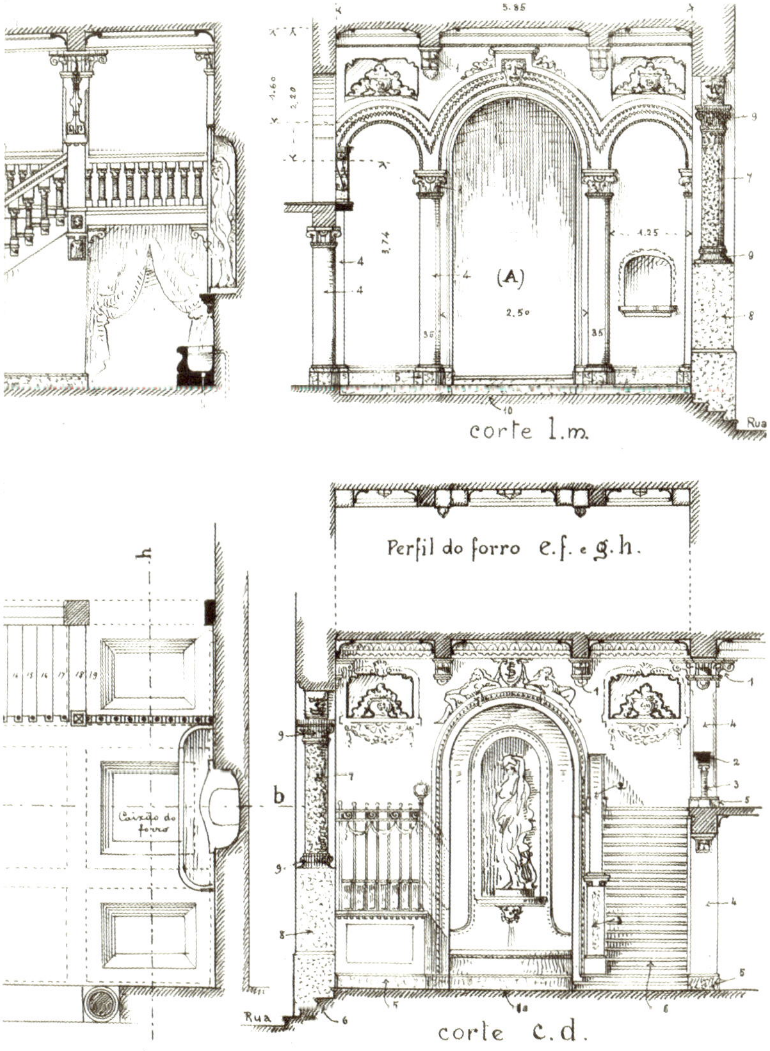

Figura 61. Detalhes do cine-teatro: croqui da escadaria.

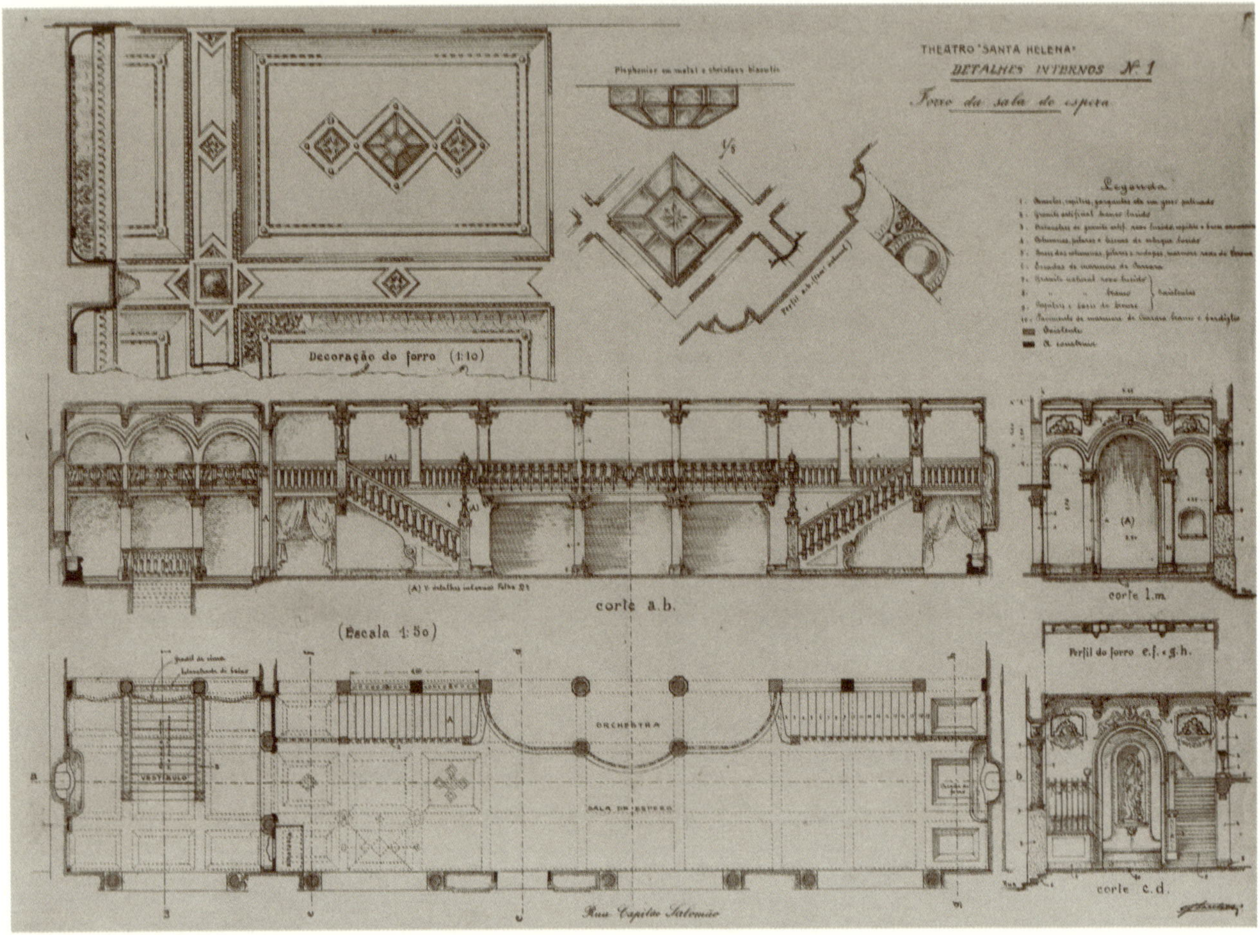

Figura 62. Detalhes do cine-teatro: planta e corte do vestíbulo e da sala de espera com detalhes do forro e do plafonnier.

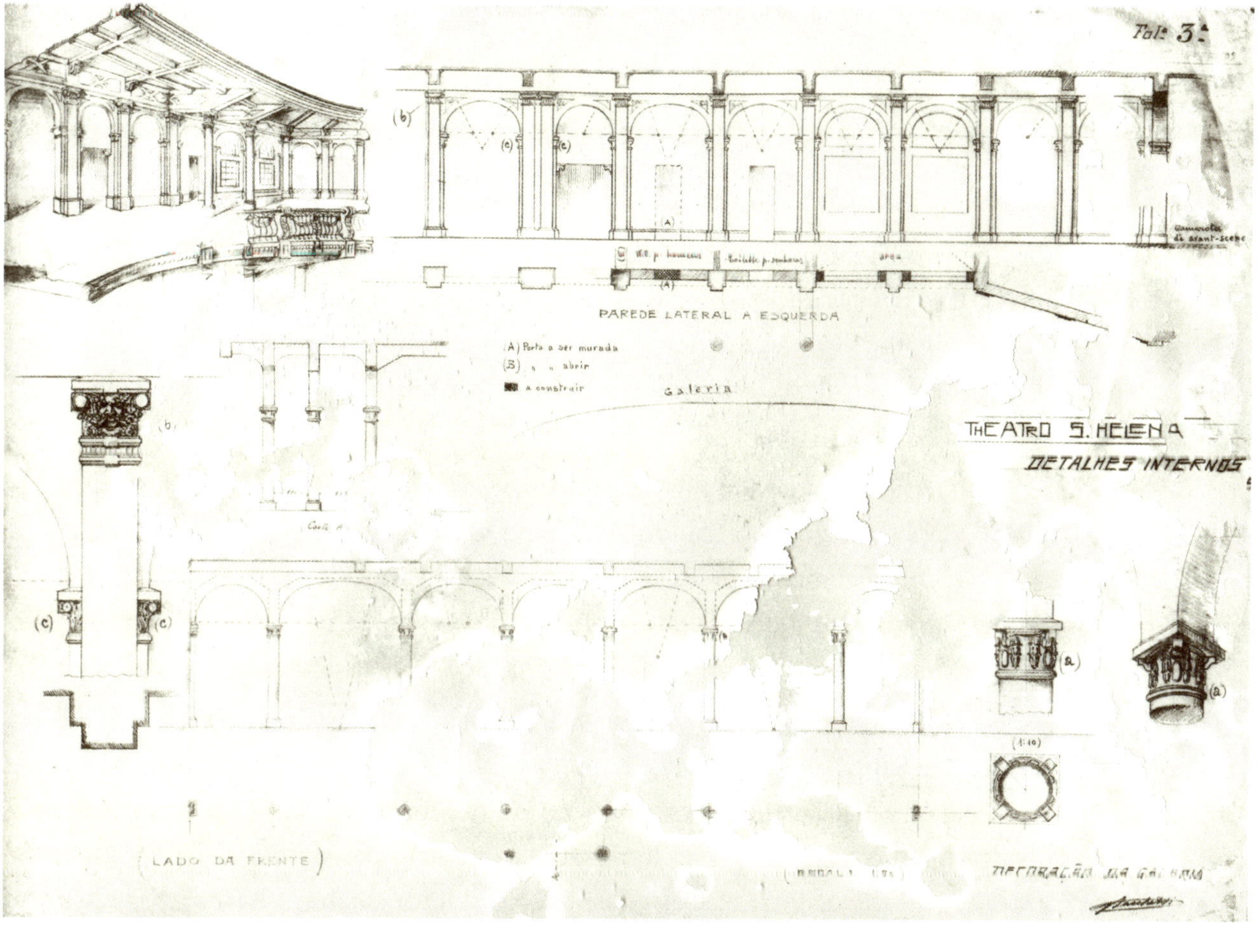

Figura 63. Detalhes do cine-teatro: decoração da galeria.

Esse tom popular e caipira destoava, porém, da elaborada decoração e do luxo propostos no projeto (ver figura 64). Na verdade, as atrações do Teatro Santa Helena eram representativas do drama vivido pelo Centro Velho, submetido a uma decadência prematura mal secava o cimento das obras que transformaram a região ao longo das primeiras décadas do século XX. Lindeiro à porção mais popular, operária e fabril da cidade – a futura Zona Leste –, o trecho da colina histórica próximo da praça da Sé viu-se tomado por uma população que não correspondia às pretensões elitistas dos reformadores do Centro sob a República Velha.

Ali e no largo do Tesouro situavam-se os pontos finais dos bondes do Brás, da Mooca, da Penha e de outros subúrbios de baixa renda, em constante expansão. Logo a praça da Sé, tomada nos anos 1920 pelos automóveis dos privilegiados, foi aproveitada como terminal de ônibus. A seu lado surgiu, na gestão Prestes Maia (1938-1945), a gigantesca praça Clóvis Bevilacqua (ver figura 65), em local antes destinado ao Paço Municipal, reconcebido como principal terminal de transporte coletivo da cidade, atendendo a toda a região Leste.

Os ricos e poderosos migravam cada vez mais para o lado oeste do Centro: Patriarca, Líbero Badaró, Anhangabaú, Barão de Itapetininga, consagrando finalmente o Centro Novo como região de maior prestígio, que passou a reunir o comércio de luxo e os serviços mais qualificados a partir do segundo pós-guerra. Ao Centro Velho restou a decadência, e seus prédios – também comprometidos por não terem garagens, pela dificuldade de estacionamento na colina, pela pedestrianização das vias e por sua própria configuração interna, em miríades de salinhas apertadas – desvalorizaram-se rapidamente.

Nesse quadro, o Palacete Santa Helena viu surgir, no lugar do prestígio social visado de início, uma nova vocação – a de pólo de artistas e movimentos operários. Ao oferecer uma profusão de pequenas salas, alugadas a preços módicos, além da boa localização, o edifício passou a atrair profissionais e grupos de menor poder aquisitivo, entre eles as organizações sindicais e de esquerda que, na época, dependiam do esforço voluntário e das pequenas contribuições de seus filiados para sobreviver.

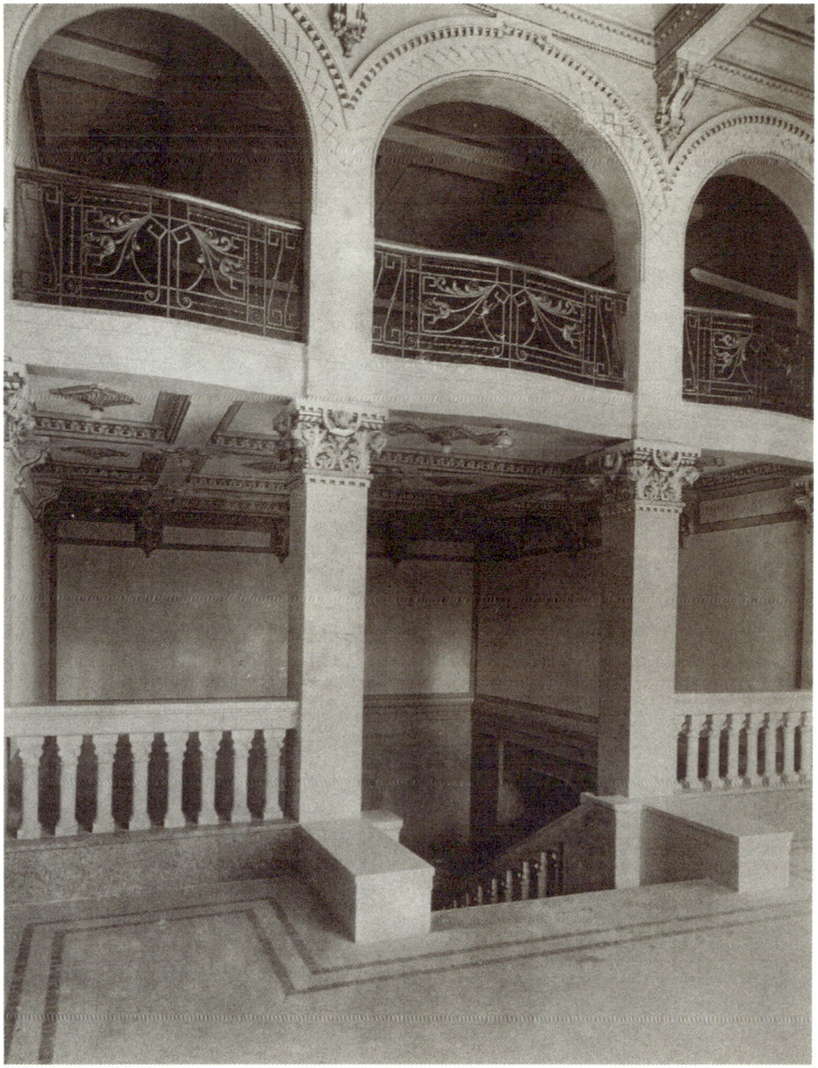

Figura 64. Detalhes do cine-teatro: acesso ao subsolo (salão de festas, depois transformado em Cinemundi, com ampliação da escadaria).

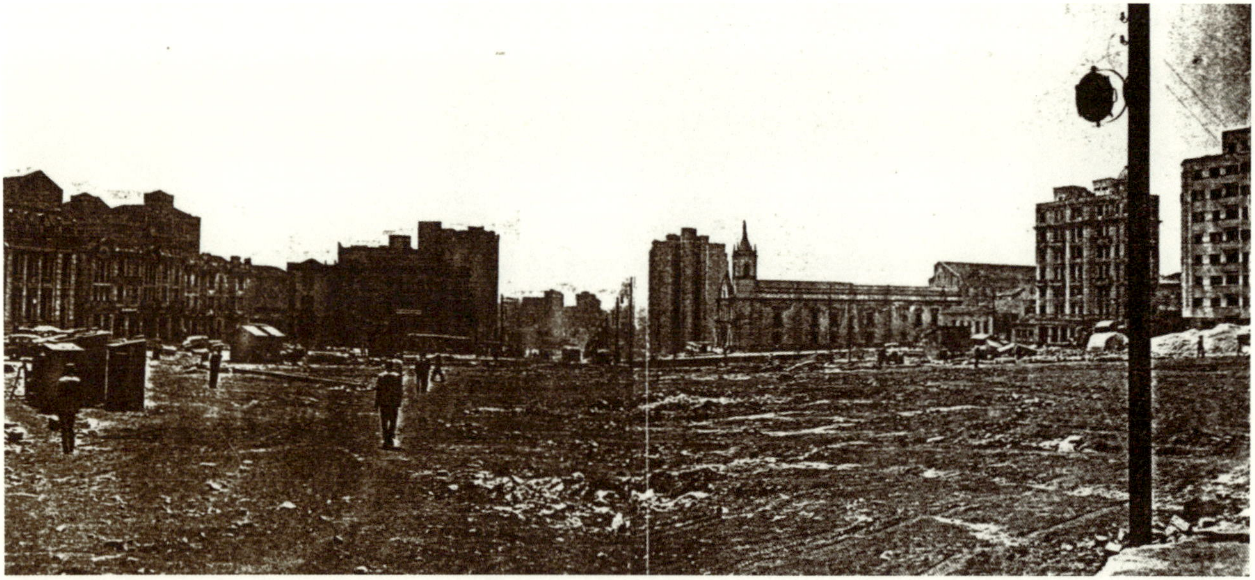

Figura 65. Demolições para abertura da praça Clóvis Bevilacqua, nos anos 1940.

De 1934 a 1954 abrigou o Sindicato dos Metalúrgicos do Estado de São Paulo, fundado em 1932 por trabalhadores da Metalúrgica Matarazzo, situada na Água Branca, e da Fundição Diez, no Brás. Nos anos 1930, filiado à Coligação dos Sindicatos Proletários de São Paulo, o sindicato participou da campanha por uma caixa de aposentadorias e pensões que levaria à criação do IAPI anos depois; e lutou por direitos trabalhistas, como a jornada de oito horas, as férias e o salário mínimo, o que motivou a Primeira Concentração dos Operários Metalúrgicos em 1935. Nas décadas seguintes, o Sindicato dos Metalúrgicos se tornaria um dos mais poderosos e atuantes do país, mudando-se em 1954 para instalações maiores na rua do Carmo, próximas da sede anterior.

Abrigou também o Sindicato dos Empregados no Comércio e várias organizações de esquerda, muitas delas vinculadas ao Partido Comunista, como o Centro Juvenilista, ligado à Aliança Nacional Libertadora (ANL) – que preparava em 1935 o Congresso Nacional Juvenil Comunista – e à Juventude Popular, Estudantil e Proletária – da qual fizeram parte Jorge Amado e Carlos Lacerda. No encontro para a preparação desse congresso, o Departamento de Ordem Política e Social (Dops) invadiu o Santa Helena e prendeu várias pessoas, entre elas uma jovem militante romena e judia de 16 anos, Genny Gleizer. A prisão, os maus-tratos que sofreu por parte da polícia e sua posterior deportação suscitaram uma acalorada campanha por sua libertação, liderada por Paulo Emílio Sales Gomes, com apoio de Mário de Andrade e inúmeros políticos de oposição ao Estado Novo de Vargas. Mobilizando a opinião pública e antecedendo outros casos, como o de Olga Benário Prestes, a campanha foi precursora da luta pelos direitos humanos no Brasil.

Operários e comunistas que freqüentavam o Santa Helena não limitaram sua atuação à militância política e sindical. Alguns se dedicavam às artes, com destaque para o conjunto de pintores, vários deles originalmente artesãos ligados à construção civil, que formaram aquele que seria denominado grupo Santa Helena: Alfredo Volpi, Mário Zanini, Giuseppe Pancetti, Francisco Rebolo, Clóvis Graciano, Manuel Martins e outros. Em aulas de desenho ministradas no prédio, outro freqüentador, João Batista Vilanova Artigas, conheceu sua esposa Virgínia.

Na mesma época, entre 1937 e 1938, Artigas associou-se ao pioneiro do modernismo paulista, Gregori Warchavchik, para participar de concurso para o novo Paço Municipal, lançado pelo prefeito Fábio Prado e julgado já na gestão Prestes Maia. O edifício deveria ser construído no local depois ocupado pela praça Clóvis, logo atrás do Santa Helena. Batizado de "Praça Cívica", o projeto marca a conversão de Artigas à arquitetura moderna. Resolveria de forma brilhante o agenciamento do local, respeitando as relações de escala e volume presentes na região, e conferindo novo prestígio à área da Sé. Infelizmente, o projeto de Warchavchik e Artigas não foi premiado, e a idéia de construir o paço ali acabaria sendo descartada pela Prefeitura (ver figura 66).

Mesmo esse florescimento durou pouco. Após alguns anos, a maioria dos artistas deixou o prédio, assim como os sindicatos, que ganharam sedes maiores, ao ser inseridos nos esquemas corporativos e populistas do pós-guerra. Dividido entre os herdeiros de Manuel Joaquim de Albuquerque Lins e Helena de Sousa Queirós, o Santa Helena havia perdido sua atratividade como empreendimento rentista. No bojo da crise dos aluguéis e da Lei do Inquilinato de 1942, foi vendido ao IAPI, em 1944. Enquanto o cinema passava a exibir produções baratas, as salas eram alugadas para os ocupantes mais diversos, entre eles um curso de madureza – o Educabrás – que ocupou parte substancial do edifício nos anos 1960. Muitas salas, porém, não encontravam inquilinos, e o prédio foi se esvaziando.

Esse processo foi apenas se agravando até 1971. Naquele ano, em um momento em que o patrimônio arquitetônico do período eclético era desprezado pela mentalidade modernista predominante, o Santa Helena foi comprado pela Companhia do Metropolitano e demolido, junto com os demais edifícios da mesma quadra, com o fito de ampliar a praça da Sé, anexando-lhe a praça Clóvis Bevilacqua, e possibilitar a construção da estação de entroncamento das linhas Norte–Sul e Leste–Oeste do metrô.

Hoje, o transeunte que olha na direção da catedral, já concluída e restaurada, não mais desfruta da configuração de simetria e fechamento proporcionada pelo Santa Helena e seus vizinhos. Poderá imaginá-la, espelhando, pelo eixo de simetria da igreja, o conjunto de prédios remanescentes do lado direito da Sé. Além disso, poderá reconstruir mentalmente a configuração arquitetônica do ecletismo tardio da Capital do Café, reconhecendo-a na permanência de alguns velhos contemporâneos do Santa Helena, como o Edifício Palacete São Paulo (1924) e o Edifício Dom Luiz (1928).

Do lado esquerdo da praça atual, o perfil do limite é irreconhecível, sendo a simetria apenas insinuada por um conjunto de palmeiras. Do lado direito ainda pode ser vista a parede de fechamento da praça nos termos que definiram a feição do centro da cidade até os anos 1960; do outro, temos um vazio, característico do despojamento e da eficácia da cidade moderna e das exigências incontornáveis de seus sistemas de transporte.

Fixadas essas imagens, não há como se debruçar na análise arquitetônica e urbanística do edifício sem lembrar as polêmicas contidas no processo acelerado de mutação de uma cidade em que, no dizer de Caetano Veloso, se "ergue e destrói coisas belas".

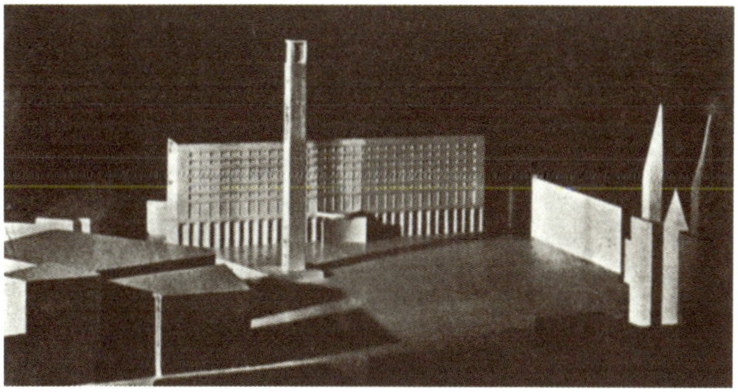

Figura 66. Foto da maquete do projeto Praça Cívica, de Warchavchik e Artigas, apresentado no concurso para o Paço Municipal, em 1938.

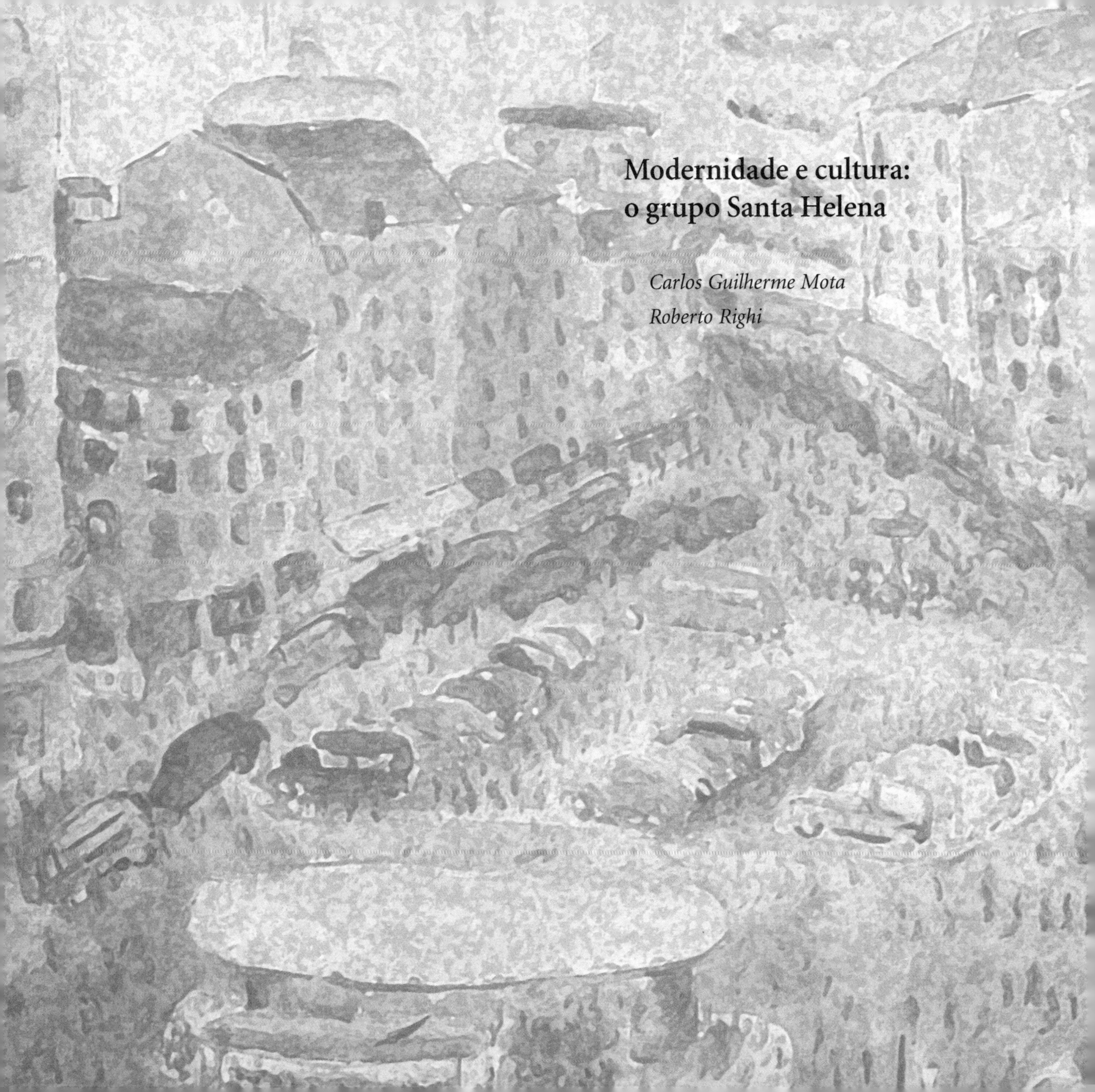

Modernidade e cultura: o grupo Santa Helena

Carlos Guilherme Mota

Roberto Righi

Contexto socioeconômico

Na virada do século XIX para o século XX, o Brasil, com sua vida econômica fortemente pautada durante o Império pelas presenças inglesa e francesa, passou a sofrer outras influências européias, sobretudo a italiana e a espanhola (essa, pouco estudada), além do antigo e constante paradigma da cultura luso-brasileira, reassumido nesse momento por algumas correntes. Esse fenômeno foi mais perceptível nas artes e nos ofícios, nos processos construtivos e em outros setores da vida econômico-social e cultural.

A Proclamação da República em 1889 ocorrera em um contexto de fortalecimento intenso dos vínculos e da participação internacional do Brasil e de outros países da América Latina (Argentina, México, Chile e Uruguai, em particular), assim como da presença política e econômica aqui de muitos países, especialmente das potências hegemônicas da época. Na entrada do século XX, a cidade de São Paulo já começara a polarizar o cenário econômico e também social não só brasileiro, mas da própria América do Sul (a expressão "América Latina" ainda não era moeda corrente nos estudos e análises de então). Com o porto de Santos, a capital paulista tornara-se o foco de intenso processo de urbanização, alavancada pela industrialização e pela ativação de um poderoso centro comercial e econômico-financeiro. Por outro lado, graças ao acesso a uma vasta rede hidrográfica que se espraiava em direção à hinterlândia, a interiorização dessa economia traduziu-se, aliás, desde a eclosão dos ciclos produtivos passados, na abertura de novos núcleos urbanos pelo interior e na intensa construção de estradas de ferro, iniciadas no século XIX.

Santos, já o maior porto da América do Sul, foi denominada na virada do século a "Barcelona Brasileira", devido à intensa politização de seus trabalhadores. Porta principal de entrada não só para a capital, mas para Jundiaí, Campinas e todo o "Oeste Velho", inaugurou o século XX paralisada por um movimento grevista. É que os imigrantes socialistas, anarquistas, anarcossindicalistas e outros rebeldes ou revolucionários destilavam aí suas primeiras contribuições ao jovem país para o qual se viram transplantados. Nas décadas seguintes, a cidade portuária também será foco de intensa vida cultural. Um exemplo basta para dar a medida de sua importância: nos anos 1940-1950, Santos abrigou, além de vários hotéis, restaurantes e cassinos de alto luxo, a melhor livraria do país e alguns colégios de excelente nível.

Os anos 1920 e 1930 serão tributários, em larga escala, dessas novas ideologias e valores histórico-culturais, trazidos pelos imigrantes chegados em grande número, a ponto de, em alguns momentos, constituírem a maioria da população. Na capital paulista, Volpi, Rebolo, Pancetti e tantos mais serão a melhor expressão dessa onda, que, manifestando-se também no plano cultural e político, trouxe uma nova maneira de enxergar, pintar, construir as "nossas coisas". Ajudaram a desenhar nossa identidade.

Que era a São Paulo de então? Qual o seu clima sociocultural, em toda essa transição? Não por acaso, tornou-se emblemática, nesse longo período de implantação de uma sociedade urbano-industrial, a trajetória de Francisco Matarazzo, imigrante italiano que, de fabricante e vendedor de velas em Sorocaba, constrói, até o final dos anos 1930, o maior complexo fabril da América do Sul. Inúmeros exemplos de presenças e percursos assemelhados em eventos, atividades profissionais e variadíssimas produções concretas podem ser encontrados em todas as esferas, de serralharias e marcenarias a oficinas e lavouras.

Um viajante observou que, em São Paulo, tinha por vezes a sensação de estar em uma cidade italiana, se considerasse antes de mais nada a sonoridade da vida social paulistana. Notava-se tal presença na imprensa (em que dominava o célebre jornal da colônia italiana, o *Fanfulla,* que chegou a disputar com *O Estado de S. Paulo* a maior tiragem do estado), na cozinha, na mentalidade empreendedora dos que vinham "fazer a América", nas indústrias nascentes e até na tradição operística que se ia criando nos principais centros urbanos.

Por falar em música e canto lírico, o universo paulista abria-se para o mundo: Enrico Caruso, Beniamino Gigli, Gino Becchi e muitos outros visitantes famosos tornaram-se conhecidos em Campinas, São Paulo, Santos, Ribeirão Preto, como também no Rio de Janeiro e em Manaus. Em contrapartida, músicas brasileiras – de autoria de Dorival Caymmi ou Catulo da Paixão Cearense, por exemplo – entraram para o repertório de alguns desses cantores italianos.

E isso não se dava apenas na música, pois artistas de variada procedência trouxeram uma outra vida aos teatros, à emergente produção cinematográfica e às artes plásticas, participando dos eventos movimentados de uma vida cultural que se tornava bastante urbanizada. Também se notam artistas nacionais que, como Alexandre Levy, ainda na música, esmeram-se por absorver as práticas e sensibilidades que chegam do exterior.

São Paulo, pólo importante na política imigratória brasileira e centro urbano crescentemente politizado, receberia fortes, sucessivos e cada vez maiores impactos de renovação na frente da cultura. Vem desse cadinho sociocultural a maior parte dos produtores a intervir nesse processo de aculturação tropical. Se considerarmos somente as pinturas sobre a cidade de São Paulo nos anos 1910-1930, verificaremos que os artistas, em sua maioria, eram de origem italiana.

Mas esse fenômeno pode ser mais bem entendido seguindo-se a leitura que Claude Lévi-Strauss faria de São Paulo cerca de vinte anos depois, em seu clássico *Tristes trópicos*, no qual indica quanto havia mudado a sociedade paulista com a formação, presença e disputa histórica de duas oligarquias concorrentes: a paulista, tradicional e assentada, e a nova, italiana, constituída de uma burguesia *parvenue*, adaptada a São Paulo em um período brevíssimo de duas ou, quando muito, três gerações.[1]

[1] Claude Lévi-Strauss, *Tristes trópicos* (Lisboa: Edições 70, 1993).

Nessa conhecida descrição da Paulicéia, o antropólogo francês exprime bem a principal polarização social que tem como palco a cidade, num tempo em que o chamado grupo Santa Helena produzia nas proximidades da praça da Sé. Uma absorção atenta dessa memória permite constatar que transformações substantivas operavam no interior da classe burguesa. De fato, com a urbanização e a modernização da vida e das comunicações, dá-se uma mudança do sistema de poder, e a elite até então dominante vai sendo obrigada a abandonar uma certa "consciência amena de atraso", para utilizarmos a expressão de Antonio Candido. Uma visão de mundo de forte apelo rural, aristocratizante, algo provinciana em sua autoconfiança, elitista e afrancesada, vê-se obrigada a ceder algum espaço no cenário econômico e sociocultural, em face do desafio proposto pela presença ativa de uma nova burguesia de imigrantes enriquecidos.

Nessa descrição, aparecem essas duas frações da burguesia mirando-se, face a face, nas alamedas da cidade (no caso de *Tristes trópicos,* no atual largo do Arouche). Eis um tema sociológico digno de um Luchino Visconti, cineasta italiano, autor de obras como *O leopardo* e *Os deuses malditos,* em que se patenteia uma percepção aguda dos tempos histórico-sociais e do sentido da história. Sentido que deve ser apurado no trato dessa história paulistana profunda, na qual esses "italianinhos" ou "galegos" afirmavam-se em relação às oligarquias, adquirindo assim direito à cidade, como José (Giuseppe) Pancetti ou o espanhol Francisco Rebolo Gonsales, freqüentadores do Edifício Santa Helena. Em outro espaço geográfico e social, também destinado a melhor preparar não só a cidade, mas o estado e o país – a Universidade de São Paulo, criada em 1934 –, os filhos de imigrantes ainda deveriam esperar uma ou duas décadas para ter um lugar ao sol, como alunos, mas sobretudo como professores.

Recuemos um pouco nessa história. A construção da ordem republicana não se deu de imediato, logo após a proclamação; ao contrário, foi um processo lento, iniciado bem antes, e ligado à modernização de instituições políticas, sociais e culturais. Na segunda metade do século XIX, após a Guerra da Tríplice Aliança (a denominada Guerra do Paraguai), frações da elite dirigente deram-se conta, em várias regiões do país, do enorme atraso em que o regime imperial vinha mantendo a nação. A ordem escravocrata, aliada ao medíocre desenvolvimento urbano, à infra-estrutura precária nos principais centros, à presença hegemônica de uma visão ruralista do mundo, à insignificância das instituições de caráter universitário e científico, demarca e asfixia os horizontes dessa sociedade. Sociedade que se vai descobrindo ainda imersa, sufocada pela persistência do já distante passado colonial.

Em 1889 se dá a ruptura política, com o fim da monarquia, mas o quadro cultural e ideológico vigente não se afasta muito daquele predominante sob o reinado da Casa de Bragança. Só em torno dos anos 1920, já como indicadores de um novo ambiente social, Gilberto Freire, Anísio Teixeira, Mário de Andrade, Astrojildo Pereira e Monteiro Lobato serão alguns dos muitos críticos desse espantoso atraso cultural e artístico. Esses "redescobridores" do Brasil surgem, aliás, na tradição radical inaugurada por Euclides da Cunha em 1902, com sua obra *Os sertoes*, e, em 1905, por Manuel Bonfim – um dos mais iracundos e (não sem razão) esquecidos críticos de nossa história áulica, oligárquica e bragantina.

Mas a República teve, desde o início, e com a bagagem sociocultural e jurídica disponível, de administrar dois processos concomitantes, dos quais se beneficiará: o da liquidação difícil do legado da sociedade escravocrata (a Abolição ocorrera em 1888, mas o regime escravista deixou pesada herança para as novas gerações) e o da inserção, no conjunto da população e nas instituições sociais preexistentes, dos imigrantes, cuja chegada em massa aos portos do Sul do país começara nas duas últimas décadas do século XIX, intensificando-se no primeiro quartel do século XX. E Santos foi um dos principais pontos de chegada desses desenraizados brancos europeus.

A esses dois processos ligam-se outros dois, não menos importantes – na verdade, decisivos – para a definição do Brasil moderno: a industrialização e a urbanização de São Paulo e de outras poucas cidades adjacentes. Industrialização, imigração e urbanização serão os três elementos básicos responsáveis pela transformação profunda dessa região do país.

O grupo Santa Helena surgirá na confluência geográfica desses processos, situada exatamente no ponto central de São Paulo, a praça da Sé, junto ao famoso Marco Zero. Aliás, *Marco zero* é o título de uma obra de ficção de Oswald de Andrade, ambientada na cidade. Pois bem, a República estruturara-se com base nos estamentos locais, de forte teor oligárquico. Nada obstante, os setores dominantes e seus auxiliares e representantes, no Sul (de São Paulo, em particular, como principal foco político-social) conseguiram elaborar projetos que possibilitaram a passagem, traumática, sem dúvida, para o trabalho assalariado.

Nessa transição, os mecanismos de controle político-social permaneceram nas mãos de um círculo de ferro do poder. O exemplo da política do café-com-leite (a ocupação da Presidência da República alternando-se entre políticos de Minas Gerais e São Paulo) é eloqüente quanto a isso, tendo constituído uma das motivações da Revolução de 1930, a qual acarretou uma ruptura, tornando possível a ascensão de outros grupos, o que abriu a Era Vargas (1930-1954). A organização partidária restringia o poder aos chefes locais, aos "coronéis", ilustrados ou não, sob a vigilância do conservador Partido Republicano (que tinha em cada estado uma denominação local, como, em São Paulo, o Partido Republicano Paulista, mais conhecido pela sigla PRP).

Na província de São Paulo, a cidade de São Paulo dominava o cenário, e, na cidade, a praça da Sé constituía o centro das manifestações e dos encontros de ordem política, social e cultural. Um esboço de sociedade civil moderna teve lugar nela, em sua vizinhança imediata e nas ruas adjacentes, vicejando em seus escritórios, nos bancos, na Bolsa, nos tribunais, jornais, restaurantes e bares. E fazendo um contraponto ao entorno do Pátio do Colégio, mais associado ao poder político.

Como outro indício das mudanças que se produziam na sociedade, surgem intelectuais que procuram dar novo sentido e um sopro de atualização ao estado e ao país, em busca de uma nova compreensão do processo cultural vivido. Com raízes e visões de mundo gestadas no Vale do Paraíba, que então já perdera sua importância econômico-social para o Oeste Velho (com foco em Campinas) e para a própria cidade de São Paulo, adquirem relevo as teses político-culturais de Monteiro Lobato, oriundo da vale-paraibana Taubaté, com um vastíssimo e generoso projeto de *aggiornamento* (atualização, modernização) do país, e Plínio Salgado, vindo de São Bento do Sapucaí. Duas vertentes de compreensão do que são os paulistas, com desdobramentos à esquerda e à direita, respectivamente.

Usos urbanos da praça da Sé

Por sessenta anos, entre 1912 e 1972, a praça da Sé, sendo aquele ponto de confluência antes referido, passou por grandes mudanças físicas que criaram uma configuração e uma estrutura urbanística mais articulada e definida. Com isso, esse espaço deixa de ser um enorme vazio para tornar-se uma expressão da identidade urbana de São Paulo.

No ano de 1912 ocorreram os primeiros passos no processo de modernização do Centro, orientado pelo Plano Bouvard. Para tanto, foram demolidas algumas quadras de casas populares, tendo em vista a construção do Centro Cívico, que, porém, nunca foi realizado. A Igreja, muito influente na época, conseguiu autorização para construir a catedral no alto da esplanada, o que inviabilizava o Centro Cívico, em troca da demolição das igrejas de São Pedro e a da Sé antiga. Essa iniciativa criou um certo impasse no uso do espaço vazio, transformado gradativamente em estacionamento de automóveis e em terminal viário de transporte coletivo, porém foi muito importante para a configuração da praça da Sé, que amadureceu nos anos 1930.

Por outro lado, considerando seu aspecto sociopolítico, a praça foi bem cedo palco de manifestações cívicas e reivindicativas, representadas pelo nascente movimento sindical. Já nas manifestações do Primeiro de Maio de 1914 e de 1917, delineia-se essa vocação, que se acentuará com o tempo. A importância que esse papel havia adquirido então é confirmada pela proibição de que se realizasse a manifestação do Primeiro de Maio na praça entre 1920 e 1929.[2]

A retomada, no período entre 1929 e 1932, da comemoração do Primeiro de Maio na praça teve seu ápice quando a Confederação Operária de São Paulo, em conjunto com outras entidades, marcou, em atos públicos ali realizados, oposição à ditadura de Getúlio Vargas, antecedendo a reação frontal produzida pela Revolução Constitucionalista. Na seqüência, e com a derrota dos constitu-

[2] Wilson Ribeiro dos Santos Junior, *São Paulo: praça da Sé. Transformações e usos*, dissertação de mestrado (São Paulo: FAU-USP, 1991).

cionalistas, as manifestações ficam proibidas até 1937, quando, com a decretação do Estado Novo, adquirem cunho oficial, sendo posteriormente transferidas para outros locais da cidade. Mesmo assim, a forte vocação cívica da praça não desapareceu nesses anos, como demonstrou o evento do dia 9 de junho de 1935, marcado por forte confronto entre os fascistas integralistas e os militantes democratas e sindicais.

Na segunda metade da década de 1940, com o fim do Estado Novo, a praça abrigou os eventos que marcaram a luta pela anistia, pela Assembléia Constituinte e pela redemocratização do país, traduzindo a forte transformação social e política que sucedeu o final da Segunda Grande Guerra.

Também nessa década, o prefeito Francisco Prestes Maia retomou a idéia da construção do Centro Cívico, previsto em seu plano para a área central. Para tanto, demoliu o último conjunto de edifícios antigos ainda existentes em área próxima à praça para a construção de projeto escolhido em concurso público. Esse, porém, acabou por não se efetivar, sob o argumento de que a área já estava em estado de saturação viária. Com isso, apenas se ampliou a praça existente, implantando-se um outro terminal de ônibus urbanos.

A reforma de 1952, com o alargamento das calçadas, possibilitou que se acentuasse o uso cívico, concretizado quando das várias manifestações pré-eleitorais e, em especial, nas apurações eleitorais de 1955. O Primeiro de Maio voltou a ser comemorado na praça entre 1960 e 1963, eventos novamente proibidos entre 1964 e 1969. A ditadura militar utilizou então, a partir do governo Medici, a mesma estratégia getulista, oficializando a comemoração. Apesar disso, a praça foi um espaço em que a resistência democrática se manteve, seja pela presença silenciosa das pessoas que ali passavam, seja em momentos de manifestação mais ruidosa, como em 1968, quando foi apedrejado um palanque oficial, seja por ocasião das missas pelas mortes de Alexandre Vannuchi Leme, em 1973, e de Vladimir Herzog, em 1975.

Mas, ao lado da história dos usos políticos da praça, é preciso chamar a atenção para a Sé como espaço de sociabilidade. Na década de 1920, o Café São Paulo, e mais tarde o Café Pio, ao lado do

Edifício Santa Helena, eram pontos de encontro, em complementação à praça, em que se agenciavam músicos para as sessões de cinema mudo e, depois, para as casas noturnas e clubes da cidade.

O surgimento do Santa Helena, em meados dessa década, reforçou a presença da elite. O prédio acentuou as características funcionais do local, com seus cinemas, cabarés e bares, onde se reuniam artistas e políticos, dada a proximidade física do Pátio do Colégio, centro do governo.

Na época, o cine-teatro situado no edifício traduzia o topo da sofisticação paulistana; segundo Barros Ferreira, era o mais luxuoso, e em suas vesperais era compulsório o uso de *smoking*.[3] Pode-se afirmar que, devido à sua localização única, central, algumas salas do Santa Helena foram de início ocupadas por políticos influentes e profissionais prestigiosos, mas, com a popularização do Centro Velho, após 1930, o prédio passaria a abrigar usos menos elitizados, como sediar sindicatos de trabalhadores.

Foi em 1933, na sala 231, alugada por Francisco Rebolo Gonsales, que se iniciou a formação do grupo de pintores, depois chamado de Santa Helena, integrado por Mário Zanini, Humberto Rosa, Clóvis Graciano, Aldo Bonadei e Alfredo Volpi, entre outros. Tornou-se também um ponto de encontro de intelectuais, como Mário de Andrade, Menotti del Picchia, Oswald de Andrade e outros.

A praça da Sé sempre esteve presente no imaginário do grupo Santa Helena, começando por ser uma visão inspiradora que se atingia pelas vidraças do ateliê. Mas isso que já é um dado prévio ao se pensar sobre o grupo, precisa ser visto em sua gênese. A interessante mudança funcional da praça, que se associa ao surgimento do Edifício Santa Helena, é descrita de forma exemplar por Oswald de Andrade, em 1928:

> O largo da Sé agora está se modificando muito. Nem parece o largo da Sé de dantes. Dantes era menor. Tinha casas com tetos para fora e a igreja com uma porção de canos. Naqueles tempos bons tempos a gente ia à missa,

---

[3] Barros Ferreira, *O nobre e antigo bairro da Sé* (São Paulo: Prefeitura Municipal de São Paulo, 1971).

> mas como derrubaram a igreja e nasceu outra geração que só cuida dos jogos de futebol e do bicho, ninguém mais vai à missa. [...]. O largo da Sé é sem perigo de contestação o ponto de conjunção das ruas Quinze de Novembro e Direita que também são, sem perigo de contestação, as principais de São Paulo. De modo que as pessoas que querem fazer o célebre triângulo, seja por negócios ou business ou para o simples e civilizado footing, passam fatalmente no largo da Sé. Quando um estrangeiro saudoso regressa à pátria e procura o largo da Sé, encontra em seu lugar a praça da Sé. Mas é a mesma coisa.[4]

No Edifício Santa Helena localizavam-se também as sedes dos sindicatos dos oficiais marceneiros, dos sapateiros, dos tecelões e dos metalúrgicos, proximidade que agilizava a sua ação política conjunta e a divulgação de suas causas, lutas e atividades. Os atuais sindicatos de trabalhadores, junto com as centrais sindicais que vemos hoje como dados de uma realidade sociopolítica indisputada, têm nesses antecessores, muitas vezes sofridos, um elemento de continuidade histórico-geográfica.

As funções sociais que atualmente vemos desempenhadas na região da praça da Sé parecem desdobramentos, independentemente de ser em grau mais intenso, ou mais diluído, de usos públicos que ali se deram desde o princípio. A praça e suas adjacências foram desde o início locais de convergência de pessoas, importante quantitativa e qualitativamente. Na tradicional drogaria Baruel, do escritor Amadeu Queirós, encontravam-se até os anos 1940, e mesmo depois, intelectuais como Monteiro Lobato e Mário Donato, entre outros.

Outro fator a reforçar a praça como núcleo aglutinador era a presença ali da função judiciária, exercida em muitos lugares, que gravitavam em torno do Palácio da Justiça (projeto de Domiciano Rossi, de 1933) e do Fórum João Mendes, próximos todos à Faculdade de Direito do largo de São Francisco.

---

4 Oswald de Andrade, *Serafim Ponte Grande* (São Paulo: Globo/Secretaria de Estado da Cultura, 1990), p. 81.

Origens sociais e associações histórico-artísticas do grupo Santa Helena

Com efeito, a urbanização e o cosmopolitismo permitiram e estimularam a emergência de novos valores, formas mais avançadas de pensamento e expressão e projetos mais arrojados. Entre eles, um dos mais notáveis, de cunho urbano-modernizador, foi o movimento tenentista, de jovens oficiais do Exército, forte expressão do pensamento radical das classes médias urbanas. Os movimentos de 1922 (os Dezoito do Forte de Copacabana), 1924 (Revolução de São Paulo), 1926 (Coluna Prestes), 1930 (Revolução de 1930), 1935 (Levante Comunista) são indícios dessa nova presença, que se prolongará até os anos 1980.

Cordeiro de Farias, Juarez Távora, Ernesto Geisel – "o último tenente" –, entre outros, são personagens notáveis desses eventos históricos, ao lado do próprio Luís Carlos Prestes, ex-capitão do Exército que incandesceu o país com sua célebre coluna. E, em outra frente, pertencendo também ao conjunto de iniciativas que partiram do meio militar, destaca-se o coronel Cândido Rondon, com a nova atenção dada à questão indígena e à demarcação de fronteiras.

Mas seria sobretudo a presença de operários e trabalhadores de outros países (notadamente da Itália, da Espanha, de Portugal, mas também da Alemanha, da Polônia, etc.) que traria um novo conteúdo político-cultural e ideológico ao cenário econômico-social da região Sul do Brasil. Formados de acordo com outros valores, esses operários, muitos deles alfabetizados e mesmo politizados, tinham alguma qualificação e, por vezes, um excelente domínio de seus variados ofícios, em especializações que a nova urbe em fase de crescimento acelerado passava a demandar. Dessa forma, contribuíram decididamente com um novo e atualizado "saber fazer" no vasto campo dos ofícios, da construção civil, do ajardinamento.

Fração significativa desses trabalhadores (não a totalidade, pois muitos provinham do campo) já trazia enraizada da Europa uma vivência urbana comunitária, e assim contribuíra para a implantação de um modo de vida que começava a distanciar-se do padrão agrário-colonial luso-brasileiro e da pesada mentalidade escravista. Entre esses imigrantes e seus descendentes, alguns indivíduos de perfil intelectual mais expressivo, modestos embora, não estavam integrados nas franjas das oligarquias universitárias, nem conseguiram vincular-se à *jeunesse dorée* da Semana de 1922, ou aos beneficiários dos encontros entre artistas e intelectuais promovidos pelo senador Freitas Vale em sua casa na Vila Mariana, a chamada Vila Kyrial, ainda que uns pouquíssimos tenham participado lateralmente desses ambientes. Menotti del Picchia foi um desses raros "aceitos".

Os integrantes do grupo Santa Helena trazem, bem nítida, a marca dessa origem. É difícil, no entanto, conceituar esse conjunto de indivíduos, temáticas e obras, já que, como diria Volpi mais tarde, não havia grupo nenhum, no sentido em que o eram os concretistas, que trabalhavam dentro de uma mesma linha. Eram apenas amigos que saíam juntos para pintar no campo.[5]

Mas deve-se partir do pressuposto de que o grupo Santa Helena representava uma nova atitude desenvolvida na arte brasileira nas décadas de 1930 e 1940, distinguindo-se da tendência mais geral na época, entre os artistas modernos, que então mostrava mais preocupação com as questões sociais e culturais do homem nacional. Além do núcleo de seis nomes já apontados, o grupo era formado pelos artistas Manuel Martins, Fúlvio Pennacchi, Alfredo Rullo Rizzoti. Menos assíduo, Pancetti – originário de Campinas e depois associado ao núcleo Bernardelli, de artistas do Rio de Janeiro – produziu alguns de seus trabalhos naquele convívio.

Para compreender a mudança ocorrida, é importante lembrar que nos anos 1920, na emergência do movimento moderno brasileiro, os artistas sempre eram originários das elites econômica e cultural, reunindo-se nos salões da alta sociedade. Os participantes dessa nova fase, nos anos 1930 e 1940, vinham das mais diversas camadas sociais, muitos com formação profissional artesanal. Alguns deles, como Volpi e Rebolo, fizeram durante algum tempo pintura decorativa de paredes. A ação artística era, portanto, diferente, e, além disso, reuniam-se e trabalhavam em ateliês, organizando seus próprios salões.

---

[5] Cf. *O Globo*, Rio de Janeiro, 18-4-1977.

A temática de trabalho mudou, e voltou-se para os aspectos da realidade brasileira observada no cotidiano, no que é fugaz, no regional, nela incluída a atenção à simplicidade dos personagens aí presentes. Em função disso, a linguagem das artes plásticas acompanhou essa trajetória gradativamente autóctone, que se afastou das vanguardas dos países centrais.

Na história da arte moderna européia tinha havido um processo de distanciamento das referências ao real, pela análise, decomposição e desintegração do objeto, que a levou em sua maior parte à abstração, já na década de 1910, enquanto na primeira etapa da arte moderna no Brasil, nos anos 1920, houve um processo de reprodução da vanguarda internacional, o que provocou uma verdadeira revolução contra o academismo.

Por outro lado, a geração artística dos anos 1930 e 1940 – contexto de referência do grupo Santa Helena – representou a sedimentação, construída sobre os avanços conceituais da vanguarda pioneira dos anos 1920, porém tendo se desenvolvido com menores preocupações teóricas e buscando resultados sempre de origem figurativa. No final dos anos 1940, abriu-se uma nova etapa abstracionista no Brasil, que se aprofundaria e retomaria de certa forma os compromissos internacionais que estiveram em vigor nos anos 1920, marcando, já no início dos anos 1950, o fim do domínio do figurativo na arte brasileira.

Os anos 1930 foram de grande importância na afirmação da arte brasileira e, em especial, da arte paulista. Essa guinada histórica no campo das artes teve início com a indicação e a curta permanência de Lúcio Costa como diretor da Escola Nacional de Belas-Artes (Enba), o que sinalizou um momento importante nessa transformação.

Devido ao clima político da Revolução de 1930, abriu-se em setembro de 1931, marcando o início da nova direção da Enba, a XXXVIII Exposição Geral de Belas-Artes, o chamado "salão revolucionário", dentro da Escola Nacional de Belas-Artes do Rio de Janeiro. Essa exposição teve como comissão organizadora, coordenada por Lúcio Costa, os seguintes artistas: Ismael Néri, Cícero Dias, Vítor

Brecheret, Di Cavalcanti, Tarsila do Amaral, Anita Malfatti, Vittorio Gobbis, Alberto da Veiga Guignard e Cândido Portinari, além do poeta Manuel Bandeira.

Essa nova linha, que caracterizaria a geração dos anos 1930 e 1940, emergiu com força nas figuras principais de Guignard e Portinari, em contraste com a expressão exaurida dos artistas acadêmicos. Apesar disso, houve forte reação desses últimos, o que provocou a demissão de Lúcio Costa. Isso não impediu, porém, a transformação cultural que levou à adoção da arte e da arquitetura moderna como a estética praticamente oficial da República Nova. A ditadura Vargas pretendia com isso dar ao regime uma fachada de administração renovada.

O Rio de Janeiro assumiu, na década de 1930, o papel de centro artístico do Brasil, e a arquitetura moderna afirmou-se, com as obras do Ministério da Educação e Saúde (1936-1943), de Lúcio Costa e equipe, a partir de esboços do arquiteto suíço Le Corbusier; do Aeroporto Santos Dumont (1937-1944), dos irmãos Marcelo e Mílton Roberto; da Estação de Hidroaviões (1937-1938), de Atílio Correia Lima, entre outras. As artes plásticas também contaram com generoso apoio institucional no Rio de Janeiro, como no caso dos murais de Portinari. Tal apoio gerou polêmica no regime autoritário da ditadura Vargas e foi motivo de conflitos.

Apesar do intercâmbio entre as duas cidades, a situação em São Paulo era bastante diversa. Na capital paulista, a arquitetura era basicamente de iniciativa privada, com programas limitados, o que dificultava a sua renovação. Nas artes, o apoio oficial voltava-se para a arte acadêmica, hoje vemos, sem nenhuma importância. O modernismo paulista passou os anos 1930 e 1940 sem nenhum apoio oficial, levando seus agentes a criar suas próprias organizações, e a assumir, portanto, um papel ativo na política cultural.

Essas organizações acabaram por ser uma das marcas da nova geração modernista em São Paulo, nos anos 1930. As novas associações voltadas para a arte moderna, de caráter público, foram a Sociedade Pró Arte Moderna (Spam) e o Clube dos Artistas Modernos (CAM), entre 1932 e 1934, e os Salões de Maio, a partir de 1937.

Ao lado dessas iniciativas, e no contexto mais sóbrio da arte paulista, o artista e arquiteto Flávio de Carvalho, de origem fluminense e com formação em engenharia na Inglaterra, representa uma figura dissonante, polêmica e de vanguarda. Apesar de seu pensamento rebelde e individualista, ligou-se ao CAM, em suas experiências com várias expressões artísticas simultâneas, até mesmo o teatro.

Já os Salões de Maio, como coletivas de vanguarda, chegaram a apresentar artistas ingleses abstratos, porém sem ressonância nacional. Posteriormente a essas iniciativas, os modernistas brasileiros passaram a seguir caminhos individuais, inspirados nos mais diversos temas sociais e populares.

Pode-se afirmar, em função desses desdobramentos, que a Revolução de 1930 não só mudou o perfil político, mas também o perfil artístico do Brasil. A "revolução dos tenentes" evidenciou os problemas sociais e políticos vividos pelo país, ao denunciar a herança injusta da República Velha. Isso motivou o posicionamento dos artistas, acarretando um comprometimento do modernismo. A idéia revolucionária nas artes deixou de ser esteticista, passando ao âmbito político, orientado na maior parte dos casos para a esquerda, mas também para a direita, acenando para uma nova moral e um novo conceito de ação.

Coerente com essa tendência, o expressionismo social conquistou espaço em contraposição ao outro, mais cromático e plástico, de Anita Malfatti. Nessa nova linha expressionista estavam Portinari, Lasar Segall e Lívio Abramo.

Agrupando esses artistas, surgiu no Rio de Janeiro o núcleo Bernardelli, formado, entre outros, por Mílton Dacosta, Yoshiya Takaoka e Giuseppe Pancetti. Em São Paulo, formou-se, em oposição ao Salão de Maio, a Família Artística Paulista – ampliação do grupo Santa Helena –, que iniciou suas exposições em 1937. Esses dois grupos principais tinham o papel de discutir os problemas da pintura, e excepcionalmente, como no caso do Santa Helena, de conviver com os movimentos sociais, participando deles, devido à proximidade física e profissional dos sindicatos.

Os artistas atuantes nessa proposta de colaboração com o movimento sindical eram quase autodidatas, de origem proletária e artesanal, geralmente imigrantes italianos. Nessa situação estavam Zanini e Rebolo (ambos pintores de parede), Bonadei (bordador), Graciano (ex-ferroviário e ex-ferreiro), Rizotti (torneiro), Pennacchi (açougueiro) e Manuel Martins (aprendiz de ourives). Esse processo de cooperação social e política começou com os salões da Família Artística Paulista, prosseguindo nos anos 1940 com as exposições anuais do Sindicato dos Artistas Plásticos, fundado também em 1937.

Em síntese, a característica principal desse grupo ampliado pode ser definida como não-acadêmica, porém, ao mesmo tempo, não-vanguardista. Sua ênfase está no "pintar bem". Abordam uma temática própria, vinculada a sua própria vida e a seu ambiente, produzindo naturezas-mortas e paisagens urbanas periféricas e marinhas, com grande cuidado técnico, resolvidas por meios pictóricos rigorosos. A incorporação das novas idéias passava sempre pela prática, pelo exercício do ofício, vinculado à tradição, às técnicas da pintura acadêmica, das ferramentas e dos materiais, aproximando-se, com isso, do culto ao trabalho presente no pensamento da esquerda.

A principal questão ideológica da década de 1930 foi a função social da arte, seu comprometimento com um projeto de transformação da sociedade brasileira. A resposta adequada a essa bandeira geral, porém, possivelmente limitada pela repressão da ditadura Vargas, foi a interpretação sensível da paisagem periférica urbana e a busca de promover as expressões culturais da sociedade brasileira, assumindo suas características próprias, vistas como simples.

Discurso estético e a força da história

É importante destacar a fluidez do discurso estético dessa geração, resultante de sua experiência cotidiana, em contraposição à linguagem da arte mais despersonalizada e massificada de obras abstratas e concretas que a ela se seguiu nos anos 1950 e posteriormente. Esse enfoque artístico aproxima-se do contemporâneo, pela liberação da gestualidade, abraçada como a marca especial do artista.

Nessa linha, Aldo Bonadei merece destaque entre os membros do grupo Santa Helena, que integrou nos anos 1930 e começo dos 1940, porque foi um verdadeiro pesquisador de materiais, de meios de expressão e das tendências de sua época. Aluno nos anos 1920 de Pedro Alexandrino, meticuloso pintor de naturezas-mortas que tivera formação em Paris e era muito respeitado nos meios acadêmicos, Bonadei improvisou e buscou superar as limitações da tela. No período imediatamente anterior a sua participação no grupo, entre 1929 e 1930, estuda pintura na Academia de Belas-Artes de Florença.

Daí a força, o diferencial e o interesse que o grupo Santa Helena traz não só para a história de São Paulo, mas também para o panorama artístico, seja brasileiro, seja latino-americano. A politização de muitos desses imigrantes pode ser observada e mais bem compreendida quando se nota que sua vida teve origem e transcorreu não em bairros de elite, como Higienópolis ou os Campos Elíseos, mas em certos bairros como o Brás, a Mooca e o Cambuci, e também a Vila Prudente, o Ipiranga e o bairro Fábrica. Regiões adjacentes, bairros ou cidades, também receberam muitos desses contingentes, como Santo André, São Caetano, Sorocaba, Osasco, Itu.

Esses são alguns dos aspectos histórico-culturais que permitem compreender o embasamento e as motivações sociais e político-culturais dos artistas e, a seu modo, também da intelectualidade dos anos 1920, 1930 e 1940: a escolha de temas, opções e inovações técnicas, em seu esforço de descoberta de uma nova linguagem para as artes plásticas. E mesmo de sua procura de uma representação da cidade de São Paulo em plena fase de crescimento, com a verticalização e a mudança de padrões urbanos e sociais. Uma pintura de casas paulistanas de Rebolo ou a vista que Pancetti oferece da praça Clóvis a partir do Edifício Santa Helena valem mais, muito mais que uma longa dissertação acadêmica.

Mas o cosmopolitismo de São Paulo, que se acentuou nesse período, não pode ser explicado apenas pela costumeira circulação das elites pela Europa, como no tempo do político e historiador monarquista Eduardo Prado, que era amigo de Eça de Queirós e foi um dos fundadores da Academia Brasileira de Letras, ou pela crescente presença da cultura urbano-industrial americana. Talvez uma explicação mais cabal possa ser encontrada nos conflitos que sinalizam a gestação de uma sociedade moderna, propriamente burguesa e de vocação industrial.

Nessa perspectiva, a greve de 1917, com forte participação anarquista, foi um marco definitivo, tendo se irradiado por praticamente todos os centros urbano-industriais da constelação polarizada por São Paulo. Foi uma greve inédita do mundo do trabalho, com forte conteúdo social e que afetou todo o sistema econômico e político, a partir das bases.

Já na Revolução de 1924, a cidade adquiriu nova consciência de si como organismo coletivo. Movimento comandado pelo general Isidoro Dias Lopes, mas de acentuado cunho popular e urbano, teve repercussão nacional e internacional. A cidade tornou-se conhecida, ganhando dimensão internacional, com a participação de brigadas internacionais na revolução, notadamente as brigadas italiana e alemã, experiência que retomava o exemplo da Revolução Mexicana de 1910, e, em contrapartida, seria aprofundada na Guerra Civil Espanhola, a partir de 1936. A vida e a mentalidade provincianas estavam condenadas ao desaparecimento quase completo em São Paulo. A cidade conscientizava-se e adquiria nova identidade.

Nesse processo, o provincianismo paulistano viu-se ultrapassado pelo cosmopolitismo, não somente com a presença crescente de capitais estrangeiros ou missões culturais e de instrução militar. O fato é que São Paulo viveu então, em todas as esferas (engenharia, arquitetura, tecnologia, transportes, medicina, educação primária, escola normal, saneamento básico, polícia, etc.), um processo de intensa atualização e modernização.

O "temperamento da metrópole", para usarmos a expressão do historiador americano Richard Morse, estruturou-se, ao ser combinados vários fatores em um mesmo local. Para muitos, São Paulo era a "nova Manchester" da América, depois de Chicago, que também fora assim denominada, poucas décadas antes. Planos de urbanização foram intensamente discutidos e, em parte, levados à prática.

No plano propriamente cultural, os anos 1920, 1930 e 1940 assistiram a novo e intenso processo de internacionalização. A Semana de Arte Moderna de 1922, apesar de parecer apenas uma festa no bojo da oligarquia, deixou marcas definitivas no processo de atualização dessa sociedade. Quando menos, mostrou que algumas frações dissidentes das elites dominantes pensavam de modo crítico, inconformista, avançado, buscando sintonia com a atualidade do mundo.

E não somente dos Estados Unidos e da Europa ocidental: a Revolução Russa de 1917 foi uma referência importante para muitos daqueles intelectuais e artistas, como antes fora a Revolução Mexicana e, depois, o movimento aprista de Haya de la Torre, no Peru, a partir de 1930. Em São Paulo, tais movimentos ganhavam repercussão e reboavam na praça da Sé, nos jornais, nos sindicatos e nos partidos. Os principais jornais, como *O Estado de S. Paulo*, o *Correio Paulistano*, a *Folha de Manhã* e o *Fanfulla*, elevaram o tom do debate.

No fim dos anos 1920, obras como *Macunaíma*, de Mário de Andrade, confirmaram a força do revisionismo desse momento. O Partido Democrático (com que Mário de Andrade colaborou e ao qual pertenceu o governador Armando de Sales Oliveira), que com a redemocratização, no fim do Estado Novo, desembocaria na União Democrática Nacional (UDN), abriu brechas na carapaça estamental da oligarquia do café-com-leite. Pouco mais tarde, nos anos 1930, a criação da Universidade de São Paulo reforçaria os vínculos da cidade com o exterior, já vislumbrados na Escola Politécnica e nas faculdades de Medicina e Direito, preexistentes, e sobretudo nos institutos de pesquisa (o Butantã, o Biológico, o de Pesquisas Tecnológicas, etc.).

Nesse contexto, o grupo Santa Helena, menos comprometido com as oligarquias, absorveu mais intensamente os impulsos provenientes da sociedade civil que começava a se esboçar no centro da cidade. Muitos de seus membros, de origem humilde, eram filhos de imigrantes de segunda geração, não carregando nenhuma nostalgia de um passado fazendeiro ou conservador, nem a má consciência de um Mário de Andrade, que diria nos anos 1940: "Meu aristocracismo me puniu".[6]

[6] Mário de Andrade, "Elegia de abril", em *Clima*, nº 1, São Paulo, abril de 1941.

Os participantes do grupo trouxeram para o mundo das representações plásticas um novo vigor, uma inconsciente, constante e enorme humildade, com seus temas simples, excelentes soluções técnicas e de profundo sentido histórico. Esse clima, em que circulava e pintava Pancetti, marcaria gente jovem como o estudante e futuro grande arquiteto João Batista Vilanova Artigas.

Mas, voltando um pouco no tempo, para melhor amarrar a rede histórica de nosso movimento artístico, o ano de 1929 constitui outra data fundamental para explicar o grupo Santa Helena. Em uma visão de conjunto, pode-se dizer que, após a efervescência dos anos 1920, São Paulo tornara-se o estado-líder da federação, a "Meca do Modernismo" (como se dizia à época). A cidade, que vivera o dinamismo de uma vanguarda cultural brilhante e de cunho marcadamente internacional, sofreu um fortíssimo abalo com a Crise de 1929. No teatro, quem daria conta desse abalo seria o paulista Jorge Andrade, com suas peças, como *A moratória*, *Rasto atrás*, *Vereda da salvação*, *Os ossos do barão* e outras.

A economia paulista viu-se arrasada, o que provocou um profundo abalo na vida artística e intelectual. Ante tamanha crise, Luís Martins – crítico e membro do mesmo grupo-geração paulistano de Sérgio Milliet, e como ele simpático ao grupo Santa Helena – escreveu:

> [...] a liderança literária transferiu-se então para o Nordeste, que lança seus grandes romancistas, e a supremacia estética passa para o Rio de Janeiro, onde um grande pintor, aliás paulista de nascimento, iniciará a sua extraordinária e gloriosa carreira: Cândido Portinari.[7]

Nessa quadra, São Paulo assiste a uma mudança de ênfase político-social importante, que explica em larga medida o surgimento dessa constelação que se denominaria grupo Santa Helena. Note-se que o termo "grupo", consagrado historicamente, é bem expressivo, pois de fato aqueles artistas não teriam chegado a constituir um "movimento", como o modernista, com seus arautos, líderes, teóricos

[7] Luís Martins, "As artes plásticas em São Paulo", em J. V. Freitas Marcondes & Osmar Pimentel (orgs.), *São Paulo: espírito, povo, instituições* (São Paulo: Pioneira, 1968), p. 407.

e militantes. Esses muitas vezes incrustaram-se até nos aparelhos do Estado, ou tentaram operar a questão política da cultura, como foi o caso de Mário de Andrade, que, no entanto, viu frustrados todos os seus esforços.

Mas se considerássemos o Santa Helena uma "escola"? Em depoimento fundamental para compreender as condições históricas em que surgiu o grupo Santa Helena, Luís Martins analisou agudamente o quadro e o processo histórico:

> Até então, a iniciativa e a liderança tinham estado nas mãos de um grupo brilhante de artistas e intelectuais, quase todos saídos da alta e média burguesia, viajados, forrados de cultura européia e violentamente empenhados em destruir os padrões tradicionais de arte e literatura passivamente aceitos pelo público. Com a crise aparece uma outra geração. Menos brilhante, sem dúvida, constituída de elementos mais modestos, muitos deles provenientes da classe proletária, é entretanto mais dotada de paciência artesanal. É menos ambiciosa e mais humilde. São esses artistas da crise, sérios, compenetrados, trabalhadores, que constituirão o que se convencionou chamar "escola paulista". Entre eles, o turbulento Flávio de Carvalho, filho de capitalista, educado na Europa, sentia-se solitário e deslocado, como um rebento tardio da Semana de Arte Moderna.[8]

No depoimento de Luís Martins encontra-se um dos melhores diagnósticos sobre o tema, que permite, hoje, entendermos o significado profundo do grupo Santa Helena. Diz o crítico:

> Em São Paulo, as artes plásticas parecem arrependidas de seus ímpetos revolucionários: a pintura é mais tímida do que a que se faz no Rio à mesma época. À liberdade de criação, ao espírito inventivo e à ousadia de concepção, antepõe-se a preocupação artesanal. Surgem Paulo Rossi Osir, Vittorio Gobbis, Alfredo Volpi, Balloni, aos quais virão se juntar os jovens Clóvis Graciano, Aldo Bonadei, Zanini, Rebolo Gonsales, Nelson Nóbrega, Manuel Martins etc., na pintura; Figueira e Bruno Giorgi, este fadado a cumprir uma extraordinária carreira em

---

[8] *Ibidem.*

sua especialidade, na escultura; Lívio Abramo, na gravura. Mesmo Samson Flexor, que por essa época se radica entre nós e que seria, mais tarde, um mestre da pintura abstrata; e o também recém-chegado Aldemir Martins, cujo desenho tomaria posteriormente outros rumos, não ficam inteiramente imunes à atmosfera dominante nos ateliers da "família paulista".[9]

Para Luís Martins, todos os membros do grupo eram "severos críticos", e com grande mérito. Chega a entendê-lo e defini-lo como uma "escola", mais que um simples "movimento", aprofundando o significado que a historiografia da arte normalmente lhe vinha conferindo:

> Hostis – embora, com o decorrer dos anos, alguns deles enveredassem por outros caminhos e novas experiências, chegando até a beira do abstracionismo, como é o caso de Volpi, por exemplo –, hostis, na época, dizíamos nós, a improvisações brilhantes e às iluminações geniais, eles criam, de fato, os fundamentos de uma escola.[10]

Entendendo-os como "proletários da arte", Martins conclui: "Eles são úteis, esses severos e rudes proletários da arte. Passada a fase destrutiva, é necessário lançarem-se os alicerces de uma nova construção; acabada a festa, é preciso pensar em trabalhar".[11]

Em síntese

Para concluir, e realçando a idéia que vimos procurando defender, encontra-se no grupo Santa Helena uma das expressões mais significativas da passagem da sociedade estamental, ou de *status*, para a sociedade de classes em São Paulo.

As interpretações do saudoso Richard Morse, em seu clássico *Formação histórica de São Paulo*, sobretudo nos capítulos "Modernismo", "Anatomia da metrópole" e "A metrópole como pólis", já deixa-

---

[9] *Ibidem.*

[10] *Ibid.*, p. 408.

[11] *Ibidem.*

ram claras as linhas gerais, em todos os seus termos, dessa mudança de paradigma no campo social, econômico e da produção cultural.[12]

O notável sociólogo Florestan Fernandes, estudioso da sociedade de classes em São Paulo, tendo transitado de seus modestos ofícios urbanos na praça da Sé (quando trabalhou como garçom em um restaurante) para a cátedra da Universidade de São Paulo, em uma mobilidade social e cultural que lhe permitiu observar os "dois mundos", continua a ser a melhor referência para essa mesma temática dos encontros e conflitos entre estamentos, castas e classes na Paulicéia.[13]

Pois o que se constata é que, diversamente das elites estamentais dos Prado, Penteado e Amaral de que falava Mário de Andrade, da alta burguesia e da *jeunesse dorée*, elites que promoveram e participaram da Semana de Arte Moderna, esse grupo de artistas estava muito mais próximo do mundo do trabalho, dos imigrantes, da vida urbana pequeno-burguesa. Eram membros da sociedade de classes sem ranço estamental; enfim, estavam inseridos no centro da cidade, e não nos *salons* da alta sociedade europeizada, tão afoitamente simpática ao modernismo.

Wilson Martins notou que Mário de Andrade, a encarnação do modernismo, tornara-se ele próprio "um papa minoritário e contestado, confinado no Avignon espiritual da rua Lopes Chaves".[14]

A conclusão de que os participantes do grupo Santa Helena eram antes artesãos hábeis e compenetrados que "grandes artistas" de ocasião e impacto, em sua caracterização certeira, dos pontos de vista técnico e social, acaba deixando escapar uma outra avaliação de tudo o que esse "movimento" produziu, em termos de obras, temas e posturas: uma arte que se fez em sintonia com um mundo mutante, assinalando aberturas de perspectivas, mas registrando perdas. Uma arte que se manifestou como arte para expressar – mas também constituir – um mundo.

---

[12] Richard M. Morse, *Formação histórica de São Paulo* (São Paulo: Difel, 1970).

[13] Ver, por exemplo, Florestan Fernandes, *Capitalismo dependente e classes sociais na América Latina* (Rio de Janeiro: Zahar, 1973).

[14] Wilson Martins, *apud* Richard M. Morse, *Formação histórica de São Paulo*, cit., p. 411.

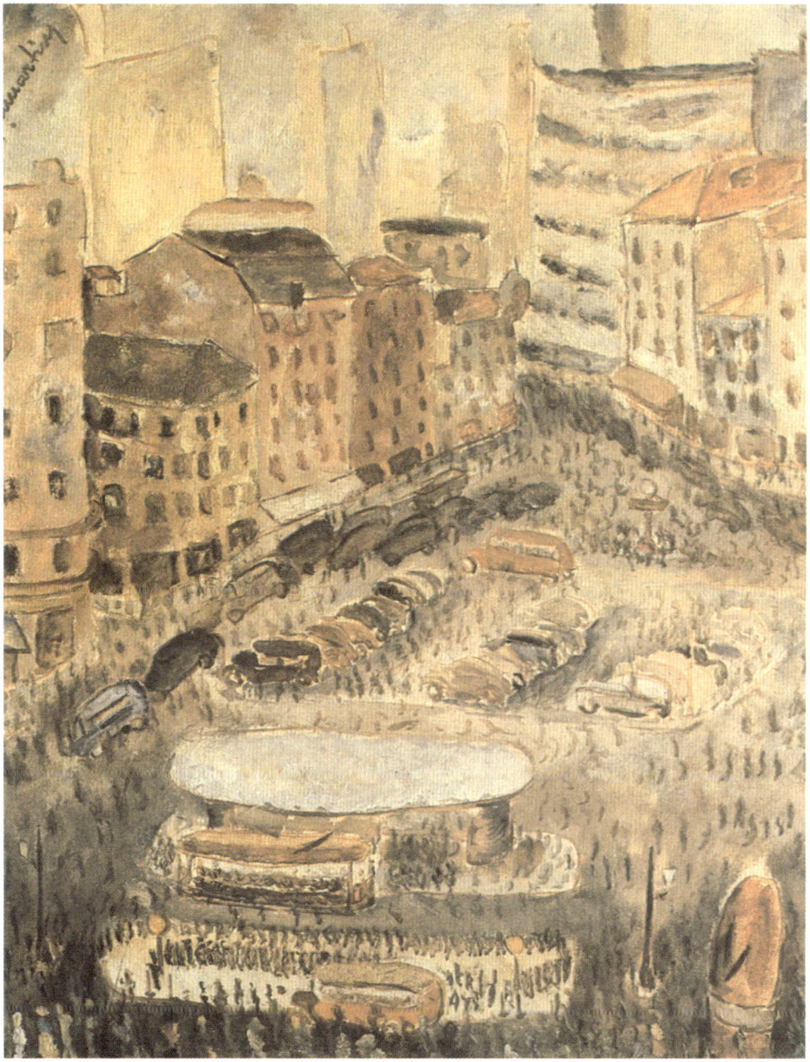

Figura 1. Manuel Martins, *Praça da Sé*, 1940, óleo sobre madeira, 50 cm x 40 cm.

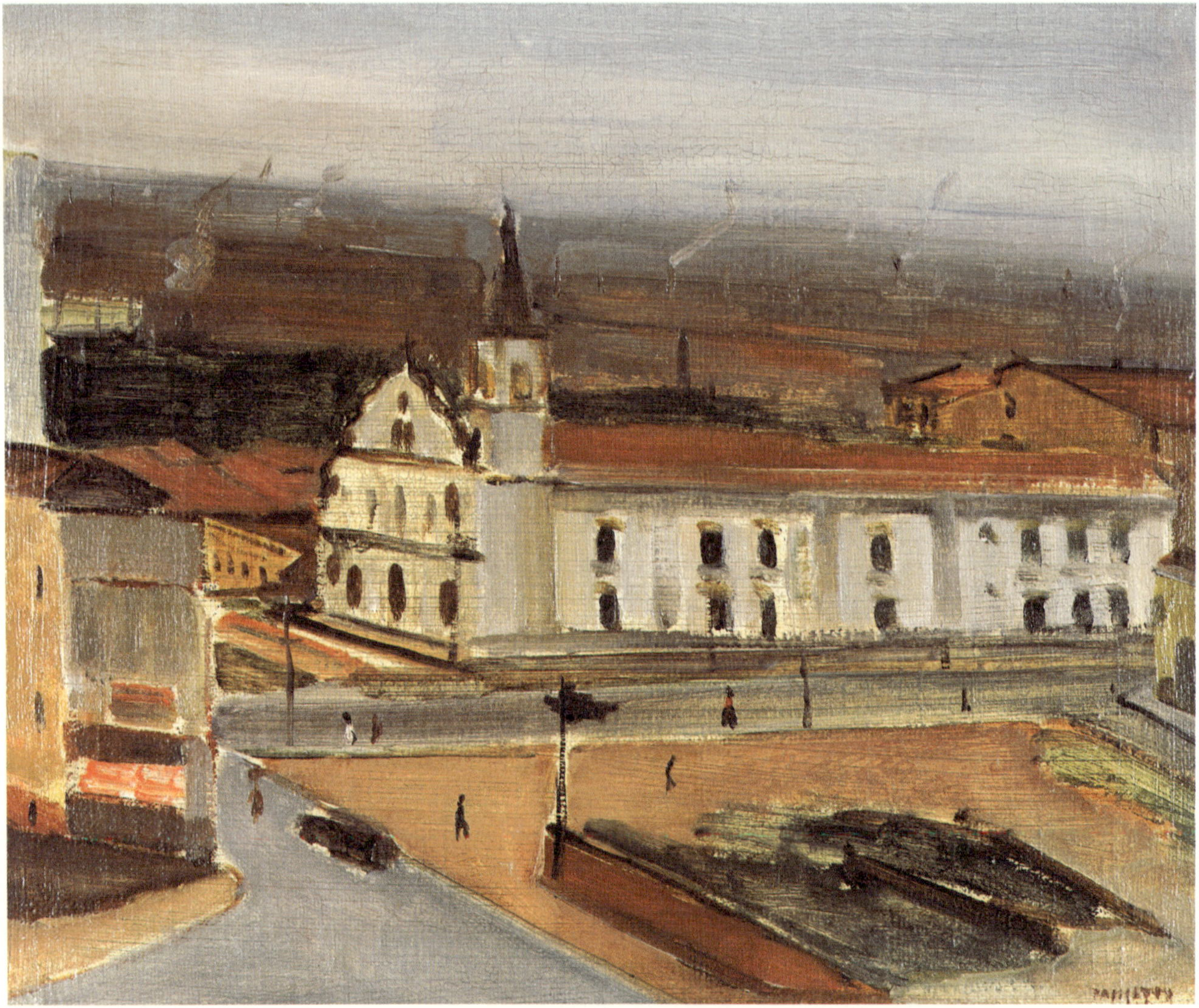

Figura 2. Giuseppe Pancetti, *Praça Clóvis vista do Edifício Santa Helena*, 1944, óleo sobre tela, 36 cm x 43,5 cm.

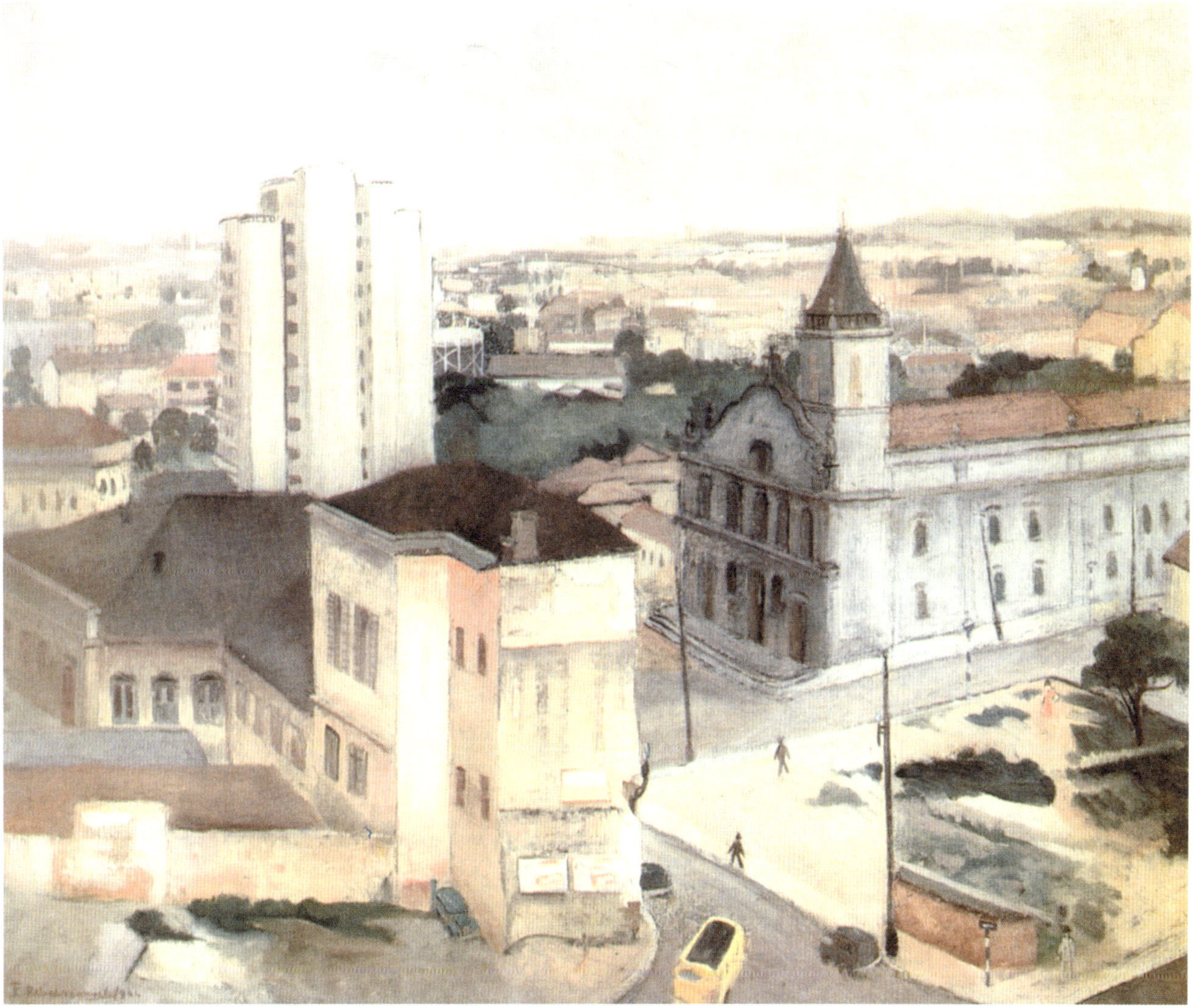

Figura 3. Francisco Rebolo, *Praça Clóvis*, 1944, óleo sobre tela, 66 cm x 77 cm.

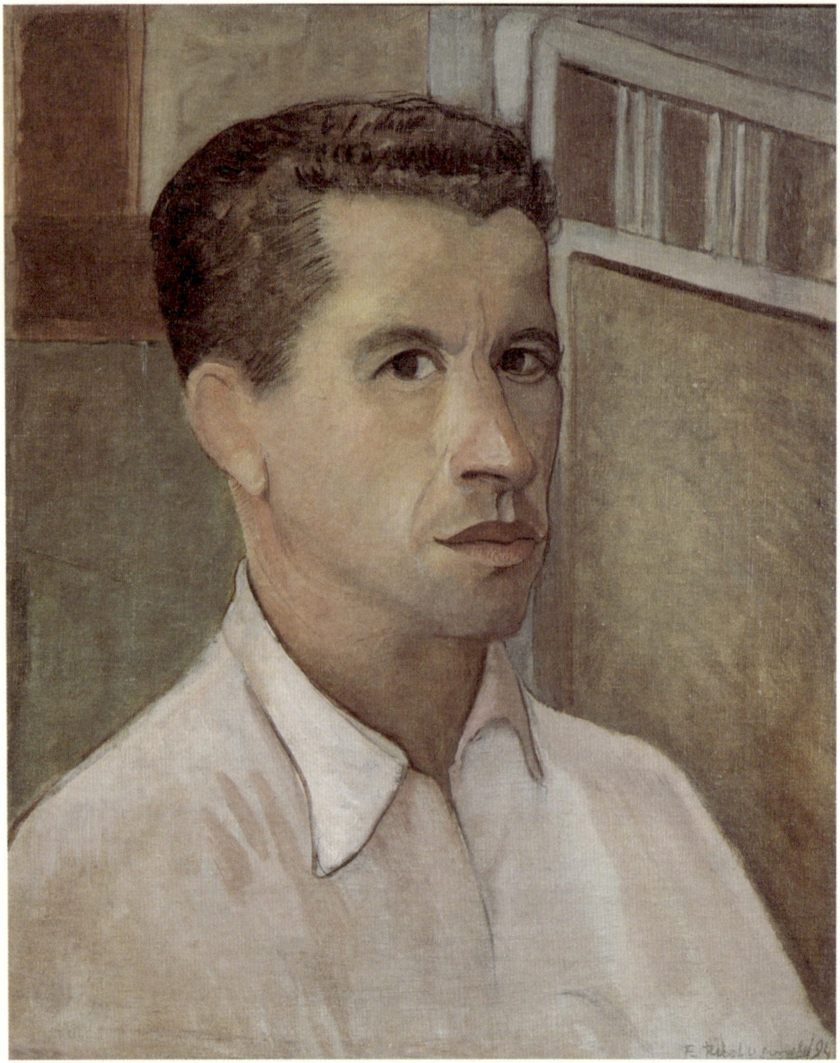

Figura 4. Francisco Rebolo, *Auto-retrato*, 1941, óleo sobre tela, 45 cm x 38 cm.

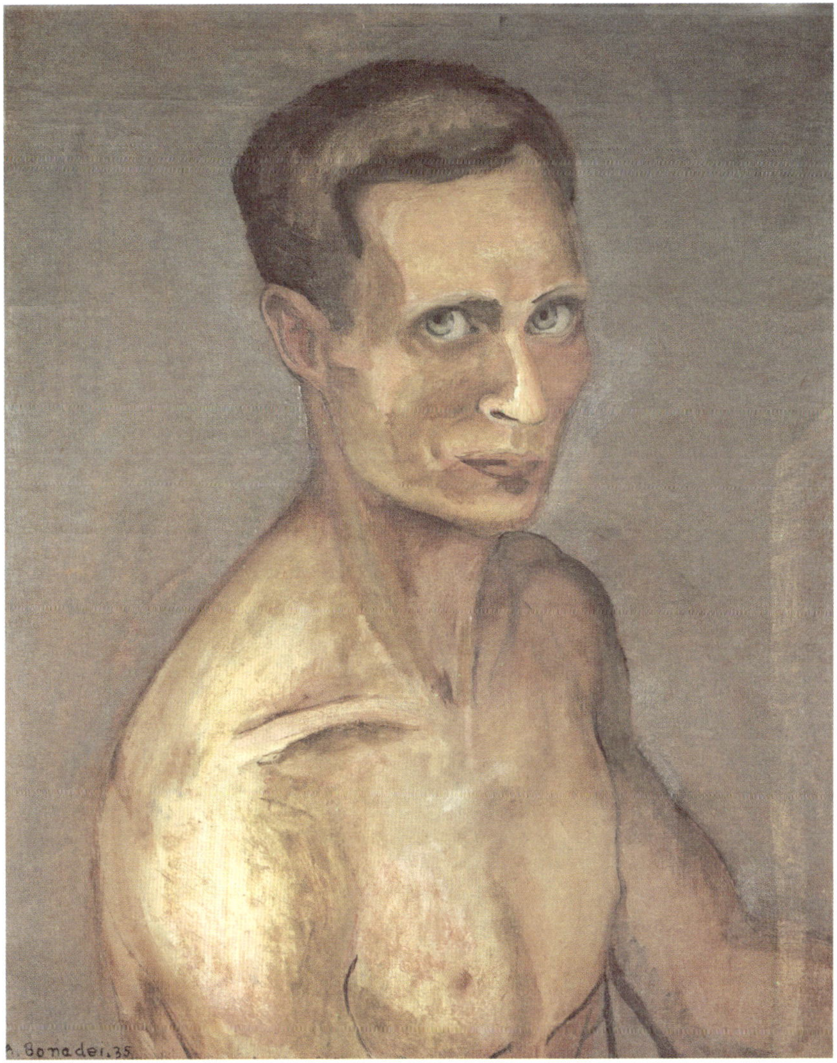

Figura 5. Aldo Bonadei, *Auto-retrato*, 1935, óleo sobre tela, 30 cm x 42 cm.

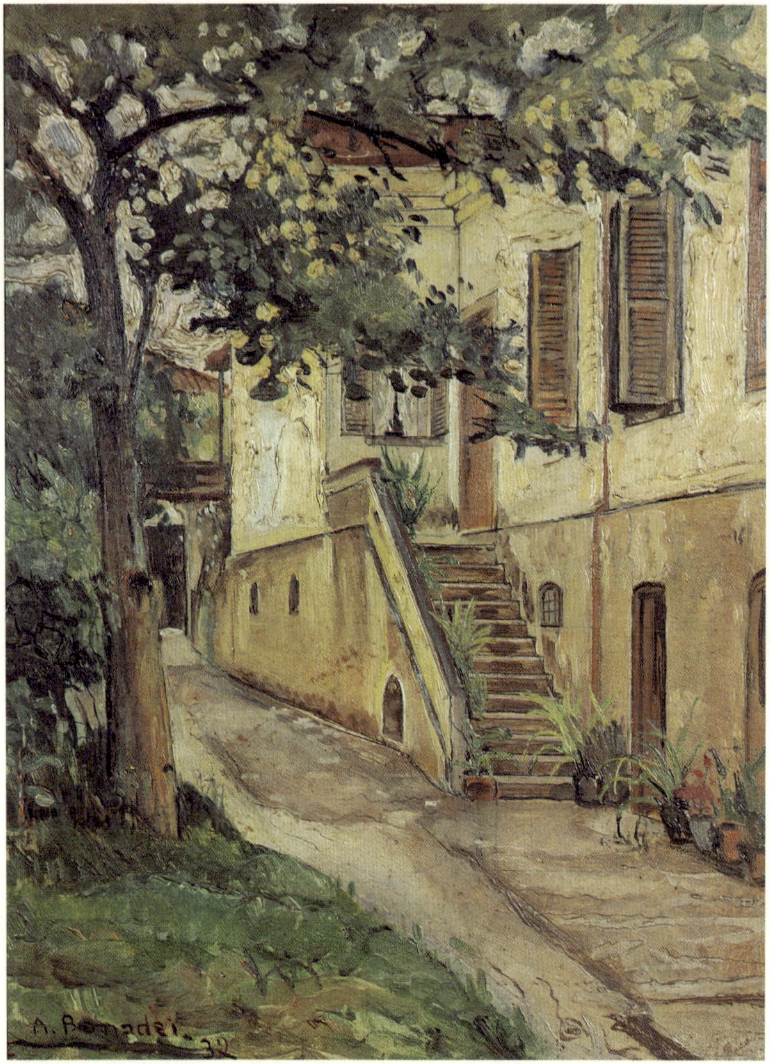

Figura 6. Aldo Bonadei, *Sobrado*, 1932, óleo sobre tela, 34 cm x 24 cm.

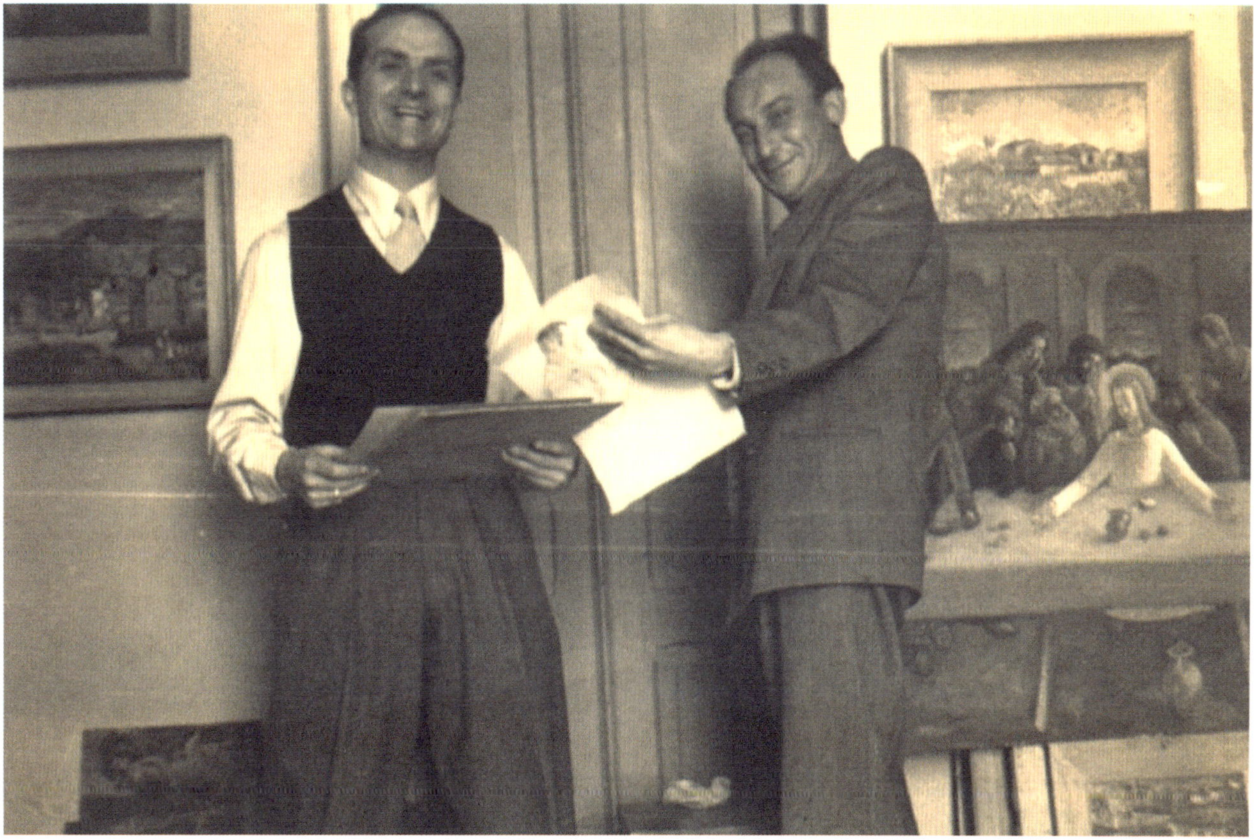

Figura 7. Alfredo Rizzotti (de paletó, à direita) no ateliê de Fúlvio Pennacchi (à esquerda) no Palacete Santa Helena, em foto de 27-9-1943.

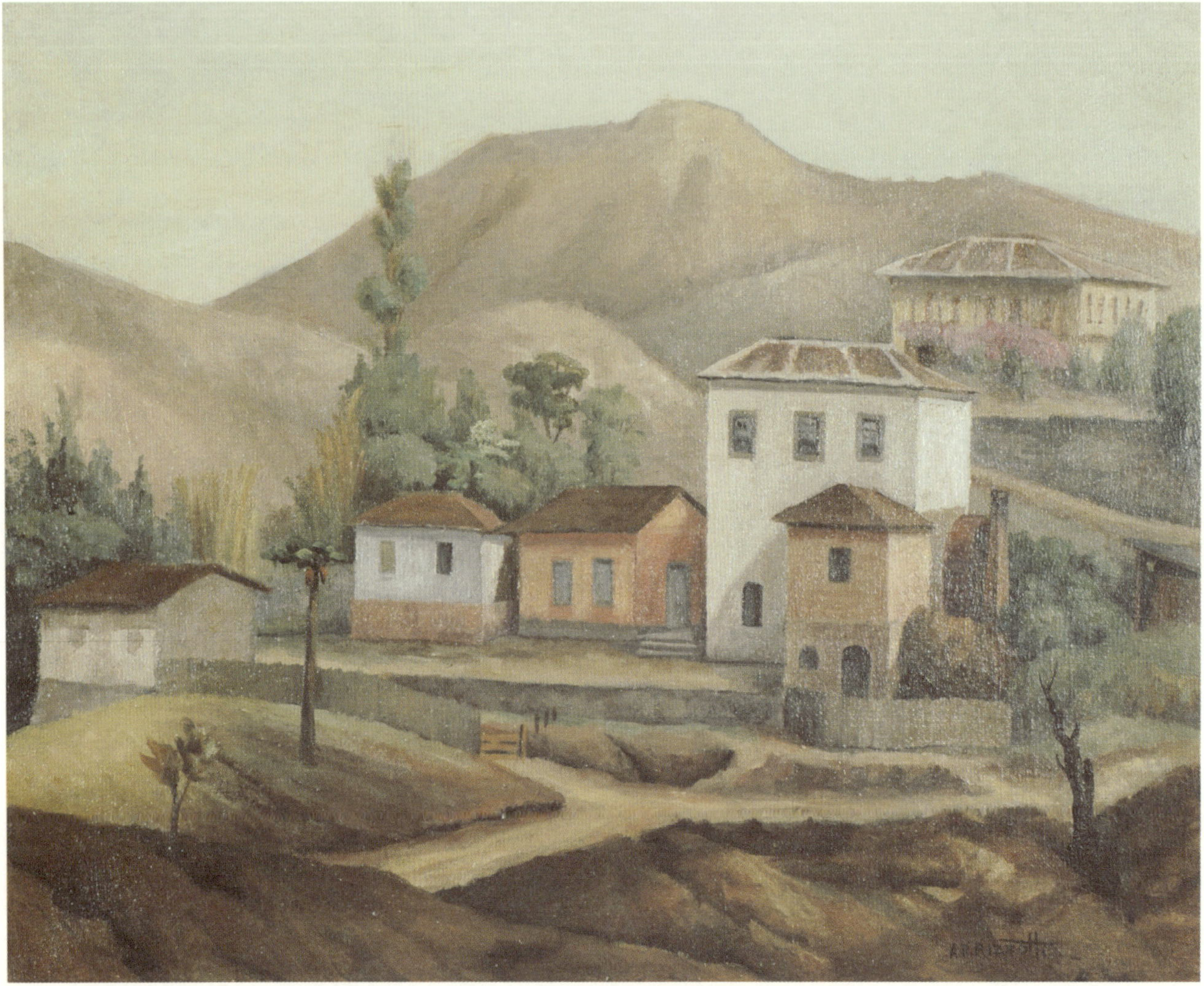

Figura 8. Alfredo Rullo Rizzotti, *Paisagem*, s/d., óleo sobre tela, 40 cm x 50 cm.

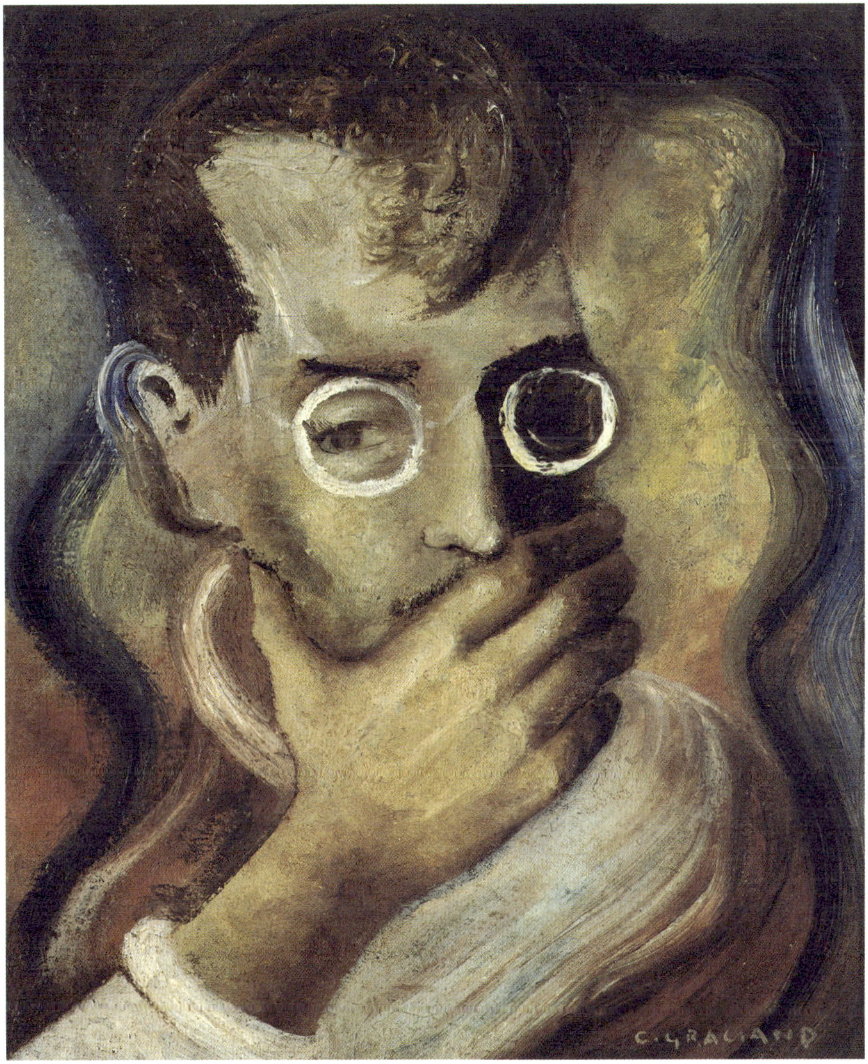

Figura 9. Clóvis Graciano, *Auto-retrato e mão*, 1942, óleo sobre tela, 30 cm x 34 cm.

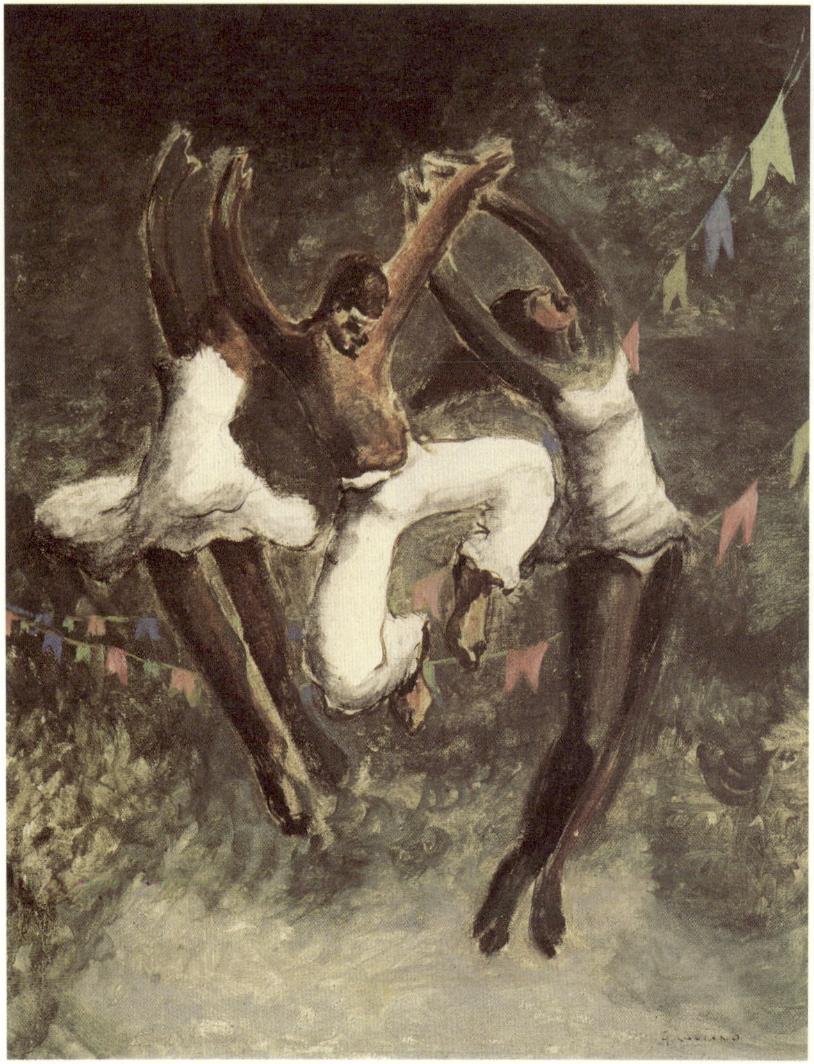

Figura 10. Clóvis Graciano, *Dança de bandeirolas*, 1943, têmpera sobre tela, 57 cm x 46,5 cm.

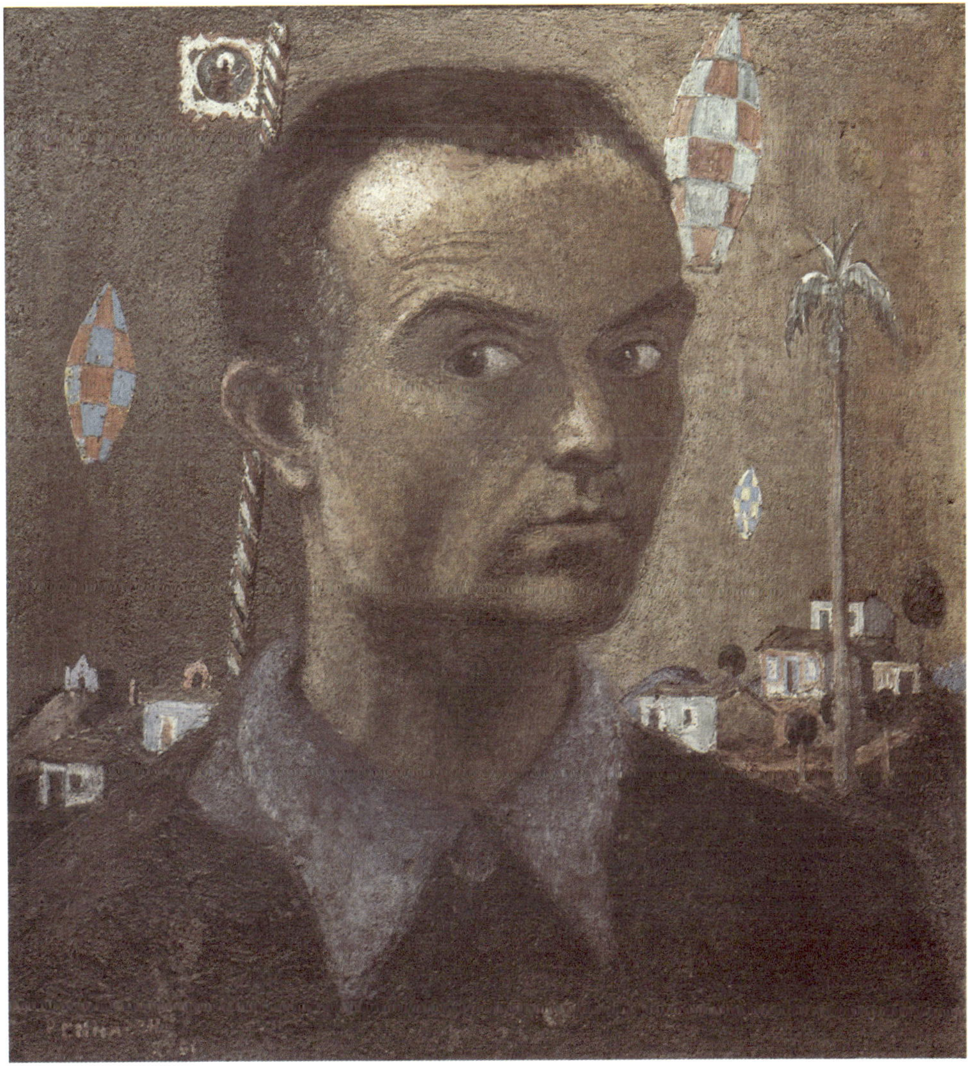

Figura 11. Fúlvio Pennacchi, *Auto-retrato*, 1951, afresco, 43 cm x 40 cm.

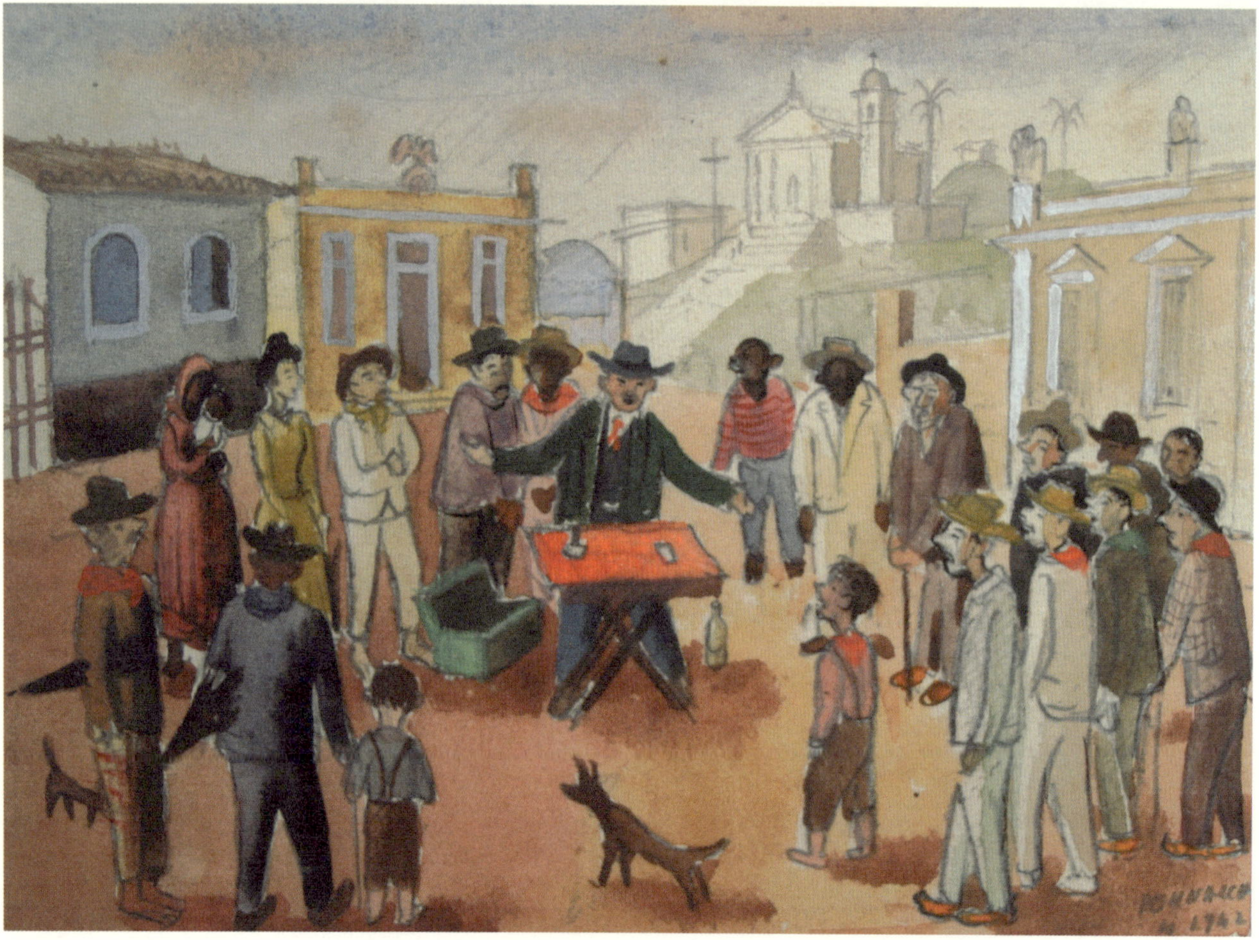

Figura 12. Fúlvio Pennacchi, *O mascate*, 1942, grafite/aquarela sobre cartão, 8 cm x 11 cm.

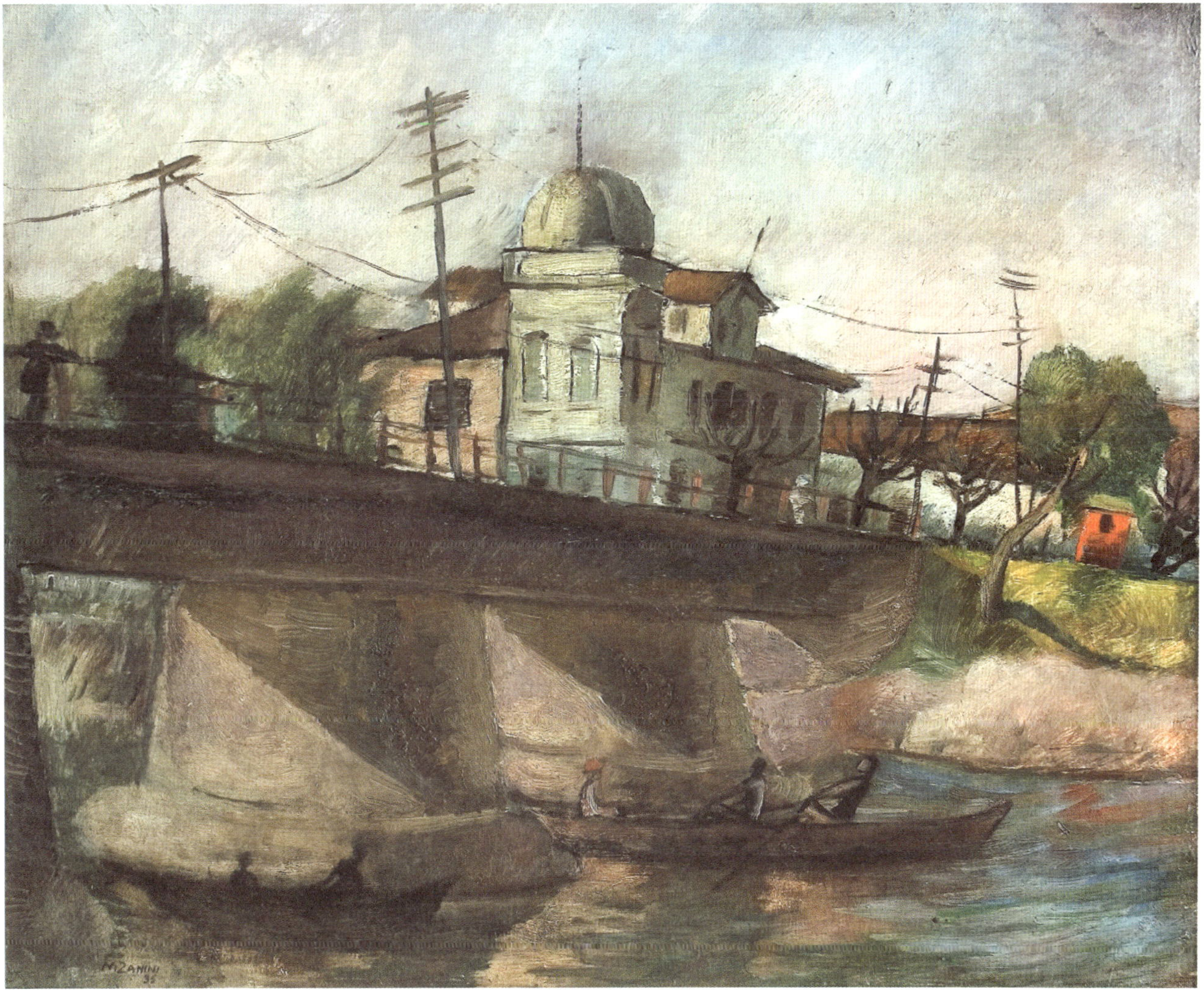

Figura 13. Mário Zanini, *Vista da Ponte Grande*, 1935, óleo sobre madeira, 39,5 cm x 49 cm.

A crise do centro histórico e a demolição do Santa Helena

Gilda Collet Bruna

Roberto Righi

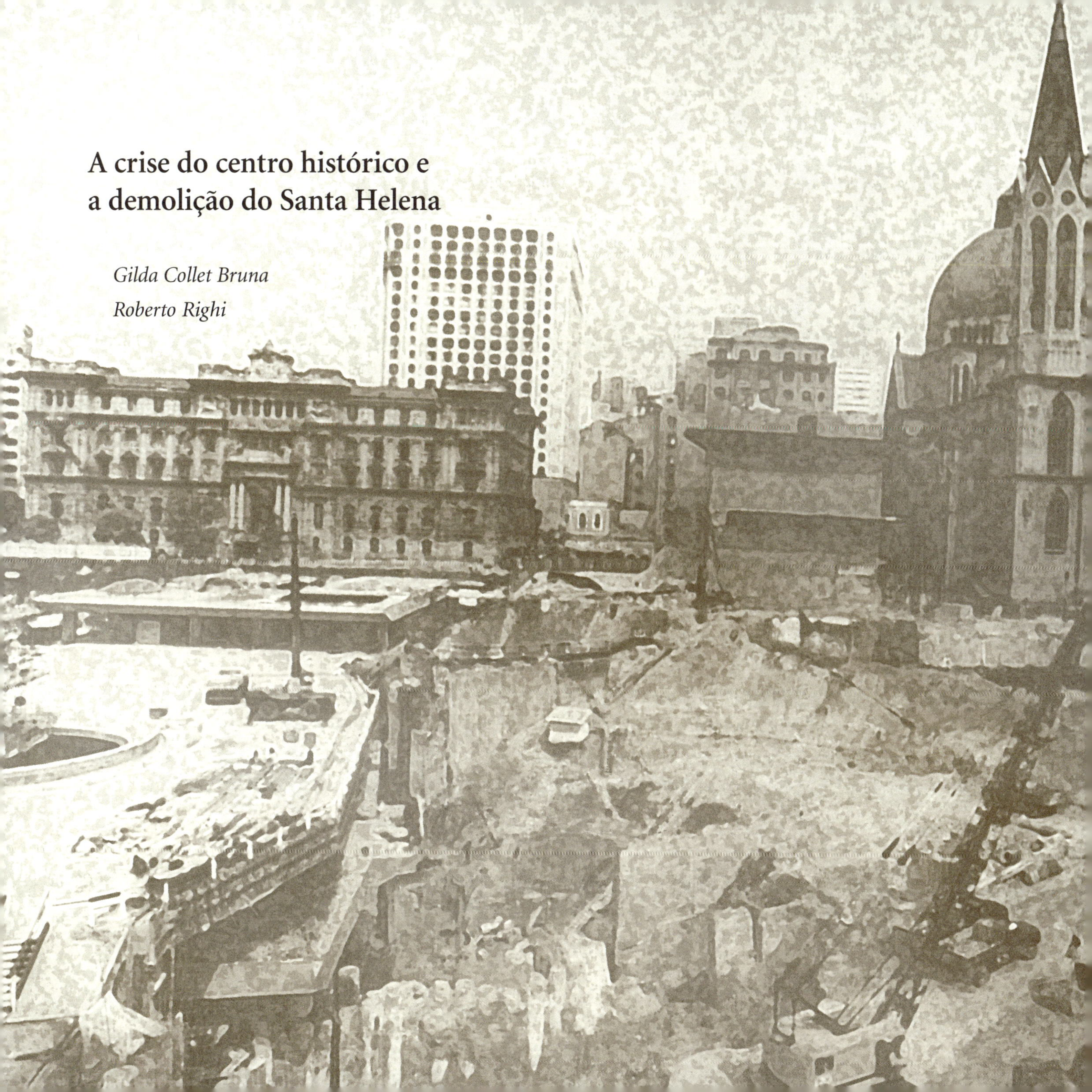

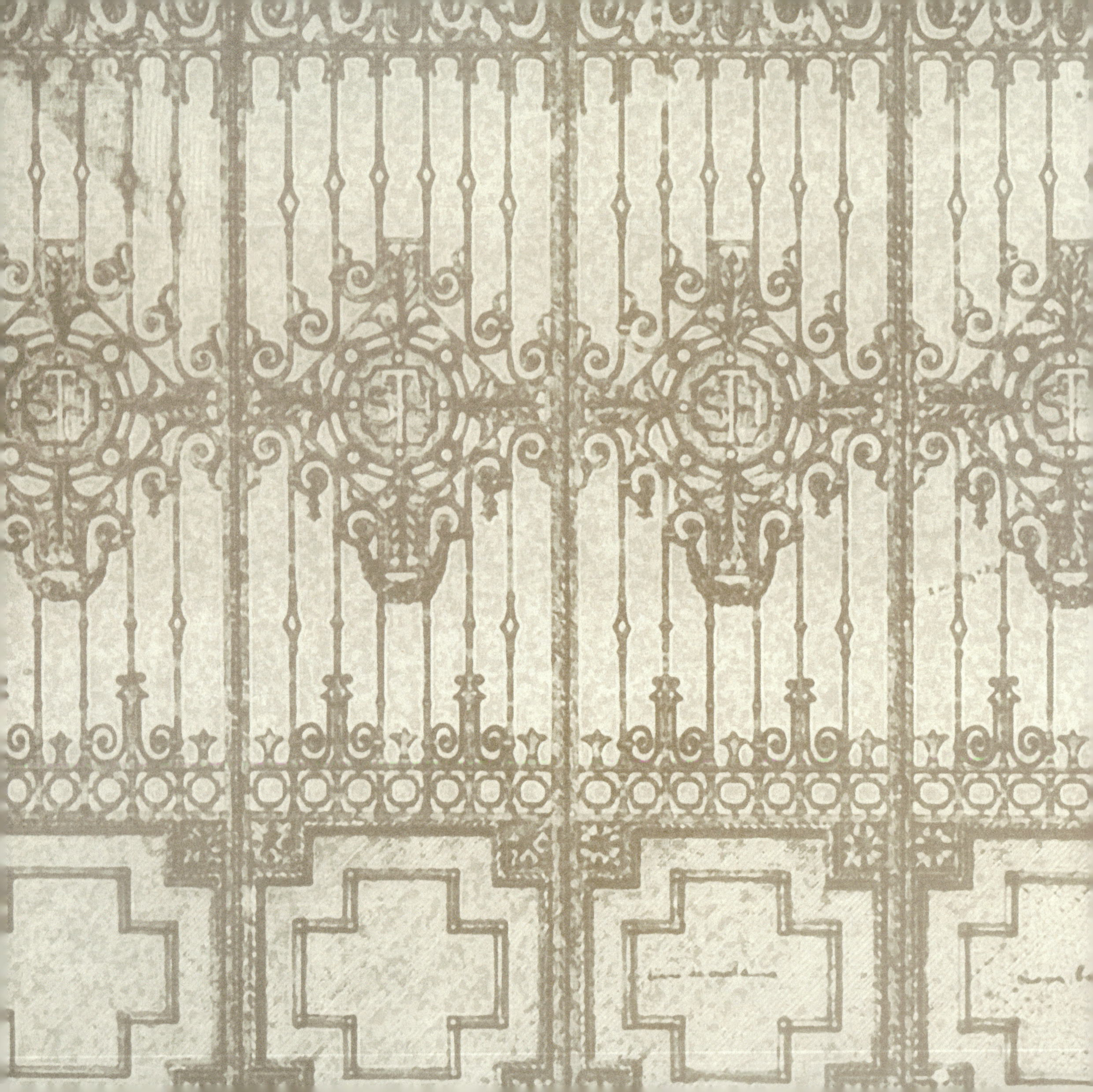

A cidade cosmopolita, o planejamento e o Centro

O rápido crescimento da metrópole paulistana fez com que ela assumisse o papel de pólo regional, nacional e continental. Seu crescente número de habitantes representava uma parcela cada vez maior da população total do estado e do país, o que acentuou a polarização funcional e desencadeou movimentos migratórios decorrentes dos diferenciais de renda, das oportunidades de trabalho e de qualidade de vida. Esse aumento extraordinário da cidade foi particularmente acentuado nas décadas de 1950, 1960 e 1970, quando atingiu uma taxa de mais de 5% ao ano. Assim, tendo cerca de 2 milhões de habitantes em 1950, São Paulo chegou aos 6 milhões em 1970. Como resultado dessa rápida expansão, ocorreu um intenso e generalizado processo de conurbação, unindo as áreas urbanas dos municípios de Osasco e Taboão da Serra a oeste, o município de Guarulhos a leste e, a sudeste, aqueles municípios conhecidos como ABCD – Santo André, São Bernardo do Campo, São Caetano do Sul e Diadema.

Essa etapa recente da metropolização de São Paulo também apresentou mudanças profundas na estrutura interna da cidade, especialmente a partir dos anos 1970, com o deslocamento de atividades mais prestigiosas, de atendimento preferencial da elite, que inicialmente se localizavam no Centro, para áreas mais externas, principalmente aquelas localizadas a sudoeste da avenida Paulista. Isso ocasionou a formação de uma nova centralidade junto à avenida Luís Carlos Berrini e imediações, como extensão dos bairros de Vila Olímpia e Brooklin, e na avenida das Nações Unidas (Marginal do Pinheiros), com a conseqüente ocupação da área central por serviços e instalações de características mais populares, em substituição às funções mais sofisticadas, envolvendo mais dinheiro e prestígio, que se transferiram e passaram a ser atendidas nesses novos pontos.

Como conseqüência desse processo, na década de 1970 São Paulo configurou-se plenamente como cidade cosmopolita, com uma população composta pelos mais diversos grupos étnicos e culturais. Esses formaram-se, primeiramente, dos imigrantes estrangeiros vindos em número expressivo desde os anos 1870, em uma corrente que adentrou o século XX, prosseguindo até após a Segunda Grande Guerra; e, posteriormente, de intensa migração interna, cujos participantes partiram das mais diferentes regiões do país.

A paisagem urbana modificou-se violentamente por um motivo adicional: a visão desenvolvimentista assumida pelo regime militar então vigente no país, mas oriunda do período democrático anterior, implicou um grande afã, em vários momentos, de realizar grandes obras públicas. A vida cotidiana passou a ser caracterizada, como resultado de todas essas intervenções, além de tudo o que foi construído pelos particulares, pela presença de tráfego intenso em largas avenidas, que suportavam grandes congestionamentos nas horas de entrada e saída das atividades diárias. Outra marca que a cidade passou a ostentar em razão disso foram os inúmeros arranha-céus, que lhe granjearam o título de metrópole verticalizada, ou "Manhattan" sul-americana.

Esse crescimento urbano intenso, fortemente guiado por interesses imobiliários, resultou, pode-se dizer, tanto do prosseguimento quanto da culminação do processo de desenvolvimento da cidade, tal como se deu desde o final do século XIX. Esse acúmulo de transformações urbanas, junto com um apuro maior no preparo técnico e teórico das pessoas nele envolvidas, quer como técnicos propriamente ditos, quer como administradores das ações, conduziu à necessidade de interferir nos padrões de urbanização, procurando melhorá-los. Essa busca expressou-se, na cidade e no estado de São Paulo, em sintonia com um esforço de âmbito nacional voltado para um melhor aparelhamento do planejamento regional e urbano, que acompanhou o aperfeiçoamento e a modernização dos próprios órgãos e instrumentos do planejamento econômico.

A modernização do aparelho estatal em todas as esferas (União, estados e municípios), do ponto de vista da gestão, leva, em São Paulo, à realização de importantes planos urbanísticos. Assim, já no final da década de 1960, o poder público buscou estruturar a cidade sob esse aspecto, de modo que, em 1968, foi elaborado o Plano Urbanístico Básico do Município de São Paulo (PUB), e logo após, em 1971, o Plano Diretor de Desenvolvimento Integrado (PDDI). Como resultado desses planos, em 1972, a Câmara Municipal pôde concretizar muitas das propostas já estudadas, aprovando a Lei de Zoneamento.

Como apoio prévio a esse incremento da estrutura urbanística, já em 1966, na administração do prefeito Faria Lima, iniciou-se o projeto para a implantação do sistema do metropolitano (metrô) de São Paulo. Para executar esse trabalho, procedeu-se a uma seleção internacional, sendo escolhido um consórcio de firmas, duas alemãs e uma brasileira. Assim, foram realizados os estudos preliminares da rede básica, e a seguir o pré-projeto da primeira linha.

Nessa época já se considerava que o Plano Diretor do Município de São Paulo deveria ser elaborado em uma perspectiva estratégica, a fim de fixar diretrizes de longo prazo para o desenvolvimento dos setores público e privado. Infelizmente, no entanto, muitos dos problemas que então preocupavam a sociedade estão ainda hoje presentes, vários deles agravados a um ponto dramático.

Uma das decorrências mais visíveis desse crescimento assustador da urbanização foi a formação de extensas áreas sem condições de dar abrigo à vida, e no entanto ocupadas por famílias de baixa renda. Assim, a expansão rápida e descontrolada da cidade foi responsável pelo surgimento e pela ampliação desmesurada de uma periferia que se alastra em todas as direções, com níveis precários de aproveitamento espacial.

A baixa qualidade urbana imperante nessas novas áreas compromete até a preservação dos mananciais de abastecimento de água da cidade, configurando uma realidade humana inspiradora de fortes preocupações. Esse panorama de abandono implica a necessidade de intervenções muito mais incisivas e abrangentes do poder público em determinados setores considerados chaves para que no futuro seja alterado esse padrão perverso de crescimento e expansão.

O Centro, por sua vez, expandiu-se a partir do núcleo histórico da cidade, constituindo-se em uma área típica reconhecida como centro também na escala metropolitana. Seu crescimento orientou-se segundo determinadas direções conhecidas como "vetores de urbanização", correspondendo a acessos a todas as regiões circunvizinhas.

No que diz respeito à expansão paulistana, distinguiam-se, na década de 1980, oito vetores: 1) o *vetor nordeste*, acompanhando a rodovia Presidente Dutra e apresentando predomínio de população de baixa renda; 2) o *vetor leste*, estendendo-se ao longo do eixo suburbano da rede ferroviária, da avenida Radial Leste e da estrada de São Miguel Paulista, abrigando uma grande concentração de população de baixa renda e apresentando também baixa oferta de empregos; 3) o *vetor sudeste*, desenvolvendo-se na direção da via Anchieta e dos subúrbios atendidos pela rede ferroviária, polarizados pelos municípios de Santo André e São Bernardo do Campo, caracterizados por uma população de renda média e pela grande oferta de empregos industriais; 4) o *vetor sul*, praticamente polarizado pelo centro do bairro de Santo Amaro, formando um distrito peculiar, tanto por sua população de classe média como por suas áreas populares; 5) o *vetor sudoeste*, orientado pelas rodovias Régis Bittencourt e Raposo Tavares, tendo como grande pólo o centro regional do bairro de Pinheiros, típico por sua baixa densidade populacional e por grandes vazios urbanos; 6) o *vetor oeste*, estendendo-se ao longo do subúrbio ferroviário e polarizado pelo centro regional do bairro da Lapa e em parte também pelo de Pinheiros; 7) o *vetor noroeste*, formado pela ferrovia suburbana e pela estrada velha de Campinas, também polarizado pelo centro regional do bairro da Lapa; 8) o *vetor norte*, com a maior densidade populacional, devido à barreira física formada pela serra da Cantareira, que limita a expansão urbana, encontra-se mais próximo do centro metropolitano, embora ofertando, no total da região, uma proporção pequena de empregos.

Essas características podem ser visualizadas tendo como referência uma grande estrutura que se irradia da área central e que pode ser reconhecida de dois pontos de vista: o geográfico e o já mencionado das vias de acesso. Nas linhas urbanas definidas pelos vetores predominam os usos nãoresidenciais, que a elas são atraídos. Essas linhas se estendem, paulatinamente, formando os conhecidos corredores de usos comerciais e de serviços típicos das atividades terciárias centrais.

Em face dessa complexa situação urbanística, que contribui para tornar a região de São Paulo conhecida internacionalmente, os objetivos e as diretrizes de planejamento voltaram-se para medidas que impunham limites à intensificação de uso e ocupação do solo, pois os efeitos disso estavam levando a uma situação caótica para o meio ambiente e para o funcionamento das infra-estruturas urbanas existentes. Entendia-se, assim, que era preciso controlar essa expansão e atuar, com base na compreensão da existência daqueles vetores, principalmente nos corredores de transporte, para preservar-lhes a eficiência.

Juntamente com esse entendimento, assumia-se que também eram objetivos desse planejamento produzir habitações de baixa renda, possibilitar à população adquirir terrenos a preços convenientes e também possibilitar ao poder público obter recursos para programas habitacionais, podendo ainda abrir novas oportunidades de produção imobiliária. Nesse sentido, pretendeu-se promover e acelerar a ocupação de áreas subaproveitadas ou não-aproveitadas, assim como facilitar a constituição e reconstituição de zonas urbanas, inovando o padrão de urbanização, ao implementar essas diretrizes.

Esse intenso crescimento urbano ocorreu de forma que, como tendência mais marcante e com maior repercussão no quesito produção do espaço construído, o centro histórico e seu entorno "alargaram-se", chegando, na direção sudoeste, até a avenida Paulista, que passou a ocupar funções centrais chaves, com nítidas tendências de expansão.

Mas destas observações emerge uma pergunta: por que esse crescimento ocorreu a partir do núcleo central da cidade? Para responder a essa questão, é importante verificar que, em um primeiro momento, foi o transporte ferroviário que apoiou e mesmo reforçou o domínio desse núcleo central, servindo como fator de atração aos empreendimentos que dependessem de um mercado mais amplo do que o estritamente local.

Configurando aquela estrutura geográfica e de vias de acesso antes referida, o sistema aqui descrito contava, no início daquela expansão, com as linhas e estações ferroviárias cujo entroncamento e localização principal ocorria em São Paulo. Isso contribuiu para que aí se instalasse um parque industrial importantíssimo para o país e para o continente.

Em um segundo momento, esse papel passou a ser desempenhado pelo transporte rodoviário, o que trouxe maior mobilidade individual, possibilitando a procura por locais menos dependentes das linhas fixas de transporte sobre trilhos e estendendo, assim, a influência desse pólo urbano por áreas mais amplas ainda.

No entanto, o uso crescente do automóvel na área central acarretou problemas para a estrutura urbana existente. Gradativamente, a circulação de bens e serviços foi dificultada, e também a de passageiros, o que estimulou o desenvolvimento de outros centros comerciais, projetados ou não, que surgiram em locais estratégicos. Muitos desses pontos de adensamento comercial situavam-se em áreas com padrões urbanísticos de usos predominantemente diversificados, permitindo, entre outros, o desenvolvimento aí da função comercial, o que estimulou a implantação de *shopping centers*.

De fato, a zona central manteve-se com suas características de centro de distribuição de bens e serviços enquanto pôde contar com o reforço da procura de famílias de renda média e alta morando em sua área ou próximo dela. No entanto, já era previsível que alguns tipos de comércio, como aquele das grandes lojas, viriam a ter "um crescimento lento em suas vendas no centro, em contraste com um considerável aumento dos negócios nas suas filiais da periferia".[1] Mas ainda se considerava que o comércio varejista continuaria a atrair clientes regionais, mesmo que em menores proporções, denotando, assim, que a expectativa da migração dos negócios para fora da área central seria gradativa, porém suave.

---

[1] Prefeitura do Município de São Paulo/Grupo Executivo de Planejamento, *Plano Urbanístico Básico*, vol. II: *Desenvolvimento urbano* (São Paulo/Montreal: Asplan/Daily/Wilbur Smith, 1968), p. 43.

Já naquela época se julgava que o comércio varejista era uma atividade capaz de pagar os altos preços de compra e locação, para se localizar, se fosse o caso, em áreas que lhe fossem mais favoráveis. Daí se desenvolveram empreendimentos que levaram à instalação de lojas e escritórios ao longo das ruas principais, a partir das áreas centrais. E nessa expansão a avenida Paulista tornou-se rapidamente o principal concorrente da área central tradicional, principalmente em termos da oferta de serviços aos grupos populacionais de renda mais alta.

Nesse cenário de crescimento do centro metropolitano, algumas ruas destacaram-se com a predominância de edifícios altos de escritório e comércio, em terrenos que se tornaram, assim, muito valorizados.

Posteriormente, nas décadas de 1980 e 1990, a metrópole passou a sofrer uma nova modificação de sua estrutura funcional, diminuindo a participação das atividades ligadas à indústria e sendo incrementadas as terciárias nesse perfil. As conseqüências dessa mudança são muitas e de extrema importância, hoje e no futuro.

Foram os tempos de surgimento e expansão da chamada "nova economia", quando se deu em nível mundial, mas de maneira especialmente sensível entre nós, o estabelecimento de novas relações de trabalho e de empregabilidade, com o conseqüente desemprego crônico e a emergência maciça da informalidade e da clandestinidade. Esse processo, doloroso e causador de confusão, mesmo em termos de teorias e paradigmas, foi acompanhado também do amadurecimento de formas inovadoras de comércio em grandes proporções, que levaram as ocupações econômicas a se relacionar com a cidade de um modo novo, a nos desafiar hoje em nossas reflexões.

Mas, entre outros motivos de grande preocupação, generalizou-se um padrão periférico e antiurbano, que levou à busca de isolamento em relação à cidade, ao fechamento em condomínios murados, em *shopping centers* ou em empreendimentos multifuncionais. E, paralelamente a tudo isso, em um fenômeno interligado a todas essas mudanças de condições, assiste-se ao crescimento da violência e da marginalidade, produto, também, do aumento dos contrastes entre as classes sociais, com a diminuição efetiva dos mecanismos de mobilidade da população na escala de *status* social e, igualmente, com a redução de oportunidades de emprego, educação, saúde e qualidade de vida.

O impacto dessas mudanças levou, já nas décadas de 1980 e 1990, a uma transformação no padrão de urbanização da metrópole paulistana, com a retomada do crescimento urbano e populacional das regiões mais centrais, retomada essa, porém, realizada pelos estratos de renda mais populares, que já se mantinham como freqüentadores do comércio do Centro.

A demolição do Palacete Santa Helena

As profundas modificações urbanísticas ocorridas certamente foram responsáveis por novas edificações, gerando, em um efeito multiplicador, novas avenidas, novos serviços, como os da própria Companhia do Metropolitano de São Paulo (metrô), com demolições de construções existentes, que deviam dar lugar a novos itens da infra-estrutura, moldando uma nova cidade...

Na época em que foi demolido o Edifício Santa Helena, nos anos 1970, iniciava-se já na Europa uma profunda alteração no entendimento da noção de patrimônio. Passava-se agora a atribuir valor a edifícios ou objetos que, apesar de não constituírem obras de exceção, tinham sua importância vinculada a seu papel na memória, identidade e imagem de um lugar e de uma comunidade (conforme defendido na Carta de Veneza, lançada em 1964, e na Declaração de Amsterdã, de 1975). Infelizmente, em São Paulo, a decisão da Companhia do Metropolitano, em 1971, de proceder à demolição do Palacete Santa Helena não provocou nenhuma reação contrária significativa (ver figuras 1 e 2). E isso remete a uma discussão importante a respeito de história e de posições assumidas no campo da cultura, de fundo estético, mas também político.

No Brasil, a vinculação do movimento moderno às referências de simplicidade e honestidade da arquitetura colonial foi acompanhada pela condenação do academicismo *Beaux-arts* que dominava o *establishment* arquitetônico até a ascensão dos modernos. O ecletismo, majoritariamente classicizante,

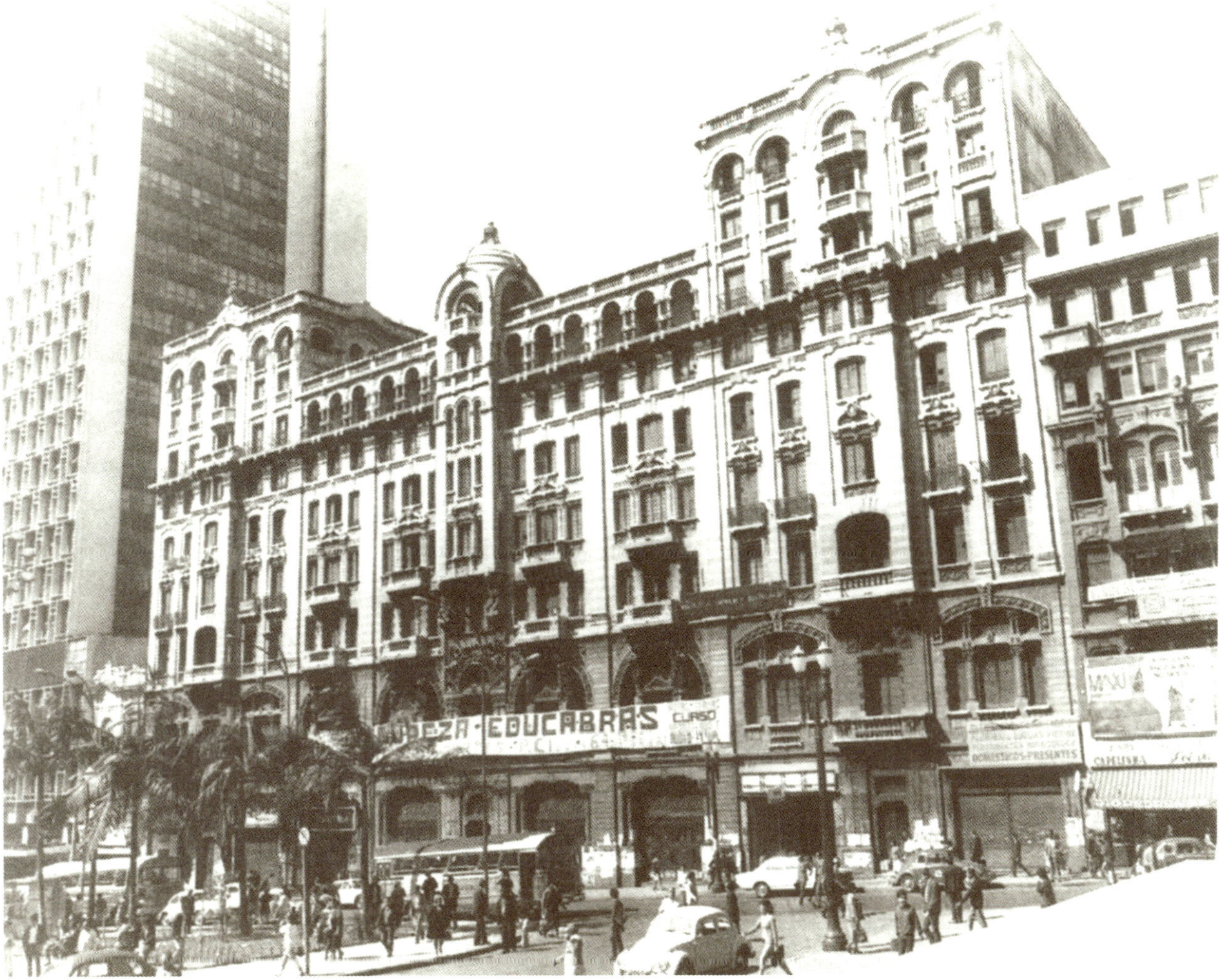

Figura 1. O Palacete Santa Helena, pouco antes de sua demolição, quando abrigava poucos inquilinos, entre eles o curso de madureza Educabrás.

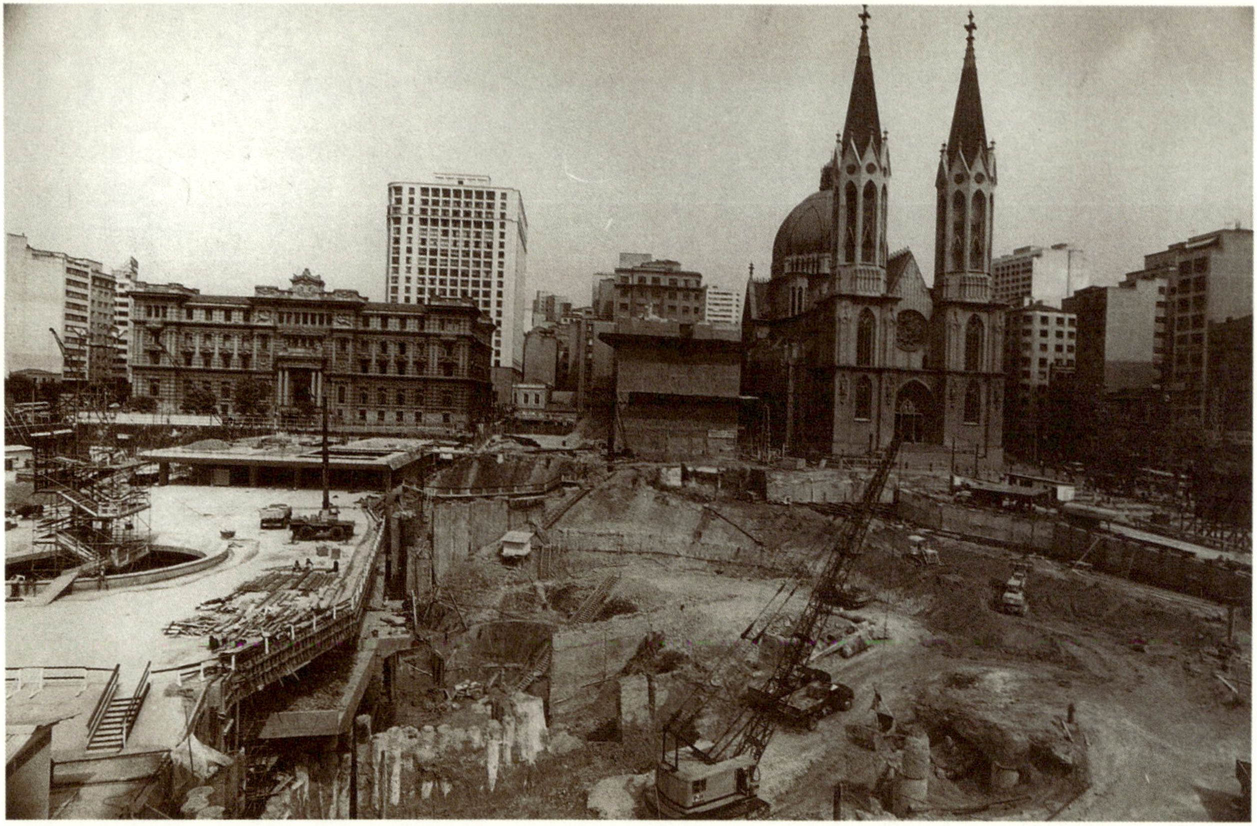

Figura 2. Demolição do Palacete Santa Helena, em 1971.

passou a ser visto como desprovido de valores nacionais autênticos, uma "arquitetura de catálogo", como muitos referem. Assim, no início da hegemonia moderna, o acervo eclético foi desprezado pelas políticas de preservação do patrimônio, que priorizavam os principais monumentos do legado colonial.

Entende-se que, com o crescente destaque da arquitetura modernista no Brasil – fortemente associada à imagem de nação moderna –, a desvinculação feita pelos modernos do ecletismo em relação às noções de identidade e memória teria sido responsável pela sistemática desvalorização de edifícios de tradição neoclássica e/ou eclética, ao fornecer os pressupostos estético-ideológicos que possibilitaram sua demolição, como no caso do Santa Helena. Além disso, as pressões imobiliárias pela renovação do parque edificado nas áreas urbanas centrais e a necessidade de abrir espaços para a modernização dos sistemas viário e de transportes completaram os pré-requisitos para que o bota-abaixo fosse realizado.

Na década de 1970 ocorreu um fato importante para a história de São Paulo e definitivo para a história do Edifício Santa Helena: a inauguração do metrô, investimento pesado, cuja rede tem a intersecção de suas duas primeiras linhas localizada no centro da cidade (ver figura 3). A construção do metrô reforçou a estrutura radiocêntrica de transportes coletivos e levou ao comprometimento da área central com um sistema de terminais finais e de transbordo de ônibus. Os extensos "calçadões", ruas que se transformaram em passagens exclusivas para pedestres, também implantados no início dos anos 1970, acentuaram as dificuldades de acesso ao Centro pelas elites motorizadas.

Em 1972 iniciaram-se as obras da Estação Sé do metrô, levando à destruição da configuração da praça tal como fora constituída ao longo de pelo menos sessenta anos (ver figura 4). Essa configuração gradativa produziu um lugar dotado de razoável urbanidade, com clara demarcação de seu espaço interior, consolidado como principal logradouro público e cívico da cidade. Era, na história da praça, a terceira e maior onda de demolições, de conseqüências profundas. Essa forte intervenção urbana nunca possibilitou que fosse recuperada a integridade perdida do local.

Na década de 1970, a sociedade brasileira e a cidade de São Paulo passaram por profundas transformações, agravando tendências que vinham das décadas anteriores e que foram acentuadas pelo regi-

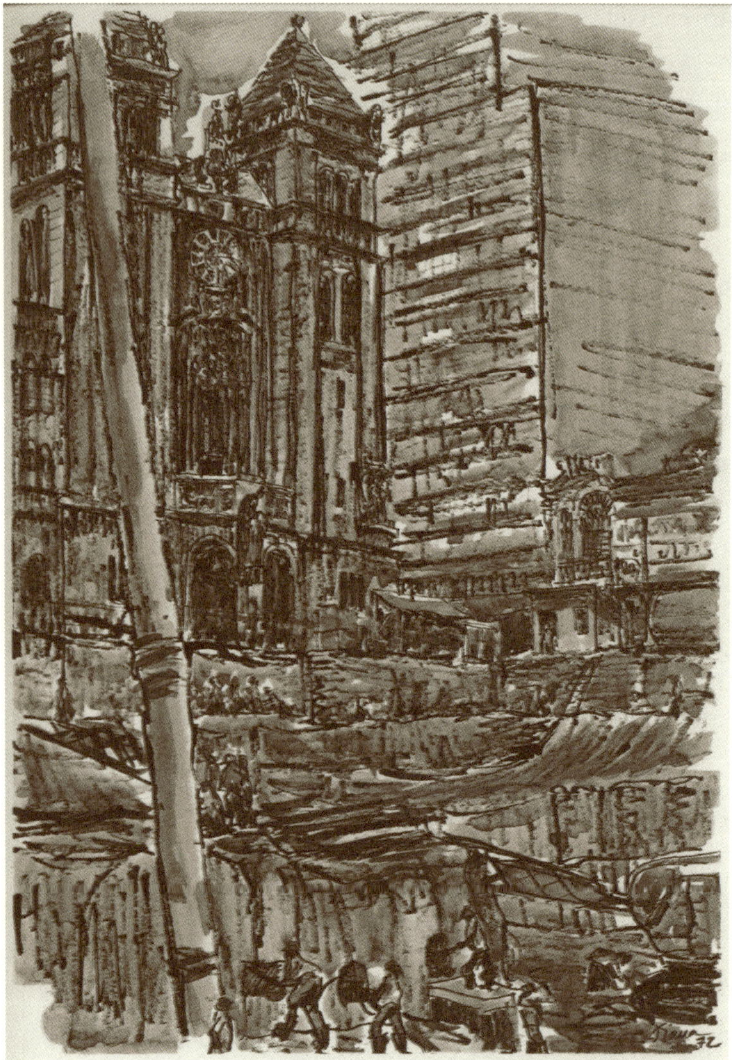

Figura 3. Diana Danon, obras da Estação São Bento do metrô, 1972.

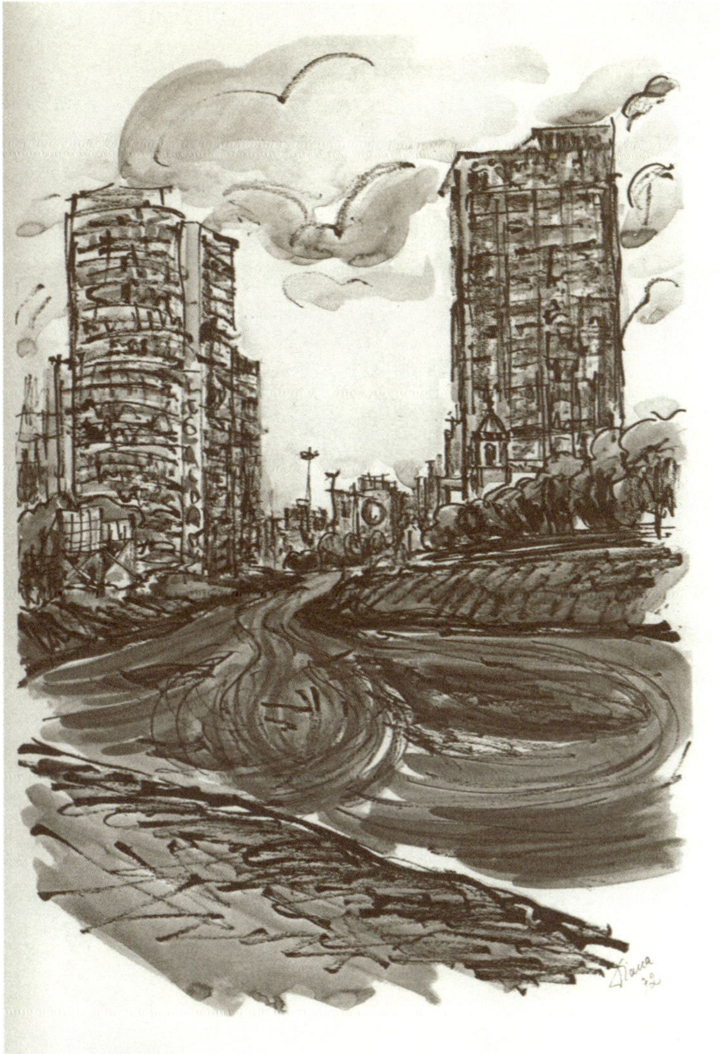

Figura 4. Diana Danon, escavação inicial da praça Clóvis Bevilacqua para construção da Estação Sé, 1972.

me militar, resultando em concentração de renda e na conseqüente segregação espacial da população. O deslocamento das classes mais altas em direção do vetor sudoeste e a periferização dos estratos mais populares tiveram impacto sobre o centro da cidade. Houve estímulo ao surgimento de novos núcleos comerciais e de serviços, mais descentralizados, em decorrência das grandes obras viárias realizadas na cidade, especialmente as que foram sendo implantadas na direção das margens do rio Pinheiros. Obras que tiveram sempre a orientação de promover o aumento da mobilidade dos automóveis e o conseqüente estímulo à especulação imobiliária.

O metrô contrariou essa lógica perversa do transporte individual, mas tinha limites estreitos para produzir efeitos sobre a estruturação urbana, por seu alto custo e sua lenta expansão, de modo que a formação de uma rede integrada demorou vários anos. Em contraposição a isso, o Centro manteve-se relativamente estagnado. O processo foi também parcialmente provocado pelas próprias políticas públicas realizadas, como o zoneamento, aprovado por lei em 1972, e as diversas políticas setoriais.

Ocorreu concomitantemente no Centro um fenômeno de popularização, com a presença cada vez maior, em proporção, de pessoas com baixos rendimentos, modificando-lhe o perfil do comércio e dos serviços. Acabou havendo uma diminuição do valor de venda e de locação dos imóveis, ocasionando abandono e decadência. Praticamente deixaram de ser realizadas novas construções no Centro, o parque construído envelheceu e o desenho urbano não se completou, provocando nos observadores uma sensação de descontinuidade e heterogeneidade urbanas.

A lógica da ação pública orientou os investimentos estatais basicamente para o desenvolvimento dos transportes coletivos e para obras de transposição do Centro, como a ligação Leste–Oeste e o Elevado Costa e Silva. Nesse rol de intervenções situou-se também o Projeto Calçadão, voltado para a integração física do Centro, que teve, porém, impacto negativo, por restringir a acessibilidade do transporte individual.

A Estação Sé, inaugurada em 1978, foi considerada referência, com todo o transtorno que sua construção provocou, assim como o benefício que proporcionou, no processo de renovação urbana do Centro. O início das obras, que se deu em 1972, prosseguiu por seis anos e alterou completamente o espaço urbano, levando à união da praça da Sé com a praça Clóvis Bevilacqua.

O conjunto, em sua configuração anterior, era dominado na parte de cima, indo para o bairro, pela Catedral da Sé, de grandes dimensões, ladeada por dois alinhamentos de edificações e de ruas, equilibrados e homogêneos, representando bem o passado. A parte de baixo, próxima do Pátio do Colégio, resultante do antigo largo da Sé, apresentava uma composição espacial mais heterogênea, porém de vivo interesse arquitetônico.

Mas, insensivelmente a tudo isso, as desapropriações e demolições sucederam-se de forma tecnocrática e sem julgamento criterioso: tudo se fazia em prol de um projeto técnico sem alternativas. Prédios grandes, como o Mendes Caldeira, com 28 andares, o R. Monteiro, com catorze andares e então de construção recente, e o Santa Helena, de pronunciado interesse histórico, entre outros, foram impiedosamente demolidos. Tal atitude autoritária apoiava-se nos conceitos de renovação urbana imperantes na época, viabilizados pelo regime militar. As críticas feitas pela imprensa ao alto custo e ao absurdo das desapropriações pouco efeito tiveram. Em relação à concepção projetual, porém, houve um avanço, e foi feita uma revisão do primeiro projeto, resultando no aumento das áreas verdes de 7 mil para 25 mil metros quadrados.

Nesse cenário de terra arrasada, a demolição de toda a quadra onde se localizava o Edifício Santa Helena criou um enorme espaço vazio, deixando ficar lado a lado áreas de origens distintas: a praça da Sé e a praça Clóvis Bevilacqua. Para agravar o quadro, a praça Clóvis, que era bem maior que a da Sé, apresentava desnível acentuado e não tinha forma definida.

No entanto, com o projeto da praça da Sé pretendia-se definir um novo paradigma, de importância nacional, que representaria um marco para a recuperação urbana da área central. Tendo como parâmetro esse objetivo ambicioso, a Empresa Municipal de Urbanização (Emurb) definiu diretrizes projetuais que envolveriam a criação de um espaço predominantemente aberto, não edificado. Os componentes técnico-operacionais da linha do metrô condicionariam o projeto do que seria edificado.

A concepção geral do espaço deveria articular a área informe do conjunto praça da Sé e praça Clóvis, valorizando a catedral e o Palácio da Justiça, marcos do local.

Na busca de implantar o paradigma da recuperação, o resultado espacial da nova praça da Sé, profundamente articulado ao projeto das linhas do metrô e ao da Estação Sé, ganharia novos princípios de composição, de natureza modernista. O partido arquitetônico adotado inicialmente pela equipe da Emurb resumia-se à cobertura da estação de metrô por meio de duas lajes, uma que atravessaria a antiga praça Clóvis no nível do embasamento do Palácio da Justiça e outra no nível da praça da Sé, formando dois planos. O projeto final previa a existência de espaço aberto para concentrações públicas, apesar de todas as interferências técnicas decorrentes do metrô. Mas essas interferências implicaram muitas limitações, o que dava razão às críticas feitas ao projeto, segundo as quais não havia, na obra construída, uma escala adequada, dada a exigüidade do resultado alcançado, devido à forte fragmentação do espaço geral e às barreiras técnicas e paisagísticas.

Na esteira dessas críticas, mas trazendo a contribuição da pesquisa universitária produzida uma década depois, Vladimir Bartalini alerta para o decréscimo do valor paisagístico do conjunto das praças da Sé e Clóvis Bevilacqua, ao afirmar:

> Houve sim perda de qualidade: perdeu-se a escala que seria dada pelos edifícios, mais adequada às dimensões da praça; perdeu-se o valor intrínseco do edifício Santa Helena; perdeu-se a oportunidade de ter o uso relacionado aos edifícios refletido no uso da praça.[2]

Em obediência àqueles princípios modernistas, a equipe de projeto viu-se diante da necessidade de criar um elemento de interesse no centro da praça, o que levou ao estabelecimento de um grande espelho-d'água, hoje desvirtuado pela falta de manutenção e de fiscalização dos usos admitidos. Por outro lado, a linguagem de projeto preocupou-se muito com detalhes e acabamentos, no piso, no

---

[2] Vladimir Bartalini, *Praças do metrô: enredo, produção, cenário, atores*, dissertação de mestrado (São Paulo: FAU-USP, 1988), p. 190.

mobiliário e nas catorze esculturas de expoentes brasileiros. Isso aconteceu em detrimento de uma visão mais estrutural e orgânica.

Também representante da reflexão universitária recente, José Paulo de Bem afirma que o projeto da Estação Sé do metrô partiu tecnicamente do traçado das linhas.[3] Assim, a linha Leste–Oeste, ao passar sobre a linha Norte–Sul, projetada primeiro, chegou muito próximo da superfície, fazendo com que restassem poucos pontos possíveis para a sua passagem sem colidir com as fundações dos prédios existentes na fachada oeste da praça da Sé. Isso explica por que os dois leitos da linha Leste–Oeste abrem-se bastante, formando um generoso espaço interno. Essa grande área disponível transformou-se em ampla abertura circular, no centro da estação, que permite integrar visualmente todos os níveis, dando ao local um sentido de legibilidade espacial fora do comum. Formando uma unidade com esse amplo poço central estão os conjuntos de escadas rolantes e fixas, gerando uma fluidez que adquire grande expressividade. As áreas técnicas foram localizadas nos espaços remanescentes, entre as paredes-diafragma que delimitam as áreas construídas.

Para De Bem, ao se adotar o partido formal e estético da Estação Sé, tomou-se como referência as obras de Oscar Niemeyer no Parque Ibirapuera, especialmente o Pavilhão da Bienal, baseado na disposição definida de pilares de seção circular e lajes em balanço intercaladas com lajes sinuosas.[4] E, nesse partido, o peso conferido formalmente à laje levou a que a relação entre a composição arquitetônica do interior da estação e o arranjo paisagístico do exterior tenha sido definida no mezanino, para onde convergem os acessos e em que se localizam as bilheterias e os bloqueios. Lançando mão, para coroar esse raciocínio, do critério plástico-visual, o espaço do mezanino comunica-se com o exterior por meio de uma abertura trapezoidal com jardim e uma grande escultura de Alfredo Ceschiatti – abertura fundamental para a circulação do ar, mas infelizmente diminuída pelo excesso de bilheterias.

---

[3] José Paulo de Bem, *A Sé e os espaços públicos centrais*, dissertação de mestrado (São Paulo: FAU-USP, 2002).

[4] *Ibidem*.

Mas, com todas as camadas de leitura que o suceder dos anos pôde proporcionar à compreensão social da obra, hoje se avalia, dada a aceitação pacífica desse espaço moderno, plenamente incorporado à vivência da população, que a Estação Sé carece de melhor acabamento e de uma definição mais adequada de cores e iluminação.

Restou, contudo, como questão não completamente equacionada, a parte exterior da estação, ou seja, a praça. É, no entanto, preciso partir do entendimento de que a proposta que configura o espaço público da superfície foi fortemente condicionada pela estação de metrô. E um dos primeiros requisitos para isso estava no fato de que inicialmente a própria Companhia do Metropolitano chegou a elaborar projeto para o local, marcando a ocupação da superfície pela abertura de tomada de ar entre as praças da Sé e Clóvis Bevilacqua. Mas o partido geral tinha como pressuposto a idéia de que o setor da praça da Sé em frente à catedral deveria ser um espaço de extensão do próprio templo para eventos religiosos, enquanto se previa que o restante da praça se configuraria como um espaço densamente arborizado.

Em um segundo momento, porém, a nova concepção do projeto para a qual se encaminhou o raciocínio anterior, devido ao acentuado desnível existente, levou a área da praça Clóvis Bevilácqua a receber dois níveis. Com isso, as entradas do metrô foram dispostas sob uma grande laje. E a área descoberta foi ordenada no entorno de um grande espelho-d'água com repuxos, sob a qual está a cobertura translúcida, como um imenso domo circular situado no centro da estação.

A despeito do viés estético-formal, de cunho modernista, a conduzir a definição final do projeto, o que poderia acarretar problemas de funcionalidade, suas determinações técnicas chegaram, no geral, a bom termo, com a laje suspensa e a abertura compondo um conjunto que garante ventilação e iluminação adequadas. Ademais, o restante da superfície foi concebido, nessa caracterização final, como uma praça seca, dotada de mirante e jardim de esculturas, e o conjunto foi, desde a inauguração, vocacionado para a realização de eventos públicos. Por fim, para a área em frente do Palácio da Justiça – edifício tombado de autoria de Domiciano Rossi, colaborador de Ramos de Azevedo – foi proposta uma pequena praça.

Outro aspecto importante ainda a ser lembrado no projeto da Estação Sé é a ausência de torres de ventilação, que teriam deteriorado a paisagem circundante. Foram substituídas por grandes aberturas de captação e exaustão de ar, o que representou uma solução técnica inovadora, depois aplicada em outras estações do metrô (ver figura 5).

As críticas negativas à nova praça se intensificaram com o término de sua construção, ajudando a compor as referidas camadas de leitura que a obra recebeu. Os pontos levantados nessas críticas, especialmente aqueles para os quais os arquitetos chamaram a atenção, referiam-se à descaracterização da memória, à demolição excessiva e não precedida de cuidadoso projeto urbanístico, além da escala inadequada, da dificuldade de manutenção e da frieza e aridez do espaço aberto pela nova praça.

Em parecer do então presidente da Emurb, Ernest Mange, apresentado em 19 de maio de 1976 à Câmara Municipal, de certa forma reconhece-se, bem antes da inauguração, a nova situação produzida, quando ele afirma que a praça da Sé tornara-se um enorme espaço, resultante da demolição de vários prédios, por onde transitariam de 80 a 100 mil pessoas por hora para tomar o metrô. Para esse documento, a função preponderante da nova praça seria a circulação para suprir o metrô, a seguir viria o lazer da população e por último, as funções cívicas.

Na época, muitos acreditavam que a arquitetura vanguardista da estação e da praça levaria à renovação e à remodelação da paisagem do entorno, gerando até mesmo um novo ciclo de construções. A seqüência de acontecimentos não confirmou essa expectativa otimista. Na verdade, só foi feita a recuperação de alguns poucos prédios, como o da Reitoria da Unesp. Além disso, o uso e a ocupação do solo pouco foram afetados, permanecendo a forte predominância, nos térreos, do comércio formado por drogarias, farmácias, bares, restaurantes, lojas de roupas e calçados; e, nos andares superiores, de serviços de contabilidade, administração, advocacia e outros – todos com características bem populares. Indicando o sentido geral do processo, o empobrecimento da área é atestado pelo declínio do preço dos imóveis.

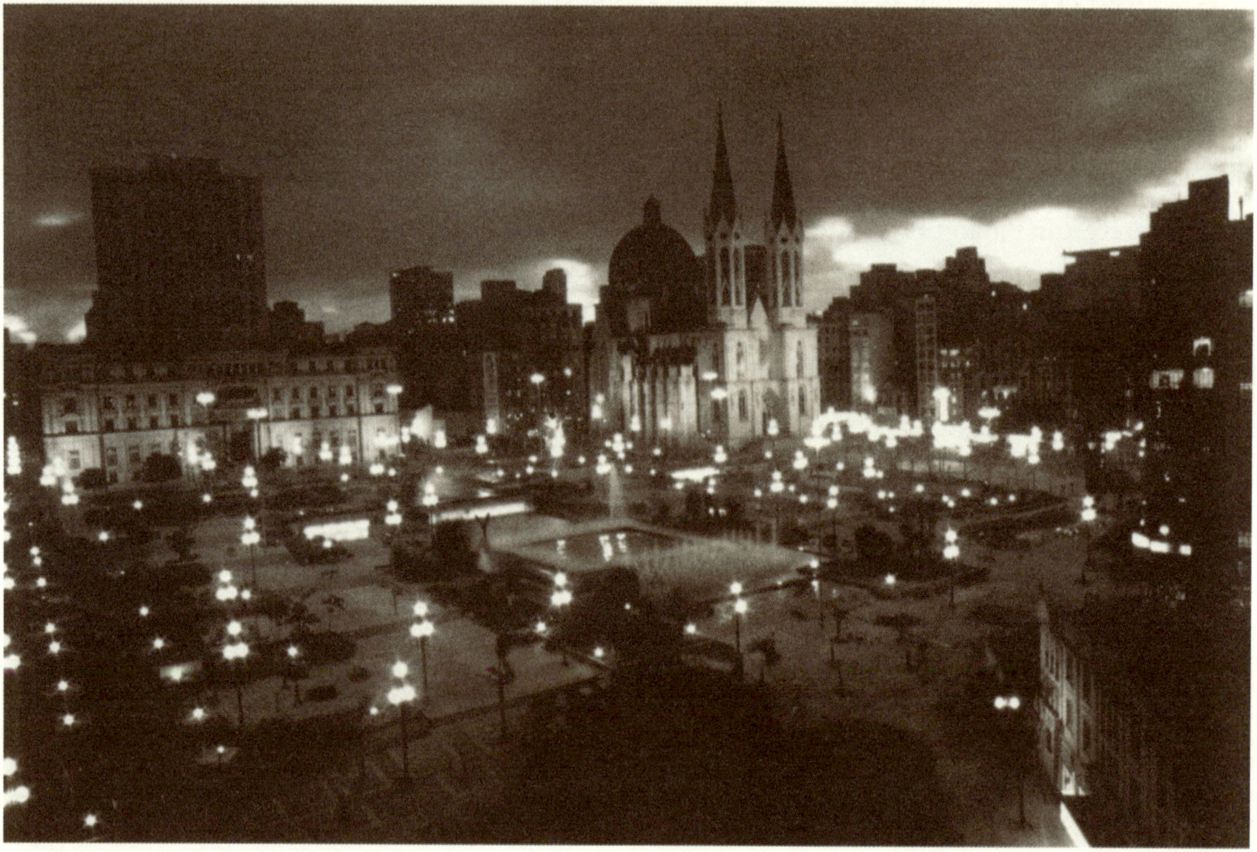

Figura 5. A praça da Sé recém-inaugurada em 1979.

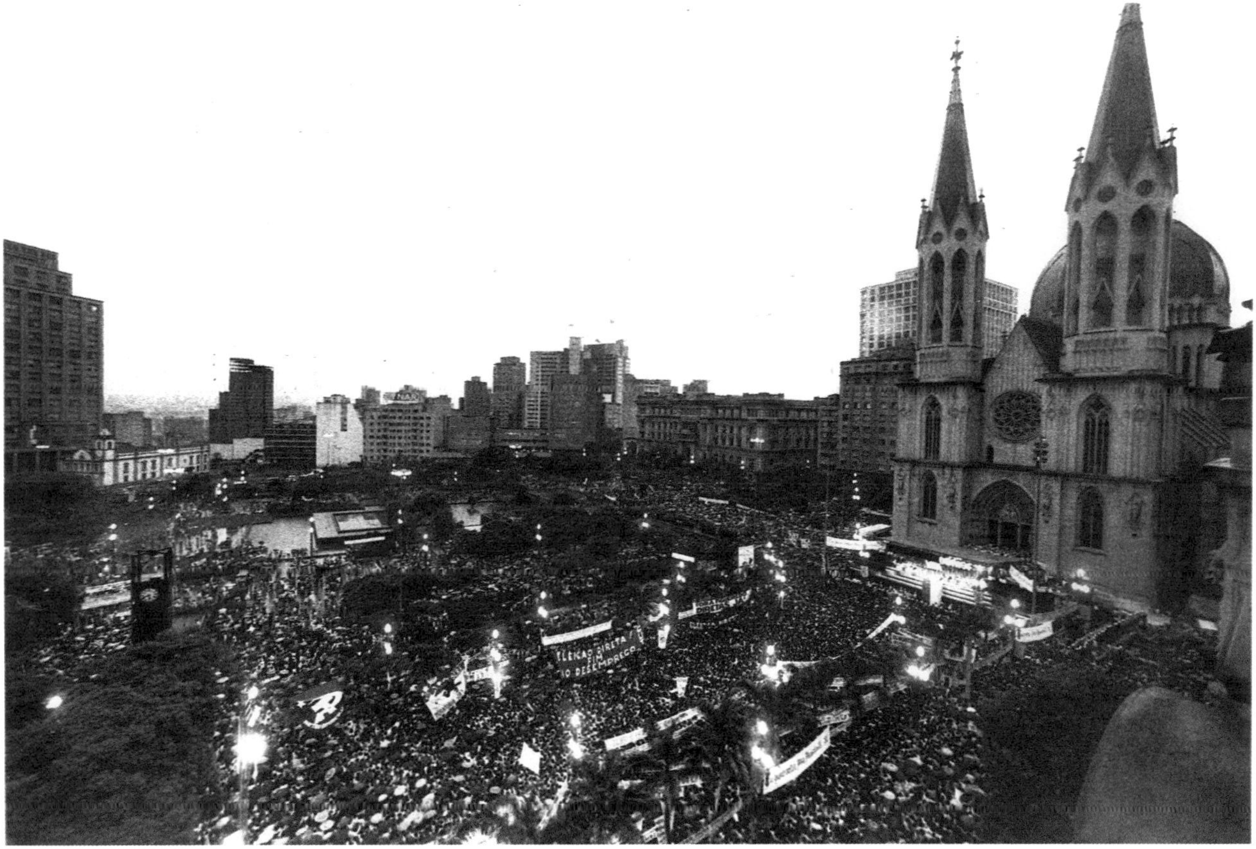

Figura 6. Comício das Diretas-já, 1984.

Cumprida a principal finalidade da nova praça – a circulação, definida por Mange –, o conjunto do logradouro resultou em uma ampla superfície de piso que não favorece nem mesmo o lazer contemplativo. Com o passar do tempo, a praça, não se efetivando como espaço incorporado pela população em geral, foi ficando cada vez mais relegada ao uso de ambulantes, biscateiros, desempregados e moradores de rua. Há episódios, entretanto, em que ela assume, em momentos especiais de grandes manifestações políticas ou religiosas, o âmbito público.

Resta o fato de que a amplitude do espaço vazio, com seu espelho-d'água, cotidianamente visitado pelas pessoas que por aí passam ou convivem com essa geografia – lojistas, donos de escritório, trabalhadores que aí exercem suas funções, usuários do metrô –, requer cuidados especiais do poder público para que se torne um espaço revitalizador da área central.

Um ponto que pode ser considerado deficiente no espaço resultante é o trecho correspondente à antiga praça Clóvis, que ficou fragmentado por desníveis, canteiros, fontes, aberturas de ventilação da estação do metrô e outros elementos, dificultando o uso e a apreensão do espaço como um todo. Nesse caso, a nova distribuição das massas construídas e dos vazios, em sua complexidade, gerou dificuldade de compreensão do espaço e de envolvimento da população com esse importante patrimônio público.

Manifestações políticas e cívicas mantiveram-se e mantêm-se na praça da Sé, embora tenham rareado. Na década de 1970, ela foi um baluarte da luta contra a ditadura militar e da resistência democrática. Já nos anos 1980 sediou a reorganização do movimento sindical, com o Primeiro de Maio de 1981, e o comício da campanha pelas Diretas-já, em 25 de janeiro de 1984, atestando sua vocação pública (ver figura 6, na p. 225). Hoje passam diariamente pela praça da Sé cerca de 300 mil usuários, superando as intenções do projeto e reforçando o potencial de centralidade da cidade de São Paulo.

Visões sobre patrimônio e memória

Fernanda Magalhães

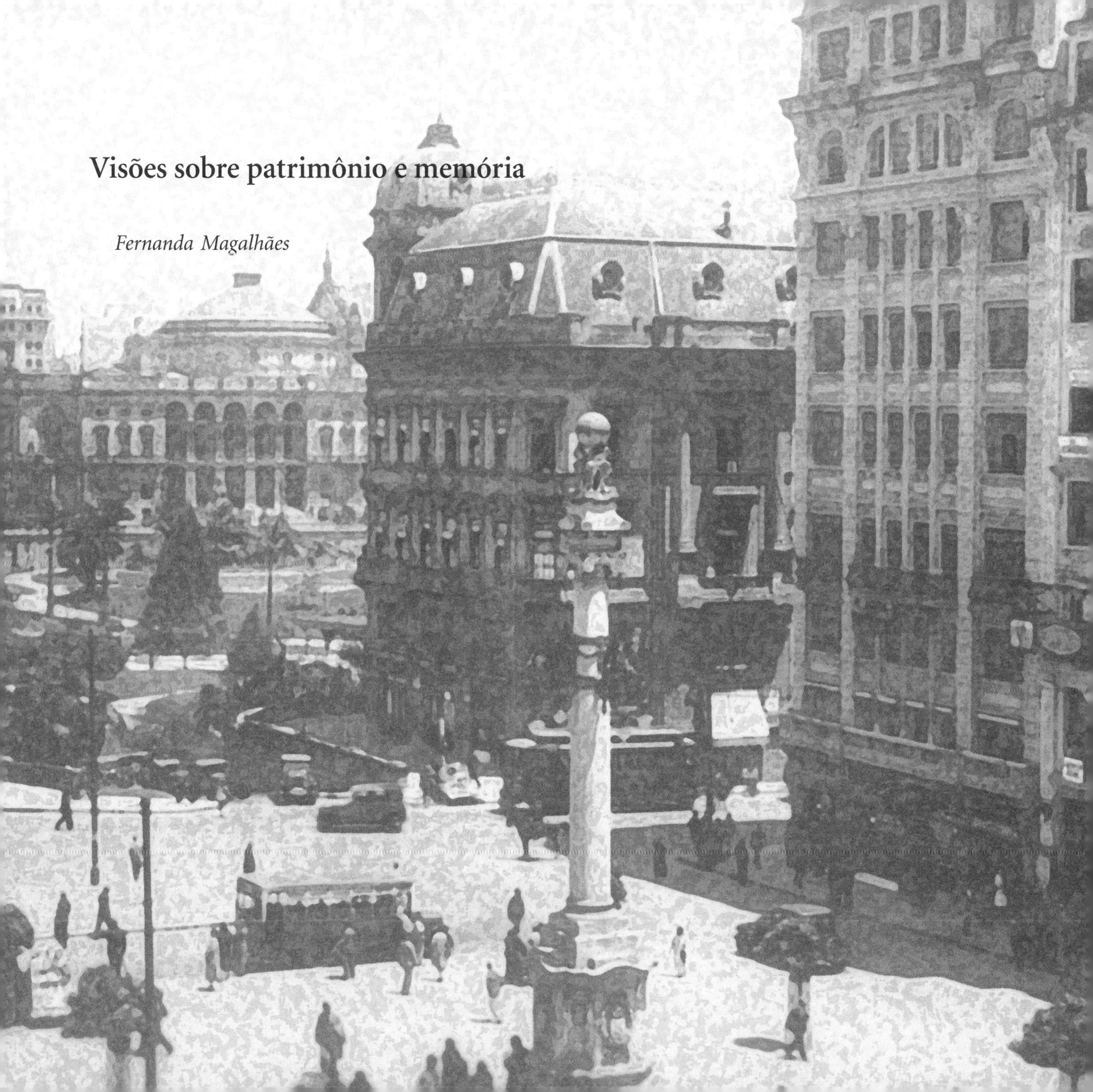

É difícil precisar as razões que levaram à demolição do Palacete Santa Helena. Faz-se necessário primeiro entender, mesmo que brevemente, como evoluiu a idéia de patrimônio, de modo que se perceba o porquê da não valorização desse bem cultural no contexto da época.

Na Europa, apenas no século XIX se tomou consciência de certos monumentos como componentes de um patrimônio histórico de valor nacional ou universal. As primeiras cartas e convenções internacionais dispondo sobre esse tema só apareceram no início do século XX. Mas, concomitantemente a esse processo de universalização, deu-se uma progressiva ampliação da escala em que se focaliza um objeto digno de ser reconhecido como parte do patrimônio nacional ou da humanidade. Até então, o entendimento da questão tinha como base o bem isolado, seja a escultura, seja o monumento, a ruína ou o edifício, sem considerar seu entorno. É só a partir de 1925, em particular depois de 1931, com a Conferência Internacional de Atenas e em seguida o IV Congresso Internacional de Arquitetura Moderna (Ciam), em 1933, também realizado em Atenas, que se evolui para levar em conta a noção de conjunto.

De forma análoga, no Brasil a noção de patrimônio e sua valorização em uma discussão pública emergiram paralelamente à eclosão do movimento moderno, que assumiu forte cunho nacionalista, tendo como defensores figuras modernistas emblemáticas, como Lúcio Costa e Mário de Andrade. Em 1937 foi criado o Instituto de Patrimônio Histórico e Artístico Nacional (Iphan), que logo assentou sua política na preservação de monumentos isolados, entendidos como obras de excepcional valor. Obedecendo a essas diretrizes nacionais, em São Paulo foram tombados edifícios fundamentalmente relacionados a nossa herança colonial: as casas bandeiristas, a Igreja de São Miguel, do século XVII, e o Mosteiro da Luz, do século XVIII.

O movimento moderno, que no Brasil se vinculou fortemente às raízes coloniais de nossa arquitetura, reinterpretou-a e associou-se à sua originalidade, simplicidade e autenticidade, pretendendo que as obras projetadas sob sua inspiração incorporassem essas mesmas qualidades. Esse é o lado positivo, de afirmação.

Mas há um outro lado, negativo, no qual o modernismo visou consolidar-se em oposição ao ecletismo acadêmico, representante da tradição beaux-arts. Essa última passou a ser entendida como desprovida de valor autêntico, como repetitiva, estrangeira, não ajudando a conformar nossa identidade nacional, sendo, portanto, negligenciada do ponto de vista da preservação do patrimônio. A arquitetura antiga dos tempos da colonização portuguesa, considerada como formadora da nacionalidade, é que concentrou fundamentalmente as ações de proteção e restauro decorrentes do viés modernista que ganhou hegemonia na política cultural emanada dos órgãos governamentais.

A arquitetura eclética de inspiração francesa era, entretanto, a marca da Primeira República, tendo modificado as feições antigas da cidade no início do século XX, imprimindo-lhe uma imagem de progresso e modernidade, com a abertura de *boulevards*, jardins públicos e a implantação de infra-estrutura e redes de transporte. A forte influência inglesa e francesa, associada à presença marcante do capital inglês nessas primeiras melhorias e intervenções urbanísticas, constantemente aliadas às ações do poder público, foi significativa e forneceu à cidade de São Paulo as características físico-estéticas com que ostentou o poderio político e econômico de sua aristocracia cafeeira. Essa elite preferiu, nos primeiros tempos, apresentar-se, por toda a carga de prestígio herdada de suas congêneres européias, sob uma aparência classicizante.

Nessa maré de transformações urbano-arquitetônicas, a praça da Sé teve sua remodelação tardiamente iniciada no final dos anos 1910, época a partir da qual foram construídos vários dos edifícios que lhe dão forma, com estilo ornamental de predomínio acadêmico ou eclético. Esses novos prédios que foram surgindo, representando também uma inovação tipológica, voltavam-se principalmente para o setor de serviços e comércio – e entre eles estava o Palacete Santa Helena, destacando-se na praça por sua elaborada fachada e as grandes dimensões.

A emergência desse novo tipo de edifício, abrigando escritórios para o setor terciário, acompanhou, como já vimos nos capítulos anteriores, uma recém-surgida demanda proveniente do setor administrativo, da emergência das profissões liberais e do capital financeiro. Esses novos usos, com a consolidação dos setores corporativo e bancário, passaram a requerer concentração espacial, infraestrutura específica e desenvolvimento tecnológico. A isso combinou-se também a necessidade do setor imobiliário de otimizar os crescentes preços da terra a fim de garantir-lhe mais-valia.

Os edifícios ecléticos constituíram marcos que celebravam a emergente República e o poder da burguesia das primeiras décadas do século XX. Mas tinham também a vantagem de representar uma certa continuidade cultural com os anos finais do Império, que forneceu tantos quadros ao novo *status quo*. Adotado como linguagem característica do regime, o ecletismo serviu para consolidar a imagem republicana dentro e fora do país, diante dos principais parceiros comerciais envolvidos com essa economia que vinha se fortalecendo.

Antecedida pela abolição do trabalho escravo, a nascente indústria, que trazia em seu bojo um processo intenso de urbanização, com a chegada de grandes contingentes de imigrantes, inaugurava o Brasil moderno, implantando novos modos de vida e mudando radicalmente o perfil da cidade de São Paulo. Graças a isso, a capital paulista foi transformada, em curto período, em centro cosmopolita, que passava a assumir definitivamente uma posição de proeminência comercial e financeira no país e na América Latina.

No bojo de toda essa metamorfose socioeconômica, em que eram evidentes os matizes culturais, eclodiu a Semana de Arte Moderna de 1922, acompanhada por uma série de projetos de modernização e desenvolvimento nacional, concretizados com a construção do Estado-nação moderno na Era

Vargas. Esses dois fatores, a Semana e a modernização varguista, talvez possam explicar a emergência marcante e definitiva do modernismo e o desprestígio sofrido durante muitos anos pelas obras ecléticas.

Mas é preciso lembrar que esse último fator, o varguismo, no plano político-econômico, teve uma forte carga de imposição de um novo modelo sobre o que fora adotado até então pelos setores cuja derrota, em 1930 e 1932, possibilitou a ascensão de Getúlio Vargas. E essa mudança, em seu caráter radical, no plano da cultura, implicou o desprestígio de suas realizações, incluindo as obras do arquiteto paulista Ramos de Azevedo, falecido em 1928, que fora responsável pela maior parte das edificações institucionais de São Paulo na República Velha. Foi tão forte essa virada do paradigma estético na arquitetura, que até meados dos anos 1970 ainda persistia certa desvalorização das edificações ecléticas e art-nouveau, as quais, não sendo ainda consideradas patrimônio de nossa cultura, não eram vistas como meritórias nem dignas de preservação.

Essa necessidade de desvinculação do novo poder vigente em relação aos estilos ecléticos associados ao primeiro período republicano e a negação desses estilos na formação de uma identidade e de uma memória nacionais foram acompanhadas do crescente destaque assumido pela arquitetura modernista no Brasil. A forte ligação do modernismo com a imagem de uma nação moderna pode ter sido responsável pela sistemática desvalorização dos edifícios de tradição eclética e acadêmica. Isso, em muitos casos, levou à sua decadência e posterior demolição, como se deu no caso do Palacete Santa Helena, em São Paulo, e do Palácio Monroe, no Rio de Janeiro, entre inúmeros outros.

Criou-se, como mostra o historiador Carlos Guilherme Mota, uma "ideologia da cultura brasileira", fundada na idealização do passado, que desembocou na mitificação do barroco colonial. Ao barroco passou a ser atribuída uma autenticidade e originalidade que serviriam de fonte para a gênese da nacionalidade, antes mesmo da existência da própria nação. Concomitantemente, tornou-se quase obrigatório considerar espúria e estrangeira a arquitetura beaux-arts.[1]

---

[1] Carlos Guilherme Mota, *Ideologia da cultura brasileira* (São Paulo: Ática, 1977); e Afonso Carlos Marques dos Santos, *apud* C. Schiavo & J. Zettel (orgs.), *Memória, cidade e cultura* (Rio de Janeiro: Eduerj, 1997).

Em muitos casos, era questionada a originalidade da arquitetura eclética, designada como arquitetura "de catálogo" ou "de cópia", o que levava a impugnar seu valor. Essa foi uma das justificativas apresentadas, por exemplo, para a demolição do Palácio Monroe no Rio de Janeiro. Em entrevista ao jornal *O Globo* em 1974, um professor da Faculdade Nacional de Arquitetura, comentando o desaparecimento do edifício, afirmou, em tom de denúncia, não contra os que o demoliram, mas contra o estilo da obra: "a construção não tem valor arquitetônico [...] nem representa um marco histórico". Sua arquitetura resultaria "da mistura de diversas tendências [...] É apenas uma cópia".[2] Tanto a qualidade estética como o valor histórico da arquitetura eclética eram assim, muitas vezes, postos em causa.

Ainda sobre o Palácio Monroe, um parecer de Lúcio Costa, publicado pelo mesmo jornal, a respeito do processo de tombamento da Cinelândia, setor do centro do Rio em que se situava o Monroe, exclui o edifício dos que mereceriam ser tombados por ter perdido "toda e qualquer significação".[3] Declarações do arquiteto moderno Maurício Roberto, também sobre o Monroe, fazem referência a sua "arquitetura pobre, de características pouco originais para a arte moderna".[4] Naquele mesmo parecer, Lúcio Costa diz, conclusivamente, que o ecletismo não deveria ser considerado parte integrante da linha legítima da evolução arquitetônica, nem "se trata aqui de um 'período' na história da arte, mas de um *hiato* nessa história".[5]

A partir da década de 1940, os "modernos" finalmente conquistam posição hegemônica, vencendo seus oponentes neocoloniais e ecléticos e contribuindo para a afirmação de uma identidade nacional a que se chegava pelo apadrinhamento das elites e do Estado. Foi um resultado análogo ao que tinham

---

2 *Apud* Louis de Souza Aguiar, *Palácio Monroe: da glória ao opróbrio*, *apud* Rodrigo C. Paraizo, "O Palácio Monroe como patrimônio urbano do Rio de Janeiro", em L. M. C. Gazzeano e S. B. C. Saraiva (orgs.), *A República no Brasil (1889-2003): ideário e realizações*, vol. II da Coleção Proarq (Rio de Janeiro: Virtual, 2003), p. 196.

3 Lúcio Costa *apud* Louis de Souza Aguiar, *Palácio Monroe: da glória ao opróbrio*, cit., p. 198.

4 Maurício Roberto, *apud* Louis de Souza Aguiar, *Palácio Monroe: da glória ao opróbrio*, cit., p. 198.

5 Lúcio Costa, *apud* José Pessôa (org.), *Lúcio Costa: documentos de trabalho* (Rio de Janeiro: Iphan, 1999), p. 275.

atingido os defensores do ecletismo nas décadas anteriores, pois também esses haviam sido apadrinhados, embora fossem outros as elites e o Estado.

Mas o Estado surgido após a Revolução de 1930 patrocina e apóia o modernismo desde seus primórdios, e encomenda, já durante a ditadura Vargas, que fora sua continuação imediata, a construção de monumentos e edifícios estatais importantes para esse regime, instalado em 1937, com a denominação de Estado Novo. Depois, com a redemocratização, em 1945, e o governo Juscelino Kubitschek, eleito em 1955, que constrói a nova capital, a arquitetura afirmaria decisivamente, aqui como no exterior, a imagem de um Brasil progressista, industrializado e moderno.

Não há manifestações de arquitetos do renome de Lúcio Costa e Maurício Roberto sobre a demolição do Palacete Santa Helena, ocorrida quase ao mesmo tempo que a do Palácio Monroe, mas, diante de declarações tão contundentes na época, no auge do autoritarismo do regime militar, podemos supor que o Santa Helena nem sequer fosse considerado merecedor de qualquer referência, ao contrário do Monroe, que, afinal, tinha albergado o Senado Federal.

No caso do Santa Helena, não parece ter havido qualquer dúvida, naquela altura, sobre a "ausência de valor" no edifício. Não sendo suficientemente antigo para ter o *status* de antiguidade, nem meritório pelo valor arquitetônico-estilístico, e encontrando-se em estado precário de conservação, sem um uso significativo, constituía simples empecilho ao desenvolvimento urbanístico e à modernização do centro urbano da maior cidade do país. A conservação desse patrimônio não era tema de importância suficiente nas discussões de políticas públicas, nem existia ainda uma consciência cívica e histórica que pudesse demandar ações nesse sentido. Mas parece não existir lugar para dúvida de que, se tivesse havido um brado de defesa das linhas ecléticas do Palacete Santa Helena, ele não teria partido de algum apologista da arquitetura moderna.

Paradoxalmente, no contexto internacional, a década de 1960 presenciou a ampliação da idéia de patrimônio, prosseguindo o primeiro alargamento da noção, ocorrido no início dos anos 1930: não apenas os monumentos isolados seriam considerados passíveis de preservação, mas também pequenos núcleos urbanos representativos, vistos em conexão com o tecido urbano abrangente. Novos termos, como "revitalização", "recuperação" e "reutilização", são cunhados para designar intervenções em cidades. São lançadas as bases conceituais que possibilitarão a retomada da reflexão e da formulação de propostas a respeito da preservação do patrimônio depois de superada a fase de expansão urbana, predominante até fins dos anos 1960, e que no Brasil perdura até pelo menos meados dos anos 1970 – fase de que podem ser lembrados dois expoentes, ambos engenheiros: Robert Moses, que atuou como secretário de Obras em sucessivas administrações da Prefeitura de Nova York nas décadas de 1950 e 1960, e, em São Paulo, o prefeito, governador e novamente prefeito Paulo Maluf. Nesse período proliferaram as vias expressas, os elevados e os túneis. Grandes realizações, em termos físicos, que permitiam a demolição e a substituição indiscriminada de bens, independentemente de seu valor, com alterações profundas especialmente dos centros históricos das cidades.

Mas já em 1962 uma Conferência Geral da ONU havia expandido a noção de patrimônio, para incluir a de salvaguarda e preservação de certas paisagens e sítios, conceito que é subseqüentemente estendido na Carta de Veneza (1964) não só às grandes construções, como também a obras modestas. No Brasil, é no Compromisso de Salvador, de 1971, que esses parâmetros aparecem pela primeira vez traduzidos pela noção de ambiência do bem tombado. Anuncia-se aí, igualmente, maior descentralização na gestão do patrimônio, possibilitando que os municípios disponham de maior poder, o que se consolidará definitivamente com a redemocratização do país em fins da década de 1980.

Assim, na época em que foi demolido o Edifício Santa Helena, em 1971, já ia longe na Europa uma profunda alteração no entendimento da noção de patrimônio. Lá se podia, desde alguns anos antes, atribuir valor a edifícios ou objetos que, apesar de não constituírem obras de exceção, tinham sua importância vinculada ao papel que exerciam na memória, identidade e imagem de um lugar e de uma comunidade.

A Declaração de Amsterdã, de outubro de 1975, consagra definitivamente o valor do conjunto, que passa a prevalecer sobre o de unidade. O documento destaca também a importância do patrimônio como memória e testemunho vivo de um povo, ao acolher o conceito de "conservação integrada" proposto pela Carta Européia do Patrimônio, em julho de 1975. Essa conservação do patrimônio, entendida como a ação conjugada de técnicas de restauro e a procura de funções apropriadas que evitem a evasão da população local, alça-se, dessa forma, a objetivo primordial do planejamento urbano.

Mas, apesar de todas as discussões teóricas que cercaram cada uma das sucessivas formulações sobre o tema e de um certo número de projetos orientados por essa preocupação, realizados nessa área em âmbito internacional e conduzidos durante os anos subseqüentes, é somente em 1982 que a Organização das Nações Unidas para a Educação, a Ciência e a Cultura (Unesco) consegue chegar a um acordo nessa questão. Conclui-se pela necessidade de uma definição mais abrangente para a cultura, que passa, desde então, a ser referida como

> [...] conjunto de características distintas, espirituais e materiais, intelectuais e afetivas, que caracterizam uma sociedade ou um grupo social [...] engloba, além das artes e letras, os modos de viver, os direitos fundamentais dos seres humanos, os sistemas de valor, as tradições e as crenças.[6]

O Brasil não estava, entretanto, plenamente integrado, devido à circunstância do regime fechado em que então vivíamos, a esse processo de amadurecimento da compreensão do que e de como preservar que se dava no plano internacional. Por aqui, a acelerada urbanização das décadas de 1960 e 1970 e o crescimento exponencial das cidades, acompanhados por um afã, a que já nos referimos, de modernização e progresso a qualquer custo, sem que tivesse havido o necessário enraizamento dessa nova idéia de patrimônio, permitiram que grandes reformas urbanas se fizessem, para a construção de rodovias, metrôs, túneis, etc., destruindo e comprometendo a memória de nossas cidades. As transformações operadas na praça da Sé e a demolição do Palacete Santa Helena são, infelizmente, representações desse momento, que cremos hoje superado, até certo ponto.

[6] Instituto do Patrimônio Histório e Artístico Nacional, *Cartas patrimoniais*, Cadernos de Documentos, nº 3 (Brasília: Iphan, 1995).

Nos anos 1970, no Brasil, na época da demolição do Edifício Santa Helena, além da consciência não completamente desenvolvida a respeito da preservação do patrimônio, ainda havia muito pouco espaço para qualquer mobilização, estando a sociedade civil pouco motivada em relação a assuntos que não fossem aqueles mais urgentes da abertura democrática, que emergiam ainda de forma embrionária ou clandestina, num contexto de repressão militar.

Só muitos anos depois, com a Constituição de 1988, talvez o maior fruto da abertura, é que se supera a idéia, por um lado, da monumentalidade e da excepcionalidade, e, por outro, da necessidade de o bem ser visto em sua materialidade para que algo seja feito. O parâmetro de proteção foi então consideravelmente ampliado, passando a abranger o vernacular, o cotidiano, a imaterialidade, enfim.

Os anos 1980 marcam uma mudança no cenário das políticas de preservação do patrimônio no Brasil. O projeto do Corredor Cultural no Rio de Janeiro, seguido na década de 1990 por experiências similares em Recife e Salvador, é demonstrativo dessa nova atitude em que o sítio e o conjunto edificado são mais significativos que o bem isolado, e do entendimento de que os componentes socioeconômicos deverão fazer parte de qualquer ação de revitalização. Em função disso, são criadas pelo Serviço do Patrimônio Histórico e Artístico Nacional (SPHAN) as Áreas de Preservação do Ambiente Cultural (Apacs).

A Constituição de 1988 amplia o espectro dos bens que podem constituir objetos de preservação, para incluir, além de valores materiais, como o patrimônio edificado, outros de valor imaterial, como formas de expressão, ou modos de criar, fazer e viver, resultando daí medidas de salvaguarda e proteção que incorporam a noção de patrimônio ambiental urbano.

À luz desses novos parâmetros, o ecletismo hoje tende a ser reabilitado como etapa importante para a formação da arquitetura nacional e do próprio espaço urbano edificado, com todos os valores artísticos e históricos que lhe são inerentes, sendo a linguagem predominante nos centros de nossas cidades mais importantes, como Recife e Rio de Janeiro, assim como havia sido no centro de São Paulo antes da maré moderna.

A abertura democrática e a descentralização trazem também à tona a importância dos princípios de subsidiariedade e co-responsabilidade. Particularmente, dois artigos da Constituição remetem o tema à esfera do patrimônio: o artigo 30, segundo o qual "compete aos municípios promover a proteção do patrimônio histórico-cultural local, observada a legislação e a ação fiscalizadora federal e estadual", e o artigo 216, o qual afirma que "o poder público, com a colaboração da comunidade, promoverá e protegerá o patrimônio cultural brasileiro, por meio de inventários, registros, vigilância, tombamento e desapropriação, e de outras formas de acautelamento e preservação".

A Constituição, além de ampliar os deveres e direitos dos cidadãos na gestão dos assuntos nacionais, permitiu ultrapassar a grande limitação que representavam, para os órgãos de preservação, a inexistência de um pensamento urbano mais evoluído disseminado na sociedade e uma postura preservacionista que se pautasse pela visão do conjunto. Essa limitação muito contribuiu para que porções significativas da cidade, fundamentais para a memória social, fossem desfiguradas, afetando sua identidade. A falta de respeito pela história e pela memória, em favor de uma suposta modernidade – ou, como diz Giulio Carlo Argan, a rejeição da história em face do pragmatismo –, condenou expressões da memória coletiva ao desaparecimento.[7] Em São Paulo, esse processo foi particularmente intenso e autofágico.

Com isso, em várias regiões do Brasil, governos locais têm gradualmente investido na recuperação de seus centros históricos, mas esse conjunto de experiências tem demonstrado que, para as ações terem efeito no longo prazo e serem sustentáveis, será cada vez mais necessária uma visão compactuada, dependente da integração tripartite entre poder público, iniciativa privada e população. Uma tal integração refletindo-se sobre as ações terá muito mais condições de atrair novos setores sociais e capitais para o centro, que o possam manter vivo e dinâmico, revitalizando a economia local.

---

[7] Giulio Carlo Argan, *História da arte como história da cidade* (São Paulo: Martins Fontes, 1993).

Hoje, em um contexto de globalização e grande competitividade, é reconhecida a importância que o patrimônio construído pode ter como valor diferencial e agregador na escolha de um lugar para concentrar investimentos. O valor dos bens imateriais vai também gradualmente sendo reconhecido, incluindo as formas de expressão simbólica do conhecimento por meio das idéias, da construçao de objetos e das práticas rituais e artísticas. Assim, as ações de proteção e preservação do patrimônio passam cada vez mais a associar-se a tudo o que possa estar relacionado com a cultura de uma população.

Um exemplo disso é que o município do Rio de Janeiro publicou recentemente em seu *Diário Oficial* a decisão de tombar a Banda de Ipanema. Não sendo um artefato concreto, mas representando uma das formas mais expressivas de manifestação da cultura carioca, um bem imaterial ganha nesse caso, pela primeira vez na cidade, o estatuto de "patrimônio cultural".

No contexto brasileiro atual, em que a sociedade civil está muito mais consciente e organizada, e devidamente munida de um conjunto mais amplo de leis e normas, provavelmente o Palacete Santa Helena não teria sido demolido. Ao elaborar inventários, recuperar documentos e testemunhos, reunir acervos, a cidade de São Paulo pode contribuir para preservar a memória de bens que materialmente já não existem, que a dinâmica às vezes inflexível do crescimento da cidade condenou, juntando esforços para resgatar sua identidade.

Bibliografia complementar

AGREST, Diana. "Le ciel est la limite". Em *Architecture d'Aujourd'hui*, nº 178, mar.-abr. de 1975.

AGUILAR, Nelson (org.). *Bienal Brasil século XX*. São Paulo: Fundação Bienal de São Paulo, 1994.

ALOUCHE, Peter. *Companhia do Metropolitano de São Paulo: 20 anos*. São Paulo: PW, 1988.

AZEVEDO, Ricardo Marques de. *Memória da Sé*. São Paulo: DPH-Divisão de Iconografia e Museus/Projeto Museu de Rua, 1979.

BENEVOLO, L. *História da arquitetura moderna*. São Paulo: Perspectiva, 1975.

BONDUKI, Nabil. *Origens da habitação social no Brasil (1930-1954): o caso de São Paulo*. Tese de doutorado. São Paulo: FAU-USP, 1994.

__________. *Origens da habitação social no Brasil: arquitetura moderna, lei do inquilinato e difusão da casa própria*. São Paulo: Estação Liberdade, 1998.

BORGES, E. F. *São Paulo e a origem dos arranha-céus*. São Paulo: RG, 1999.

BRILL, Alice. *Mário Zanini e seu tempo*. São Paulo: Perspectiva, 1984.

CAMPOS, Candido Malta. *Os rumos da cidade: urbanismo e modernização em São Paulo*. São Paulo: Editora Senac São Paulo, 2002.

CASTRO, Luiz Guilherme Rivera de. *A área central da cidade de São Paulo: planos, políticas e programas, de 1968 a 1997*. Dissertação de mestrado. São Paulo: Universidade Presbiteriana Mackenzie, 1998.

COHEN, Haron. *São Paulo centro: a cidade observada*. Dissertação de mestrado. São Paulo: FAU-USP, 1984.

CORDEIRO, Helena K. *O centro da metrópole paulistana: expansão recente*. Tese de doutorado. São Paulo: Departamento de Geografia da FFLCH-USP, 1980.

COSTA, Benedito José (coord.). *Leste–Oeste: em busca de uma solução integrada.* São Paulo: Prefeitura do Município de São Paulo/Companhia do Metropolitano de São Paulo, 1979.

DANON, Diana Dorothèa & FRAGELLI, Marcelo. *O metrô de São Paulo.* São Paulo: Nacional/Edusp, 1975.

FERRARA, Lucrecia D'Alessio. *A estratégia dos signos.* São Paulo: Perspectiva, 1981.

__________. *Leitura sem palavras.* São Paulo: Ática, 1986.

FINA, Wilson Maia. *O Paço Municipal de São Paulo: sua história nos quatro séculos de sua vida.* São Paulo: Anhambi, 1962.

FORGET, M. *Gratte-ciel de Montréal.* Montreal: Méridien, 1990.

FREIRE, Vítor da Silva. "Os melhoramentos de São Paulo". Em *Revista Polytechnica*, VI (33), fev.–mar. de 1911.

__________. "A orientação do engenheiro nacional". Em *Boletim do Instituto de Engenharia*, I (1), outubro de 1917.

__________. "Um capítulo de urbanismo e economia nacional". Em *Boletim do Instituto de Engenharia*, I (3), fevereiro de 1918.

GALERIA DE ARTE UIRAPURU. *Bonadei.* São Paulo: GAU, 2003.

GOLDBERGER, P. *The Skyscraper.* Nova York: Alfred Knopf, 1989.

GRAZIOSI, João Carlos. *A trajetória profissional do engenheiro arquiteto Alexandre Albuquerque, 1905-1910.* Dissertação de mestrado. São Paulo: Universidade Presbiteriana Mackenzie, 2001.

GUIMARÃES, R. *Dicionário de mitologia grega.* São Paulo: Cultrix, s/d.

HOMEM, Maria Cecília Naclério. *O prédio Martinelli: ascensão do imigrante e verticalização de São Paulo.* São Paulo: Projeto, 1984.

INSTITUTO CULTURAL ITAÚ. *Praça da Sé – Cadernos Cidade de São Paulo.* São Paulo: ICI, 1993.

INSTITUTO DO PATRIMÔNIO HISTÓRICO E ARTÍSTICO NACIONAL. *Cartas patrimoniais.* Cadernos de Documentos nº 3. Brasília: Iphan, 1995.

KAHN, Tulio. "O caso Genny Gleizer". Em revista *Vozes*, s/nº, 1997.

LAISNEY, F. "Pour une typologie du grate-ciel". Em *Architecture d'Aujourd'hui*, nº 178, mar.-abr. de 1975.

LANGENBUCH, Juergen Richard. *A estrutura da Grande São Paulo: estudo de geografia urbana.* Rio de Janeiro: IBGE, 1971.

LE CORBUSIER. *Quand les cathédrales étaient blanches.* Paris: Plon, 1937.

LEFÈVRE, José de E. A. *O transporte coletivo como agente de estruturação do centro da cidade de São Paulo*. Dissertação de mestrado. São Paulo: FAU-USP, 1986.

LEMOS, Carlos Alberto C. *Arquitetura brasileira*. São Paulo: Melhoramentos/Edusp, 1979. [1ª ed. São Paulo: Melhoramentos, 1965.]

LIBERALLI, Frederico Augusto. "Obras municipaes" (1ª questão da 4ª Seção do Congresso de Engenharia e Indústria de 1900). Em *Revista do Club de Engenharia*, IV (1), dezembro de 1900.

LOURENÇO, Maria Cecília França. "Modernidade e compromisso". Em AJZENBERG, Elza (org.). *Operários na Paulista: MAC/USP e artistas artesãos*. São Paulo: MAC-USP, 2002.

MEYER, Regina Maria P. *São Paulo anos 50: metrópole e urbanismo*. Tese de doutorado. São Paulo: FAU-USP, 1991.

MILLENNIUM ART GALLERY. *Bonadei.* São Paulo, 2001.

MONTANER, Josep Maria. *La modernidad superada: arquitectura, arte y pensamiento del siglo XX.* Barcelona: Gustavo Gili, 1997.

MUSEU DE ARTE MODERNA DE SÃO PAULO. *Do modernismo à Bienal.* São Paulo: Raízes, 1982.

OTTONI, Dácio A. B. *São Paulo, Rio de Janeiro, séculos XIX e XX: aspectos da formação dos seus espaços urbanos*. Tese de doutorado. São Paulo: FAU-USP, 1972.

PEDROSA, Mario (org.). *Dos murais de Portinari aos espaços de Brasília.* São Paulo: Perspectiva, 1981.

PERRONE, Rafael A. C. *O desenho como signo da arquitetura*. Tese de doutorado. São Paulo: FAU-USP, 1993.

PINHEIRO, Eloisa P. "A 'haussmannização' e sua difusão como modelo urbano no Brasil". Em *Anais do V Seminário de História da Cidade e do Urbanismo*, Campinas, 1998.

PREFEITURA DO MUNICÍPIO DE SÃO PAULO – SECRETARIA MUNICIPAL DE PLANEJAMENTO. *Plano Diretor do Município de São Paulo. Primeira etapa: objetivos e diretrizes gerais. Síntese.* São Paulo: Sempla, 1983.

__________. *PDDI: Plano Diretor de Desenvolvimento Integrado do Município de São Paulo.* São Paulo: Sempla, 1982.

__________. *São Paulo: crise e mudança.* São Paulo: Sempla/Brasiliense, 1990.

REIS FILHO, Nestor Goulart. *Quadro da arquitetura no Brasil.* São Paulo: Perspectiva, 1970.

__________. *São Paulo e outras cidades.* São Paulo: Hucitec, 1994.

ROJAS, Eduardo. *Old Cities, New Assets: Preserving Latin America's Urban Heritage.* Washington: IDB, 1999.

ROLNIK, Raquel. *A cidade e a lei: legislação, política urbana e territórios na cidade de São Paulo.* São Paulo: Studio Nobel, 1997.

__________. *São Paulo.* São Paulo: Publifolha, 2001.

SIMÕES JUNIOR, José Geraldo. *Anhangabaú: história e urbanismo.* Tese de doutorado. São Paulo: FAU-USP, 1995.

SOMEKH, Nadia. *A (des)verticalização de São Paulo.* Dissertação de mestrado. São Paulo: FAU-USP, 1987.

__________ & CAMPOS, Candido Malta (orgs.). *A cidade que não pode parar: planos urbanísticos de São Paulo no século XX.* São Paulo: Mackpesquisa, 2002.

TAFURI, M. *et al. La montaña desencantada: el rascacielos y la ciudad.* Barcelona: Gustavo Gili, 1975.

TOLEDO, Benedito Lima de. *São Paulo: três cidades em um século.* São Paulo: Duas Cidades, 1983.

VAZ, L. F. *Notas históricas sobre a habitação multifamiliar no Rio de Janeiro: aspectos ideológicos (1850-1930).* Rio de Janeiro: Anpur, 1987.

VILLAÇA, Flávio. *A estrutura territorial da metrópole sul-brasileira.* Tese de doutorado. São Paulo: Departamento de Geografia da FFLCH-USP, 1978.

WIEBENSON, D. *Los tratados de arquitectura: de Alberti a Ledoux.* Madri: H. Blume, 1988.

WILLIS, C. "Zoning and Zeitgeist: the Skyscraper City in the 1920's". Em *Journal of the Society of Architectural Historians,* nº XLV, 1991.

Sobre os autores

Candido Malta Campos

Arquiteto e urbanista. Doutor pela Faculdade de Arquitetura e Urbanismo da Universidade de São Paulo (FAU-USP). É professor adjunto do Programa de Pós-Graduação em Arquitetura e Urbanismo da Universidade Presbiteriana Mackenzie. Autor do livro *Os rumos da cidade: urbanismo e modernização em São Paulo* (Editora Senac São Paulo, 2002), indicado ao Prêmio Jabuti. Juntamente com Nadia Somekh, organizou o livro *A cidade que não pode parar: planos urbanísticos de São Paulo no século XX* (2002); com Julio Moreno e Marcos Magaldi, lançou o volume *Centro vivo* (2004); e, com Lúcia Helena Gama e Vladimir Sacchetta, organizou a coletânea multidisciplinar *São Paulo, metrópole em trânsito: percursos urbanos e culturais* (Editora Senac São Paulo, 2004), sobre os 450 anos de história da cidade, também indicado ao Prêmio Jabuti.

Carlos Guilherme Mota

Historiador. Professor titular de história contemporânea da Faculdade de Filosofia, Letras e Ciências Humanas da Universidade de São Paulo (FFLCH-USP) e de história da cultura da Faculdade de Arquitetura e Urbanismo da Universidade Presbiteriana Mackenzie. Foi diretor fundador do Instituto de Estudos Avançados da USP, professor visitante da Universidade do Texas (Austin) e da Universidade de Londres e *visiting scholar* da Universidade de Stanford (Estados Unidos) e da Universidade de Salamanca (Espanha). Foi membro do *board* do Programa de Estudos Latino-Americanos da Universidade de Princeton e diretor de estudos da École des Hautes Études en Sciences Sociales (Paris). É autor de *Ideologia da cultura brasileira* (1977), *Idéia de revolução no Brasil* e *Nordeste 1817: estudo das formas de pensamento*, entre outros livros. Organizou o livro *Viagem incompleta: a experiência brasileira, 1500-2000* em 2 volumes – *A grande transação* e *Formação: histórias* (Editora Senac São Paulo, 2000).

Fernanda Magalhães

Arquiteta e urbanista. É professora adjunta e sub-coordenadora para extensão e fomento do Programa de Pós-graduação em Arquitetura (Proarq) da Faculdade de Arquitetura e Urbanismo da Universidade Federal do Rio de Janeiro. É autora de mais de cinqüenta trabalhos (entre monografias, ensaios e artigos) publicados em livros, revistas e anais de eventos. Tem PhD pela Bartlett School da University College of London e pós-graduação pela Architectural Association de Londres. É membro da direção da Sociedade Internacional de Urbanistas (ISoCaRP) e já pertenceu ao Conselho Regional de Arquitetura e Engenharia (Crea), ao Royal Institute of British Architects (Riba), à Architects Registration Council of the United Kingdom (Arcuk), à Associção Portuguesa de Arquitetos (AAP) e à Associação de Urbanistas Portugueses (AUP).

Gilda Collet Bruna

Arquiteta e urbanista, formada e doutorada pela FAU-USP. Tem especialização em planejamento urbano pela Japan International Cooperation Agency (Jica) em Tóquio. É livre-docente pela FAU-USP e fez pós-doutorado como professora visitante da Universidade do Novo México, em Albuquerque, Novo México, Estados Unidos. Foi professora titular e diretora do Departamento de Projeto da FAU-USP. Foi diretora voga e diretora tesoureira da Fundação para Pesquisa Ambiental (Fupam-SP), diretora presidente da Emplasa (atual Empresa Paulista de Planejamento S/A) e coordenadora do curso de arquitetura e urbanismo da Universidade de Mogi das Cruzes, SP. É professora da Faculdade de Arquitetura e Urbanismo e coordenadora do Programa de Pós-Graduação em Arquitetura e Urbanismo, ambos da Universidade Presbiteriana Mackenzie.

José Geraldo Simões Júnior

Arquiteto e urbanista. Mestre em administração pública pela Fundação Getúlio Vargas (FGV-SP) e doutor em história urbana pela FAU-USP. É docente da Universidade Presbiteriana Mackenzie, exercendo atualmente o cargo de coordenador dos cursos de pós-graduação. Trabalhou na área de pesquisa da Fundação do Desenvolvimento Administrativo (Fundap) e do Instituto Polis. Foi diretor do Departamento do Patrimônio Histórico de São Paulo em 2003. Publicou o livro *Anhangabaú: história e urbanismo* (Editora Senac São Paulo, 2004).

Nadia Somekh

Arquiteta e urbanista. Mestre e doutora pela FAU-USP. Diretora da Faculdade de Arquitetura e Urbanismo da Universidade Presbiteriana Mackenzie. Foi presidente da Empresa Municipal de Urbanização da Cidade de São Paulo (Emurb). Participou da Ação Regional do Grande ABC como secretária de Desenvolvimento Econômico de Santo André. Foi secretária de Planejamento e Meio Ambiente de São José dos Campos. É autora do livro *A cidade vertical e o urbanismo modernizador* (1997) e co-organizadora do livro *A cidade que não pode parar: os planos urbanísticos para São Paulo no Século XX* (2002). Coordenou a publicação *Ação para o Centro de São Paulo* (2004). É autora de diversos artigos e capítulos de livros sobre a questão urbana.

Rafael Perrone

Arquiteto e urbanista, formado e doutorado pela FAU/USP. Lecionou na FAU da Pontifícia Universidade Católica de Campinas (PUCC). Integra o Departamento de Projeto da FAU-USP, onde desenvolve atividades na graduação e na pós-graduação. É professor do curso de pós-graduação da Universidade Presbiteriana Mackenzie, onde também desenvolve pesquisas e orientações acadêmicas. Recebeu diversos prêmios do Instituto de Arquitetos do Brasil (IAB-SP), inclusive o Prêmio Carlos Barjas Milan, em 1999, pelo projeto do Centro Cultural de Mauá. Tem projetos publicados nas revistas *Casa*

Claudia, *Casa e Jardim*, *Arquitetura e Construção* e em publicações especializadas como *Módulo*, *Se*, *AU*, *Projeto/Design* e *Awa Internacional Yearbook*. Juntamente com Maria Cecília Losckiavo dos Santos, organizou o livro *Design: pesquisa e pós-graduação* (2002).

Roberto Righi

Arquiteto e urbanista, com doutorado pela FAU-USP. É professor titular de graduação e pós-graduação da FAU da Universidade Presbiteriana Mackenzie e da FAU-USP. Foi professor visitante em diversas universidades brasileiras. Atuou na Secretaria de Planejamento da Prefeitura Municipal de São Paulo. Foi membro do júri do 5º Prêmio Jovens Arquitetos e do 54º Salão Paulista de Belas Artes. Realizou exposições individuais no Museu de Arte de Joinville e na FAU-USP. Integrou o Projeto Tamanduatehy, em Santo André, junto com o arquiteto francês Christian de Portzamparc. Participou da equipe ganhadora do 1º lugar no Concurso Nacional de Idéias para um Novo Centro de São Paulo. É co-autor do livro *Cem anos de luz*.

Créditos

Créditos do projeto de pesquisa "O Palacete Santa Helena"

Realização
Universidade Presbiteriana Mackenzie
Programa de Pós-Graduação em Arquitetura e Urbanismo

Financiamento
Fundo Mackpesquisa

Coordenação
Candido Malta Campos
José Geraldo Simões Junior

Pesquisadores docentes
Carlos Guilherme Mota
Fernanda Magalhães
Gilda Collet Bruna
Nadia Somekh
Rafael Perrone
Roberto Righi

Pesquisadores discentes (pós-graduação)
Daniel Alcântara Candia de Oliveira
Orlando França de Carvalho Neto

Pesquisador discente (graduação)
Vinicius Stump

Créditos das imagens

Capítulo "Transformações no centro histórico e renovação da praça da Sé no início do século XX"

Figuras 1-2; 4. Coleção de Plantas do IV Centenário.

Figura 3. Foto: Militão de Azevedo. Seção Arquivo de Negativos DIM/DPH/SMC/PMSP.

Figura 5. Autor desconhecido. © Coleção Mons. Jamil Nassif Abib.

Figura 6. "Os melhoramentos de São Paulo: Projecto Freire-Guilhem", em *Revista de Engenharia*, 1 (2), São Paulo, julho de 1911, p. 40.

Figura 7. *Relatório do prefeito Raymundo Duprat apresentado à Câmara Municipal em 1911* (São Paulo: Vanorden, 1912).

Figura 8. Francisco Prestes Maia, *Introdução ao estudo de um Plano de Avenidas para a cidade de São Paulo* (São Paulo: Melhoramentos, 1930).

Figura 9. Foto: autor desconhecido. Seção Arquivo de Negativos DIM/DPH/SMC/PMSP.

Figura 10. Foto: Alice Brill. Alice Brill/Acervo Instituto Moreira Salles.

Figura 11. Arquivo pessoal do professor Cláudio Lembo.

Mapa 1. Nice Lecoq Müller. "A área central da cidade", em Aroldo de Azevedo (org.), *A cidade de São Paulo: estudos de geografia urbana*. Vol. I: *A região de São Paulo* (São Paulo: AGB-Seção São Paulo/Nacional, 1958), pp. 121-182.

Capítulo "O arranha-céu e a remodelação das cidades"

Figura 1. Gravura publicada na revista *Neue Illustrierte Zeitung*, 1873. Museu da Cidade de Viena.

Figuras 2-3; 6; 13; 15; 17. Francisco Prestes Maia, *Introdução ao estudo de um Plano de Avenidas para a cidade de São Paulo* (São Paulo: Melhoramentos, 1930).

Figuras 4; 11. *American Architect and Building News*, 1894.

Figuras 5; 7. Coleção The New York Historical Society.

Figura 8. New York City Museum.

Figura 9. *New York Ilustrated*, 1878, p. 19.

Figura 10. Coleção S. B. Landau.

Figura 12. William H. Birkmire, *Planning and Construction of High Office Buildings* (Nova York: Wiley, 1898).

Figura 14. Cartão-postal, coleção particular.

Figura 16. Desenho do arquiteto Jaime Cupertino, cedido para a prof. Nadia Somekh.

Figura 18. Francisco Prestes Maia, *Os melhoramentos de São Paulo* (São Paulo: Prefeitura do Município de São Paulo, 1945).

Capítulo "O Palacete Santa Helena: implantação, construção e arquitetura"

Figura 1. Francisco Prestes Maia, *Introdução ao estudo de um Plano de Avenidas para a cidade de São Paulo* (São Paulo: Melhoramentos, 1930).

Figura 2. Coleção de Plantas do IV Centenário.

Figura 3. "Os melhoramentos de São Paulo: Projecto Freire-Guilhem", em *Revista de Engenharia*, 1 (2), São Paulo, julho de 1911, p. 40.

Figuras 4; 11; 18-19; 29; 37-39. Arquivo Histórico Municipal Washington Luís/PMSP/SMC/DPH.

Figuras 5-10; 12-17; 21-22. Reconstituição feita a partir do levantamento cadastral do Instituto de Aposentadoria e Pensões dos Industriários (IAPI), 1959. Arquivo da Companhia do Metropolitano de São Paulo.

Figuras 20; 23-28; 30-36; 40-64. Arquivo pessoal do professor Cláudio Lembo.

Esquemas 1 e 2. Desenhos do arquiteto Rafael Perrone.

Figura 65. Francisco Prestes Maia, *Os melhoramentos de São Paulo* (São Paulo: Prefeitura do Município de São Paulo, 1945).

Figura 66. Biblioteca e Centro de Documentação do Museu de Arte de São Paulo Assis Chateaubriand.

Capítulo "Modernidade e cultura: o grupo Santa Helena"
Figura 1. Coleção Fernando Henrique Cardoso.
Figura 2. Coleção Orandi Momesso.
Figura 3. Coleção Anésio Urbano.
Figuras 4; 11. Coleção particular. Foto: Rômulo Fialdini
Figura 5. Coleção Waldyr Bonadei Fücher. Foto: Simão Salomão. Cortesia BM&F.
Figura 6. Coleção particular. Foto: Simão Salomão. Cortesia BM&F.
Figura 7. Acervo particular de Sandra Ortiz Rizzotti.
Figura 8. Coleção Júlio Rego Filho.
Figura 9. Pinacoteca Municipal/CCSP. Foto: Rômulo Fialdini
Figura 10. Museu de Arte Contemporânea da USP. Foto: Rômulo Fialdini.
Figura 12. Coleção particular.
Figura 13. Coleção particular. Foto: Claudio Wakahara.

Capítulo "A crise no centro histórico e a demolição do Santa Helena"
Figura 1. Foto: Edison Pacheco de Aquino. Seção Arquivo de Negativos/DIM//DPH/SMC/PMSP.
Figura 2. Arquivo/Agência Estado.
Figuras 3-4. Desenho de Diana Danon. Arquivo/DIM/Metrô.
Figura 5. Foto: autor desconhecido. Arquivo/DIM/Metrô.
Figura 6. Arquivo/Agência Estado.

ctp, impressão e acabamento

imprensaoficial

Rua da Mooca, 1921 São Paulo SP
Fones: 6099-9800 - 0800 123401
www.imprensaoficial.com.br

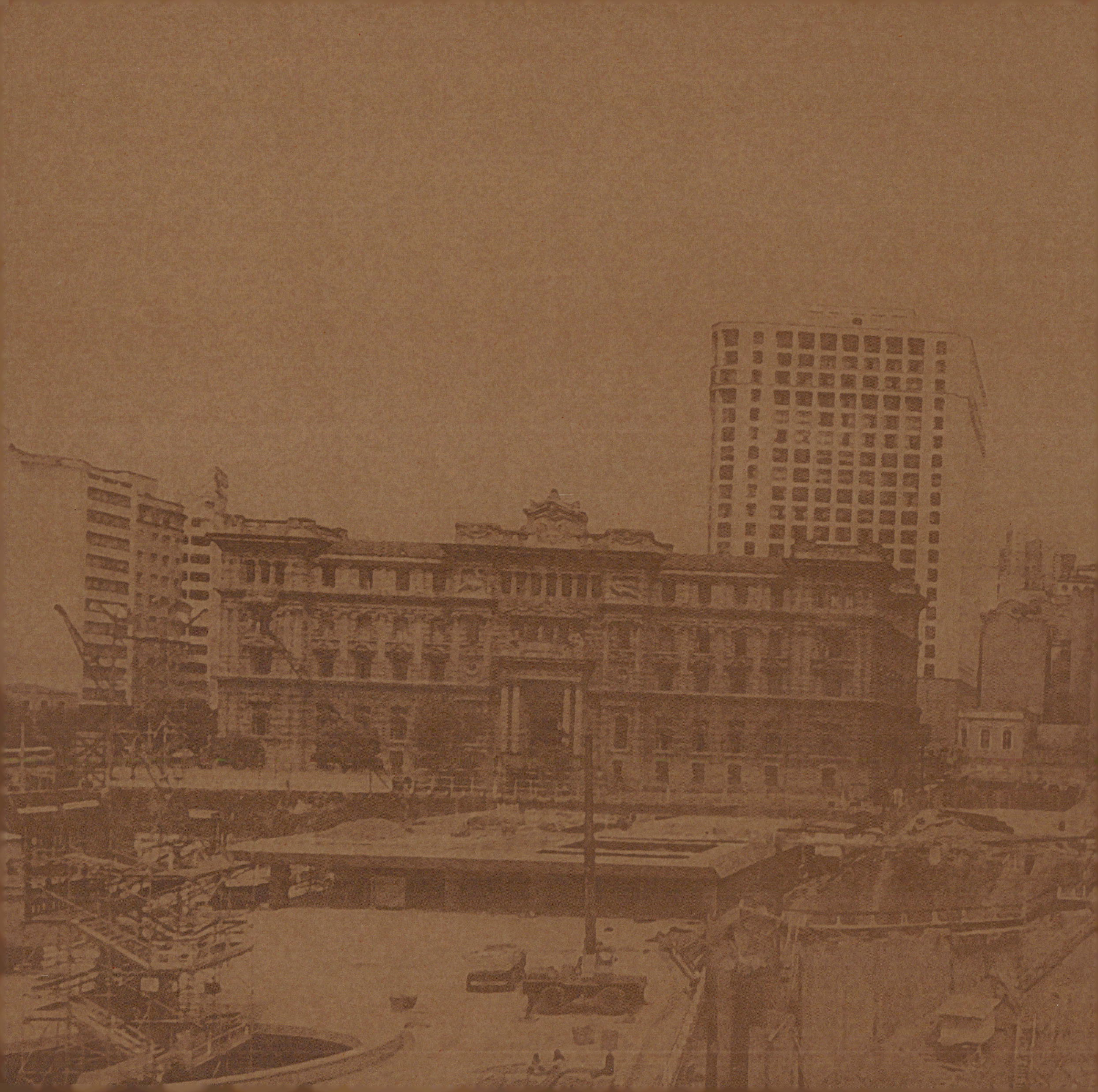